HEYNE

Anna Maria Sigmund

Die Frauen der Nazis II

WILHELM HEYNE VERLAG
MÜNCHEN

HEYNE SACHBUCH
19/807

Umwelthinweis:
Dieses Buch wurde auf chlor- und
säurefreiem Papier gedruckt.

Katharina Voigt zur Erinnerung herzlich gewidmet

Taschenbucherstausgabe 05/2002

Wilhelm Heyne Verlag GmbH & Co. KG, München
http://www.heyne.de
Printed in Germany 2002
Umschlagillustration von oben links nach unten rechts:
Unity V. Mitford (akg-images, Berlin);
Winifred Wagner, Gerda Bormann und Hanna Reitsch
(Bayerische Staatsbibliothek, München)
Umschlaggestaltung: Hauptmann und Kampa Werbeagentur, CH-Zug
Herstellung: Udo Brenner
Satz: Schaber Datentechnik, Wels
Druck und Verarbeitung: Elsnerdruck, Berlin

ISBN 3-453-21172-3

Inhalt

Gerda Bormann

Polygamie statt Monogamie

23. Oktober 1909 – 23. März 1946

Als das Verhältnis von Martin Bormann, dem mächtigen Leiter der Parteikanzlei und Sekretär des »Führers«, mit der attraktiven Schauspielerin Manja Behrens in die intime Phase trat, hat der neunfache Familienvater seiner Frau mitgeteilt: »... Du weißt, lange war nichts zwischen mir und M. Ich fand sie nur attraktiv ... als ich sie im letzten Oktober wieder getroffen habe, freute ich mich sehr. Du kannst dir nicht vorstellen, wie ich vor Freude außer mir war. Sie hat mich ungeheuer angezogen. Und trotz ihres Sträubens küsste ich sie ... ich habe mich wahnsinnig in sie verliebt, es dann eingerichtet, sie oft zu treffen, und habe sie trotz ihres Widerstands verführt ... Du kennst die Stärke meines Willens, dagegen konnte sie nicht lange ankämpfen. Nun gehört sie mir und – ich froher Geselle – fühle mich doppelt und unglaublich glücklich verheiratet. Was sagst du, Liebes, zu deinem verrückten Mann? O, meine Süße, du kannst dir nicht vorstellen, wie glücklich ich mit euch beiden bin. Wirklich, der Himmel meint es gut mit mir.«[1]

Gerda Bormann gratulierte ihrem willensstarken Mann herzlich, zeigte größtes Verständnis und empfand keine Eifersucht. Sie hat dann, angeregt durch die Amouren des Führer-Sekretärs, ein praktisches Konzept für eine »Volksnotehe« ausgearbeitet und gleich die ihres Erachtens dafür unbedingt notwendigen Formulare entworfen. Als es die Visionen des NS-Staates von der Auflösung der Monogamie in die Praxis umsetzte, glaubte das NS-Musterehepaar eine wichtige, von der engstirnigen Allgemeinheit missverstandene Vorreiterposition einzunehmen. Gerda Bormann spielte dabei eine treibende Rolle.

Geboren wurde sie am 23. Oktober 1909 in Konstanz am Bodensee, wo ihr Vater bei dem Infanterieregiment 114 der kaiserlichen Armee diente. Beide Eltern entstammten dem gutbürgerlichen Milieu: Walter Buch kam aus einer alteingesessenen Apothekerfamilie, seine Frau Else aus Offizierskreisen. Gerdas Vater stieg während des Ersten Weltkriegs zum Hauptmann und Bataillonskommandanten auf. Außerdem lehrte er zwei Jahre an einer Unteroffiziersschule. Nach Kriegsende fand der um die Gründung eines Instituts für Knabenerziehung bemühte Buch Kontakt zu nationalsozialistischen Kreisen.[2] Richard Darré, der spätere NS-Reichsminister für Ernährung und Landwirtschaft, schrieb dazu in seinen Memoiren: »... Völkisch ist er eigentlich von zu Hause aus. Sehr früh kommt er mit den geistig sehr lebendigen völkischen Kreisen Münchens in Beziehung und dadurch auch mit Hitler zusammen, der sich bald sehr gerne in dem einfachen, aber traulichen Landhaus Buchs zu einer Plauderstunde einfindet.«[3]

Gerda erinnerte sich noch in den Kriegsjahren an Hitlers Besuche und seine Reden, die sie als Kind und Jugendliche so gern gehört hatte. »... jedes Wort des Führers aus der Kampfzeit geht mir jetzt wieder im Kopf herum: Sähe ich schwarz in die Zukunft, würde ich nicht weiterkämpfen, sagte er 1924 an unserem Kachelofen.«[4]

Außenstehende gewannen den Eindruck, dass Walter Buch, der hagere, korrekt wirkende Exoffizier, mit seiner Frau und den vier Kindern – Gerda, Lore, Hermann und Walter – in seinem kleinen Haus in Solln bei München eine sehr glückliche Ehe führe. Dabei gebärdete sich der im Kreis der NS-Genossen stets höfliche, wohlerzogene Buch daheim als Haustyrann und Gerda schrieb den Fortbestand der elterlichen Ehe ausschließlich der Duldsamkeit ihrer Mutter zu: »... sie ist so gut und selbstlos, wäre sie es nicht, hätte sie es kaum beim Vater ausgehalten. Immer nur hat sie verzichtet und nachgegeben und in der schwersten Zeit blieb sie ganz auf sich allein angewiesen. Dabei hat sie stets nur Liebes und nur Gutes vom Vater erzählt und immer verziehen, wenn er böse zu ihr war ...«[5]

Gerdas Elternhaus wurde von zwei konträren Elementen geprägt. Einerseits zählten sich die Buchs voll Stolz zur NS-Elite, andererseits waren sie praktizierende, streng gläubige Protestanten. Das bedeutete für sie weder einen Gewissenskonflikt noch einen Widerspruch. Ihr Kirchenaustritt von 1933[6], nach dem Beispiel zahlreicher Parteigenossen, war lediglich eine Konzession an den Zeitgeist. Sie galten dann im nationalsozialistischen Sinn als »gottgläubig«. Auf jeden Fall aber wollten die Buchs – wie sie es selbst ausdrückten – »anständige Nazis« sein. Diese eigenartige und signifikante Selbsteinschätzung teilte das Ehepaar mit vielen Zeitgenossen, die im Nationalsozialismus ihre Religion und in Hitler ihren Held sahen und sich zwar mit den NS-Zielen, aber nicht mit den NS-Methoden identifizieren wollten. Ihre Blindheit bezeichneten sie als Idealismus. Ihre Kinder erzogen sie sorgfältig und nach herkömmlichen Moralbegriffen. Auch die Buchs schätzten die traditionellen Werte, trichterten ihren Nachkommen Fleiß, Ordnung und Ehrlichkeit ein, bestraften sie für kleinste Vergehen und übersahen dabei geflissentlich das radikal Böse des Nationalsozialismus. Vater Buch duldete in seinem Haus kein schlechtes Benehmen und legte auf korrekten Umgang mit seinen Mitmenschen größten Wert. Gleichzeitig aber wurde er nicht müde, seinen Kindern zu predigen: »Der Jude ist kein Mensch. Er ist eine Fäulniserscheinung. Wie sich der Spaltpilz erst im faulenden Holz einnistet und sein Gewebe zerstört, so konnte sich der Jude erst im deutschen Volk einschleichen und Unheil anrichten, als es geschwächt durch den Blutverlust des 30-jährigen Krieges innerlich zu faulen begann ...«[7]

Beide Töchter interessierten sich für Sozialberufe. Der Vater ermöglichte Gerda eine Ausbildung als Kindergärtnerin und Hortnerin, ihre Schwester Lore wurde Krankenschwester.

1927 avancierte Gerdas Vater zum Vorsitzenden der USCHLA (Untersuchungs- und Schlichtungsausschuss der Reichsleitung der NSDAP). Buchs Freund Darré schrieb darüber: »... Hitler hat entsetzliche Schwierigkeiten mit dem ewigen Stunk in der Partei. Der Hass der Kleinen spült unendlich viel schmutzige Wäsche nach oben ans Tageslicht. Außerdem greift die feindliche Parteipresse voll Vergnügen in diese Kämpfe ein. Kein Mensch will den

USCHLA-Laden übernehmen. Hitler weiß keinen Rat mehr und bittet Buch. Buch lehnt entsetzt ab. Aber Hitler gibt nicht nach. Schließlich erklärt sich Buch auf Zeit bereit. Hitler geht auf alle Bedingungen ein und hält später keine einzige ...«[8] Mit seiner ungeliebten Tätigkeit – es waren Streitigkeiten innerhalb der Partei mittels Schiedssprüchen zu schlichten – schuf sich Buch dann viele Gegner und, wie sich noch zeigen sollte, in der Person seines späteren Schwiegersohns einen Todfeind.

Zur Jahreswende 1928/29 besuchte die Familie Buch eine Parteiversammlung im Zirkus Krone, um den »Führer« sprechen zu hören. Dabei entdeckte die 19-jährige Gerda unter den SA-Funktionären einen einfachen Parteigenossen, der ihr sehr gefiel: Martin Bormann. Er bekleidete das bescheidene Amt eines Leiters der braunen Hilfskasse, die sich der in Schlägereien verletzten SA-Kämpfer annahm. Wie stets in Hitlers Anwesenheit gab sich Bormann beflissen und sympathisch und sein treuherziger Blick aus braunen Hundeaugen machte auf Gerda großen Eindruck. Sie selbst war groß, schlank, attraktiv und entsprach mit der modischen Gretchenfrisur ganz dem NS-Frauenideal, während der Mann ihrer Wahl mit seinem Rundschadel und dickfleischigen Korpus schon rein optisch, gemäß der NS-Rassenbibel von Professor Hans Günther, einer »minderwertigen Rasse« hätte zugerechnet werden müssen.[9] Dies störte Gerda jedoch ebenso wenig wie die Tatsache, dass der junge Mann fast einen Kopf kleiner war als sie. Schwerer wog, dass Bormann die scheue Zuneigung der Tochter aus höheren Parteikreisen zunächst gar nicht wahrnahm. Darauf bat diese den Vater, doch den strebsamen Mitkämpfer nach Hause einzuladen.[10] Der strenge Protestant Buch zögerte, denn Bormanns parteiinterner Ruf war nicht der beste. Allgemein sprach man über seine groben Manieren, seine Skrupellosigkeit sowie die vielen dubiosen Frauengeschichten. Trotzdem kam es zur Begegnung der stillen, schüchternen Gerda, die verträumt auf ihrer Gitarre spielte und viel las, und dem lauten, polternden Apparatschik. Bald gehörten die Besuche Bormanns, der in seinem eigenen Opel vorfuhr, zur sonntäglichen Routine im Hause Buch und der Vater sorgte sich um den Ruf seiner Tochter. Seine diskreten Nachforschungen brachten Einzelheiten aus dem Leben des jungen Bormann zutage, die nicht dazu angetan waren, die düsteren väterlichen Ahnungen zu zerstreuen.

Der am 17. Juni 1900 geborene Martin Bormann war Sohn eines Militärmusikers und Postbeamten aus Halberstadt, hatte seinen Vater schon im Alter von drei Jahren verloren und wurde von einem Stiefvater großgezogen. Dieser, ein Bankdirektor, zog 1909 nach Weimar, wo Martin in das Realgymnasium eintrat. Martin Bormann brachte es bis zur Obersekunda (vorletzte Klasse) und verließ die Schule ohne Abschluss – nach eigenen Angaben, um sich freiwillig zum Waffendienst zu melden. Tatsächlich ist er ganz regulär – im Juni 1918 – bei einem Feldartillerie-Regiment eingerückt. Er sei »Putzer«, also Bursche eines Offiziers gewesen, munkelte man später, als Bormann bereits zum mächtigen Reichsleiter aufgestiegen war.

Schwerer als das Fehlen von Schulbildung und militärischen Ehren wogen für den Schwiegervater in spe allerdings Martins Aktivitäten nach dem Ende des Ersten Weltkriegs. Damals arbeitete Bormann in der Landwirtschaft, hatte einen Posten auf dem adeligen mecklenburgischen Gut

Herzberg nahe Parchim und stieg auf Grund seines Fleißes bald zum unentbehrlichen »Inspektor« auf. Er managte auch das vom Besitzer einquartierte illegale und rechtsnationale »Freikorps Roßbach«, einen wüsten Haufen demobilisierter Soldaten, denen der Gutsherr, ein Herr von Treuenfels, Unterschlupf geboten hatte.[11] Es sollte die offene Grenze zu Polen schützen und Bolschewisten abwehren.

Die Zugehörigkeit zu einem der vielen Freikorps galt später in der NSDAP als große Empfehlung. Für einen künftigen Schwiegersohn hätte es in NS-Kreisen gar keine bessere Empfehlung geben können – wenn da nicht der Fall Kadow gewesen wäre. Am 31. Mai 1923 hatten nämlich Angehörige des Freikorps, darunter Rudolf Höß, der spätere Kommandant des Lagers Auschwitz[12], Walter Kadow, einen vermeintlichen Verräter in ihren Reihen, in einen Hinterhalt gelockt und brutal erschlagen. Obwohl Bormann an der Gewalttat nicht unmittelbar beteiligt war, galt er als der Drahtzieher und Organisator des Verbrechens. Er wurde dafür am 17. März 1924 wegen »Beihilfe zu schwerer Körperverletzung mit vollendetem Totschlag« zu einem Jahr Gefängnis verurteilt. Der 24-Jährige verbrachte die Zeit tütenklebend im Zuchthaus.[13]

Diesen Fememord konnte der »aufrechte Nationalsozialist« und Parteirichter Buch nicht gutheißen. Als Bormann daher im April 1929 formell um Gerdas Hand anhielt, gab ihr Vater nur widerwillig seine Zustimmung. Seine Frau hingegen – eine große Verehrerin von Martin Luther – freute sich darüber, dass nun »ein Martin« zur Familie gehörte. Die Verlobung schien auch der geeignete Zeitpunkt, Gerda in die NSDAP aufzunehmen. Die stolze Braut erhielt die Mitgliedsnummer 120 112.[14]

Im September 1929 feierten Gerda und Martin in Solln ihre Hochzeit, bei der sich evangelische Tradition mit nationalsozialistischer Adjustierung mischte. So erschien die weiß gekleidete Braut mit Schleier und Myrtenkranz, die anwesenden Damen – darunter Bormanns Mutter Antonie – hatten ihren Sonntagsstaat angelegt und die »Kranzljungfern« trugen duftige Kleider und Blüten im Haar. Die Männer hingegen waren alle in Braunhemd, Breeches, Rohrstiefeln und Hakenkreuzbinde erschienen. Hitler und sein Sekretär Rudolf Heß waren die Trauzeugen. Als besonderes Zeichen der Huld stellte der »Führer« seinen großen Mercedes für die Fahrt zur Kirche zur Verfügung. Auf dem offiziellen Hochzeitsfoto sind noch weitere NS-Größen zu sehen: Münchens SA-Führer Schneidhuber, der 1934 während des Röhm-Putsches liquidiert werden sollte, der Oberste SA-Führer Pfeffer von Salomon, dazu Gerdas Vater als Parteirichter der NSDAP und Bormanns Bruder Albert, der bald in der »Privatkanzlei des Führers« Aufnahme fand.

Die Parteiclique quittierte die Hakenkreuzhochzeit mit hämischen Bemerkungen. Die allgemeine Meinung war, dass dieser Niemand aus Weimar aus reiner Karrieresucht in eine »gestandene nationalsozialistische Familie« eingeheiratet hätte. Der Verdacht war nicht unbegründet, denn 1929 zeichnete Hitler den Parteigenossen Buch nicht nur durch erhöhte Aufmerksamkeit, sondern auch mit einem Mandat zum Reichstag aus. Wer zur Familie gehörte, hatte automatisch einen direkten Draht zum Vorsitzenden der NSDAP, der oft beim Parteirichter verkehrte.

Die Hausstandsgründung des jungen Paares fiel in die denkbar schlechteste Zeit. Der als »Schwarzer Freitag«

berüchtigt gewordene 13. November 1929 mit dem New Yorker Börsenkrach brachte eine internationale Weltwirtschaftskrise größten Ausmaßes und verschonte Deutschland nicht. Bormann war heilfroh, als Hilfskassenleiter der NSDAP nicht zum Heer der über drei Millionen Arbeitslosen zu zählen. Die Partei, vertreten durch den für Finanzen zuständigen Schatzmeister Schwartz, war allerdings knausrig und zahlte nur ein geringes Gehalt. Gerdas Eltern hatten ihrer Tochter an Stelle einer Mitgift eine gediegene Berufsausbildung ermöglicht und sahen damit ihre Verpflichtungen als erledigt an. Bormann selbst war mittellos, sodass die ersten Jahre des Zusammenlebens von drückenden Geldsorgen geprägt waren.

Eine Wohnung im Zentrum von München, »der Stadt der Bewegung«, blieb unerschwinglich. So bezog das Paar

Eine Hakenkreuzhochzeit – Gerda Buch heiratet im September 1929 Martin Bormann. Der Trauzeuge Adolf Hitler im Hintergrund.

ein kleine Wohnung in Grünwald südlich von München. Am 14. April 1930 brachte Gerda ihr erstes Kind »Krönzi« zur Welt – neun weitere, von denen eines starb, sollten folgen. Man nannte den Jungen zu Ehren des »Führers«, der auch sein Taufpate war, Adolf Martin. Da aber die protestantische Zeremonie auch einen Taufpaten evangelischen Bekenntnisses erforderte, hielt Ilse Heß, die Frau des »Führer-Sekretärs«, den Neugeborenen über das Taufbecken.[15] Dass »Krönzi« schon sieben Monate nach der Eheschließung geboren wurde, bestärkte die einander stets belauernden Parteigenossen in ihrem Verdacht, dass Bormann die naive Tochter des Parteirichters verführt und geschwängert hätte um »hinaufzuheiraten«. Bormann selbst sprach von einer Frühgeburt, die alle überrascht hätte. »Der Vater hielt es [die Wehen] für einen ›Blinddarm‹«, berichtete der Sohn selbst viele Jahrzehnte später.[16] Als sich wiederum Nachwuchs ankündigte, zog die Familie in eine kleine Mietwohnung in Icking im Isartal. Während Gerda den Haushalt führte, pendelte ihr Mann zwischen der Parteizentrale in der Münchner Schellingstraße und seinem Wohnsitz. Dabei quälte ihn die Angst, wichtige Chancen zu verpassen. Musste er doch notgedrungen bei den spätabendlichen Runden im Café Heck fehlen, wo sich die Getreuen um den »Führer« scharten, Trost und Ansporn aus seinen Reden bezogen, Posten erhielten und wichtige Entscheidungen beeinflussten. Der Versuch, Parteifreunde nach Icking einzuladen, war kein Erfolg. Die Besucher empörten sich über die rüde Art, mit der Bormann seine Frau behandelte. Ein Gast im Hause Bormann notierte sich: »Die Tochter, in Erscheinung und Wesen ganz die feine, zurückhaltende, vornehme Natur ihres Vaters, wurde an einen der brutalsten Männer gekoppelt, der sich noch ein Vergnügen daraus machte, seine Frau wie ein Stück untergeordnetes Wesen vor Fremden zu demütigen. Ich kann das nicht mit ansehen und verbiete meiner Frau ab 1931 das Haus Bormann ...«[17]

Gerdas hausfrauliche Fähigkeiten waren anfangs eher gering. Sie kochte nicht gern und überließ diese Tätigkeit ihrer Schwiegermutter Antonie, die häufig aus Weimar kam, sich monatelang einquartierte und mit Ratschlägen nicht sparte. Gerdas Domäne blieb die Erziehung ihrer Kinder, der sie sich mit Feuereifer widmete. Sie las Märchen vor, sang zur Gitarre Volkslieder, nähte ihre Kleidung selbst und verfertigte Bastelarbeiten. Schon am 9. Juli 1931 gab es wieder Nachwuchs: die Zwillingsmädchen Ehrengard und Ilse.

Ende 1932 dirigierte Martin Bormann als Hauptabteilungsleiter bereits über 100 Funktionäre und Angestellte. Am bescheidenen Lebensstil der Familie änderte sich jedoch nichts. Immerhin stellte die Partei das Haus Sonnenweg 11 in der Parteisiedlung von Pullach zu Verfügung. Im Jahr 1933, als Hitler Reichskanzler wurde und die NSDAP mit einer Reihe von Notverordnungen die Macht an sich riss, war Gerda Bormann erneut schwanger. Knapp vor der Geburt ihres vierten Kindes ließ die Haushaltshilfe sie in Stich. »Mein Hausmädchen hat mir ausgerechnet auf den 1. Juli gekündigt. Sie muss heim, da ihre Eltern, die einen Hof im Gebirge mit Sommerfremden haben, in Folge der österreichischen Grenzsperre das ganze Haus voll Leute haben und die Tochter zu Hause brauchen ...«[18] Gerda suchte daher dringend eine Hilfe für Kinder und Haushalt. Sie schrieb einer Bewerberin: »Liebes Fräulein Annelies!

Für Ihre Nachricht aus Ottenhöfen danke ich Ihnen recht schön, nur wäre es mir lieber, wenn an Stelle Ihrer Zeugnisse Sie selber am 1. Juli zu mir kämen. Ist Ihnen als Bezahlung 15 M Taschengeld recht? Wenn es meinem Mann späterhin möglich ist, Ihnen mehr zu geben, wird er es tun, aber augenblicklich und auch in der nächsten Zeit geht es nicht ...«[19] Zu diesem absoluten Mindestlohn kamen dann noch freie Unterkunft und Verpflegung.

Gewissenhaft hat Gerda Bormann der neuen Haushaltsgehilfin die Kinder beschrieben, die anfallende Arbeit erklärt und sich auch gleich die Sorgen des vergangenen Jahres, in dem eines ihrer Zwillingsmädchen verstorben war, von der Seele geredet. Das herzliche Wesen Gerdas wurde allgemein gelobt. Selbst mit der Schwiegermutter, der verwitweten Antonie Vollborn, einer herrischen Frau, die stets unverblümt ihre Meinung sagte und vor der sich die Kinder fürchteten, kam sie gut aus. Wie es jedoch Martin Bormann mit der von den Nazis hochgehaltenen Mutterverehrung hielt, zeigt sein Brief an die »liebste Oma«: »Ich habe dir schon erklärt, du sollst dich nicht um Dinge unseres Haushalts, unserer Kindererziehung kümmern ... Haushaltsführung und Mädchenbehandlung und Kindererziehung verlaufen nach meinen Weisungen, nach denen Gerda sich zu richten hat. Du neigst leicht zur Kritik! Wie abfällig hast du – zu meinem Entsetzen – in früheren Jahren von Saukel [Generalbevollmächtigter für den Arbeitseinsatz] oder Goebbels gesprochen oder geschrieben! Ich bitte dich dringend, gerade in dieser Zeit mit derartiger Kritik zurückhaltend zu sein! Auch über mich und meine Weisungen, über mein Haus und meine Haushaltsführung.«[20]

Als im Krieg dann die Parole »Erst siegen, dann reisen!« ausgegeben wurde – und sich die Bormanns zahlreiche Dienstmädchen leisten konnten – forderte der Sohn seine Mutter rüde auf, zu Hause zu bleiben. Sie fügte sich, ließ ihm jedoch durch die Schwiegertochter ausrichten, »dass sie die Langeweile und der Stumpfsinn in Pullach sowieso krank gemacht hätten«. Auch der Parteirichter und Major a. D. Walter Buch litt unter seinem dominanten Schwiegersohn. Gerda hat sich in den jahrelang schwelenden Streitereien ohne Zögern auf die Seite ihres Mannes gestellt. Sie zeigte sich »betroffen, dass mein Vater dir dienstlich Schwierigkeiten macht und du so immer aufs Neue Ärger durch ihn hast«. Sie glaubte, sich für den Vater entschuldigen zu müssen, und beteuerte: »Dass mein Verhältnis zu Vater, seit 1932 schon, nur noch ein sehr gezwungenes ist, obwohl er mir manchmal Leid tut, liegt auch an eurem Verhältnis. Wenn ich [im Elternhaus] anrief, suchte ich immer die Stunden aus, in denen ich die Mutter allein anzutreffen hoffte. Denn an meiner Mutter hänge ich doch sehr, das ist ganz selbstverständlich ...«[21]

Buch und Bormann wurden 1935 Todfeinde, als der Parteirichter – in naiver Verkennung der Alibifunktion seines Amtes – den Gauleiter von Ostpreußen, Erich Koch, wegen persönlicher Bereicherung und Terror anklagte.[22] Damit kam er jedoch Hitler in die Quere, der die Machenschaften seiner Paladine gerne duldete, solange sie auch der Partei nutzten. Bormann bekam den Auftrag, seinen Schwiegervater einzubremsen. »Hätte dein Vater schon 1935/36 die ersten Weisungen befolgt, die ich ihm im Auftrag des Führers übermittelte, hätte er sich selbst und anderen viel Ärger erspart. Aber ausgerechnet er bezweifelte, dass der

Führer diese Weisungen gegeben hatte. Ausgerechnet dein Vater unterstellte mir Schwindel!«, schrieb Bormann, der sich zu rächen wusste, an seine Frau.

»Um Buch zu treffen, holt Bormann zu einem besonders teuflischen Schlag aus. Auch Gerdas Mutter darf nicht mehr mit ihrer Tochter und ihren Enkelkindern verkehren. Das alles trifft die Buchs wirklich. Buch versteht weder die Welt noch Hitler noch die Partei. Er zieht sich immer mehr zurück, fängt an, wunderlich zu werden ...«, schrieb Darré in seinen Erinnerungen.[23] Gerda Bormann hat ihr Elternhaus nie mehr betreten und beschränkte die Kontakte auf gelegentliche Telefonate mit der Mutter. Frau Buch litt sehr, als man sie von ihren zahlreichen Enkeln fernhielt. 1936 waren dies bereits »Krönzi« (Adolf Martin), Ilse, Irmgard, Rudolf Gerhard sowie der neugeborene Heinrich Hugo, der in »Onkel Heinrich« – dem Reichsführer SS Heinrich Himmler – einen prominenten NS-Paten bekommen hatte.

Damals ließen die Bormanns ihr kleines Haus im Pullacher »Sonnenwinkel« abreißen und durch einen stattlichen Neubau ersetzten, der den Wohnbedürfnissen der großen Familie entsprach und gleichzeitig Parteizwecken dienen konnte.[24] Gerda überwachte das Personal und wusste als Hausherrin die große Ehre zu schätzen, wenn der »Führer« seine treuen Helfer mit einem privaten Besuch auszeichnete. Zum Schauplatz der großen Politik wurde das Bormann-Haus, als Hitler mit Ribbentrop im September 1938 in Pullach das Treffen mit dem englischen Premierminister Chamberlain vorbereitete und auch die Richtlinien für die Viererkonferenz (Mussolini, Daladier, Chamberlain und Hitler) festlegte.[25] Die damals gefassten Beschlüsse gin-

Gerda Bormann mit ihren Kindern vor ihrem Haus auf dem Obersalzberg (ca. 1940).

Vorbereitungen für ein Foto mit dem »Führer«.

gen als »Münchner Abkommen« in die Geschichte ein. Sie waren der vergebliche Versuch, den Frieden – »Peace in our time« – durch Konzessionen an Hitler zu retten.

Als am 9. November 1938 in der »Reichskristallnacht« jüdisches Eigentum zerstört und geraubt wurde, hätte Gerdas Vater seinen parteiintern angeschlagenen Ruf rehabilitieren können. Man beabsichtigte nämlich – als Reaktion auf die Proteste der Bevölkerung – einige der Plünderer vor Parteigerichte zu stellen.[26] »Aber Buch weigert sich zu urteilen, wenn der Führer nicht vorher Goebbels anfasst und einige Gauleiter. Buch weigert sich einfach, die Kleinen zu hängen und die Großen laufen zu lassen. Ganz großer Krach!«, weiß Darré zu berichten.[27] Gerdas Vater fiel endgültig in Ungnade. Ironischerweise verschonte ihn jedoch die Stellung seines ihm verhassten Schwiegersohns vor ärgeren Repressalien. Auf Betreiben Bormanns wurde er bloß kaltgestellt. Schließlich verfügte Hitler, dass der Parteirichter vor jedem Prozess die Genehmigung seines Schwiegersohns einholen müsse.[28] Buch sprach dann öffentlich von dem »Lump Bormann«.[29] Als der oberste Parteirichter auch noch in der Öffentlichkeit erklärte, dass ehebrecherisches Verhalten mit der NS-Weltanschauung unvereinbar sei, erreichte das interne Familiendrama seinen Höhepunkt.[30]

1940 übersiedelte die Familie Bormann auf den Obersalzberg bei Berchtesgaden, wo sie schon bisher die Sommer verbracht hatte. Damit konnte Bormann, unter dessen Leitung dort eine riesige NS-Kolonie entstand, die Arbeiten bequem an Ort und Stelle überwachen. Das idyllische Hochtal hatte sich seit den Zwanzigerjahren, als Hitler dort sein kleines Landhaus »Wachenfeld« erwarb, radikal verändert. Die Zahl der Bewohner war von 200 auf 5000 angewachsen. Beim Anblick der großen Dauerbaustelle fiel die Erinnerung an den einstigen stillen Luftkurort schwer. Jahrelang wurde Tag und Nacht mit größter Intensität und ohne Rücksicht auf Kosten gearbeitet. Erst das Kriegsgeschehen setzte dem Treiben ein Ende.[31] Nach der Umgestaltung von Hitlers Haus zum repräsentativen Berghof, die im Juni 1936 fertig gestellt war, entstanden Villen der NS-Prominenz, eine Parteikanzlei, SS-Kasernen, Mannschaftsunterkünfte, Exerzierplätze, Gästehäuser, Wirtschaftsgebäude, Gewächshäuser, Dienstwagenhallen, Theater und Kino sowie ein Gutshof mit Pferdezucht. »Der Gott vom Obersalzberg«, wie die Bevölkerung Bormann bald spöttisch nannte, bezog zuerst das »Haus Hudler«. Später beanspruchte er das ehemalige Kindersanatorium Seitz für seine immer größer werdende Familie. Das mächtige, zweistöckige Landhaus wurde mit großem Aufwand adaptiert, wobei die schlichte holzverschalte Außenfassade über den großen Luxus im Inneren hinwegtäuschte. So gab es ein eigenes Kinderbadezimmer mit einem Becken von 2 mal 3,5 Metern. »Die kostbaren Teppiche waren alle Sonderanfertigungen. Man kann mit gutem Gewissen behaupten, dass sich kein Neureicher dort Gleichwertiges geleistet hat«, berichtete ein Angestellter.[32]

Während Gerda Bormann mit den Kindern auf dem Obersalzberg eine ständige Bleibe fand, war ihr Mann dauernd unterwegs. Er wich Hitler seit Kriegsbeginn nicht mehr von der Seite und begleitete ihn von einem Führerhauptquartier zum nächsten. Kam er jedoch im Gefolge seines Chefs nach Hause, dann beobachteten die Nachbarn, wie der jähzornige Bormann seine Kinder anschrie und sie bei den kleinsten Vergehen mit Fußtritten traktierte.[33] Martin Bormann jun. hat diese Vorwürfe abgeschwächt: »Vater war kein Prügler, aber cholerisch und neigte zu Wutanfällen.«[34] Bormann bestrafte seine Kinder, die er vom Religionsunterricht ihrer Volksschule abgemeldet hatte, wenn sich bei ihnen religiöse Tendenzen zeigten. Er selbst hatte schon 1934 mitsamt seiner Gattin dem protestantischen Glauben abgeschworen[35] und führte einen geradezu fanatischen Privatkampf gegen Katholiken und Protestanten.[36]

Im Oktober 1940 gab Gerda in einem Brief an eine ehemalige Hausangestellte eine – für Außenstehende gedachte – Version ihrer Lebenssituation: »... drum will ich Ihnen auch ein bissel von allen erzählen. Krönzi [Adolf Martin] ist ein großer Bursch geworden und geht schon auf die Reichsschule der NSDAP in Feldafing. Ilse geht in die 3. Volksschulklasse in Berchtesgaden und kann mir schon sehr schön helfen, wenn sie will. Nach ihr kommt Irmgard, sie geht in die 2. Klasse ... ist den Geschwistern gegenüber immer hilfsbereit und lieb. Rudolf-Gerhard ist Nr. 4. Er kommt Ostern zur Schule und ist ein vergnügter Lausbub ... Nach ihm kommt Heiner [Heinrich Hugo] ... nie verlegen und ein wortskräftiger Bursch für seine 4 Jahre. 1938 ist unsere kleine Eva geboren ... ein liebes lebhaftes Kind. Immer freundlich und zutraulich zu jedem, alle mögen sie gern. Und dann ist jetzt noch das kleine Gerda-Schwesterlein da. Das ist, wenn mein Mann nicht da ist, der Mittelpunkt des Hauses ... ein lieber kleiner Kerl ...«[37]

Am 10. Mai 1941 flog Rudolf Heß, der Stellvertreter des »Führers« und unmittelbare Vorgesetzte Martin Bormanns, heimlich und allein nach Schottland, um mit den Engländern auf eigene Faust über einen Friedensschluss und die

Beendigung des Krieges zu verhandeln. Am nächsten Tag traf die Nachricht auf dem Obersalzberg ein. Hitler tobte und rief Bormann wutentbrannt zu sich. Bald stellte sich die heikle und gefährliche Frage, ob dieser als Stabsleiter von Heß etwa ein »Mitschuldiger dieser Wahnsinnstat« sei. Doch Gerdas Mann konnte alle Verdachtsmomente entkräften und schlug vor, der Öffentlichkeit das plötzliche Verschwinden des Exchefs mit dem Ausbruch einer Geisteskrankheit zu erklären. Auch im Hause Bormann herrschte Aufregung und Empörung.[38] Rudolf Heß war nämlich zugleich Chef, Freund und – zusammen mit seiner Frau – Pate zweier Bormann-Kinder. Nun trugen diese die Vornamen des verabscheuungswürdigenVerräters und seiner in Ungnade gefallenen Gattin. Die Bormanns demonstrierten ihre tiefe Verachtung und benannten die Kinder sofort um: Aus Rudolf wurde ein Helmut Gerhard und aus Ilse eine Eike. Zu Ilse Heß brach man jeglichen Kontakt ab. Hitler wusste so viel Treue zu belohnen. Schon am 12. Mai konnte das Ehepaar Bormann einen Führererlass feiern, in dem es hieß: »Die bisherige Dienststelle des Stellvertreters führt von jetzt ab die Bezeichnung Partei-Kanzlei. Sie ist mir persönlich unterstellt. Ihr Leiter ist wie bisher, Pg. Reichsleiter Martin Bormann.«

Damit war Gerdas Mann zu einem der einflussreichsten Männer des NS-Regimes aufgestiegen. Als Leiter der Parteikanzlei und später als Sekretär des Führers agierte er vorzugsweise im Hintergrund. Er hielt keine Reden, trat nicht öffentlich auf und prahlte damit, dass ihn nur wenige kannten. »... Orden sind ebenso wenig ein Gradmesser wirklicher Leistung wie Popularität. Ley [Dr. Robert Ley, der Leiter der Deutschen Arbeitsfront] zum Beispiel ist der Masse bekannt, ich habe dieses Bekanntwerden unterbunden ...«, schrieb er Gerda, als sie ihm einmal ein Buch über Orden und Ehrenzeichen schickte.[39] Es genügte Bormann vollkommen, als »braune Eminenz« den bürokratischen Machtapparat zu dirigieren sowie leise und gefährlich im Verborgenen zu intrigieren. Dabei wurde er immer mächtiger und beherrschte am Ende Hitler selbst. Am Höhepunkt seiner Karriere schob sich Bormann dann wie eine Wand zwischen den »Führer« und dessen Umgebung. Er manipulierte das »Recht auf Vortrag beim Führer« und entschied, wer bei Hitler Zutritt bekam. Außerdem wählte er die dem Diktator vorzulegenden Akten aus.

Wie ihr Mann, so drängte sich auch Gerda Bormann nicht in den Vordergrund. Sie beschränkte sich – dem Anschein nach – auf Herd, Heim und Kindererziehung. Ihrem Mann hat sie sich von Anfang an in jeder Beziehung widerspruchslos untergeordnet. Hitler selbst hat die schöne und problemlose Frau seines treuen Helfers, die in so idealer Weise alle NS-Kriterien erfüllte, sehr geschätzt. Oft lud man sie zur abendlichen Tafelrunde auf den Berghof. Sie und ihr Gatte nahmen stets dieselben Stammplätze – dem Hausherrn gegenüber – ein.[40] Auf die übrigen Gäste machte Gerda den Eindruck »einer bescheidenen, etwas verschüchterten Hausfrau«. Auch Baldur von Schirach, der NS-Jugendführer, notierte sich: »Nur auf dem Obersalzberg sah man sie, und da war sie häufig abends am Kamin unter den Frauen der engsten Mitarbeiter Hitlers und sagte den ganzen Abend hindurch kein Wort. Ganz Mutti, und als solche wurde sie auch von Hitler mit besonderer Achtung behandelt.«[41] Man sah sie nie anderes als in ländlicher Trachtenkleidung. Augenzeugen bekamen den Eindruck, dass ihr Mann es nicht gern sah, wenn sie sich an der Konversation mit Gästen beteiligte.[42]

Während Gerda daher stumm den Führermonologen lauschte, die sie danach bewundernd mit ihrem Mann besprach, entlockte Bormann durch kurze Zwischenfragen und klug platzierte Anekdoten Hitler jene Äußerungen, die er dann in »Führer-Weisungen« umfunktionierte. In regelmäßigen Abständen – zu »Führers Geburtstag« und zum Neujahrsempfang – durfte Gerda ihren Nachwuchs auf den Berghof bringen, wo die braven und hübschen Kinder mit Kakao und Kuchen bewirtet wurden. Sie dienten auch als ideale Staffage für Fotoreportagen mit dem Thema »Der Führer als Freund der deutschen Jugend«.

Zu großen NS-Einladungen, wie der 10-Jahres-Feier des 1. Parteitages mit Empfang und »Tannhäuser«, kam Reichsleiter Bormann meist allein. Es ist unklar, ob er seine Frau bewusst ausschloss oder ob sie keine Gesellschaften mochte. An ihrem Aussehen lag es jedenfalls nicht. Mit ihren regelmäßigen Gesichtszügen, der kleinen, geraden Nase und den prächtigen Haaren galt Gerda Bormann als klassische Schönheit. Ihr Porträt im naturalistischen, gefälligen Stil – wie ihn das Regime vorschrieb – von Professor Pithan wurde sogar auf einer GDK (Große Deutsche Kunstausstellung) gezeigt und von den Liebhabern nationalsozialistischer Kunst gelobt. Das Bild hing dann im Bormannhaus am Schluchsee und befindet sich noch im Familienbesitz. Hitlers Wunsch zufolge war das Gemälde sogar für jene »Galerie des Führers« bestimmt, die er in Linz zu errichten gedachte.[43]

Das Ehepaar Bormann selbst gab kaum Gesellschaften, denn der Leiter der Parteikanzlei amüsierte sich lieber allein und organisierte in dem als Gästehaus und gelegentlicher Absteige des »Führers« geführten Pullacher Haus feuchtfröhliche Feste. Er lud sich dazu Filmstars wie Hilde Krahl, Marika Rökk und Hansi Knotek ein. Man tanzte, trank und spielte Schallplattenmusik.[44] Gerda hingegen lebte, umgeben von Kindern und Dienstboten, ziemlich isoliert. Zwar ließ man sie die Unbeliebtheit ihres Ehegatten nicht direkt spüren, vielen schien es aber ratsamer, der Frau jenes Mannes, der auf dem »Berg« unumschränkte Macht besaß und rücksichtslose Grundstücksenteignungen durchführte, aus dem Weg zu gehen. Mit den auf dem Obersalzberg ansässigen NS-Größen – allen voran Göring – hatte sich der Leiter der Parteikanzlei schon längst verfeindet. Daher durfte Frau Bormann auch nicht mit Emmy Göring, ihrer nächsten Nachbarin, verkehren. Der erbitterte Kleinkrieg wiederum, den der Rüstungsminister Speer gegen Bormann führte – es ging um die Rekrutierung von Stollenarbeitern für den Wehrdienst – schloss naturgemäß auch hier eine Freundschaft zwischen den Ehegattinnen aus. Für Eva Braun hat Gerda Bormann als engagierte und überzeugte Nationalsozialistin keinerlei Sympathie empfunden, denn die Geliebte des »Führers« machte aus ihrem Desinteresse für NS-Politik und Ziele kein Hehl. Mehr nach Gerdas Geschmack waren die Architektin Gerdy Troost, und Mimina, die Gattin des NS-Architekten und Bildhauers Arno Breker. Auch »Häschen« (Hedwig Potthast), Heinrich Himmlers Nebenfrau, hat Gerda samt Kindern aufgesucht. Während sich die Kinder mit dem schönen, von KZ-Häftlingen gebastelten Spielzeug beschäftigten, führte »Häschen« ihr neues Haus vor. Gerda äußerte sich lobend: »... gestern Nachmittag war es sehr gemütlich im Schneewinkel-Lehen. Es ist sehr schön und praktisch geworden ...«[45] Zu der praktischen Einrichtung gehörten allerdings auch Menschenhautschirme und aus menschlichen Oberschenkelknochen geschnitzte Sessel. Beim Abschied überreichte man Gerda ein besonderes Erinnerungsgeschenk: das Buch »Mein Kampf«, geschrieben auf menschlichem Pergament. Martin Bormann jun. erinnerte sich, dass seine Mutter mit Entsetzen darauf reagierte.[46]

Wie schon die Ickinger und Pullacher, so beobachteten auch die Frauen der NS-Prominenz mit scheelem Blick, wie übel der Parteileiter Bormann seine Gattin behandelte. Bormann genierte sich nämlich nicht, junge Filmschauspielerinnen fast unter den Augen seiner Frau zu verführen. Seine Hauptgeliebte wurde jedoch die attraktive Manja Behrens, die als Schauspielerin am Dresdener Staatstheater wirkte. Man sah sie auch als Hauptdarstellerin in den Filmen »Susanne im Bade« und in »Stärker als Paragraphen«. Die Affäre mit dem Filmstar währte jahrelang. Bormann lud seine Geliebte nach Pullach und auf den »Berg«, ließ von ihr eine Bronzebüste anfertigen und seiner Gattin zur Aufstellung übergeben.[47]

Jeder sympathisierte mit der betrogenen Ehefrau und nahm an, dass sie sich als stille Dulderin in ihr Schicksal füge, aber sehr leide. Das Gegenteil war der Fall, die biederen Damen der NS-Society hätte der wahre Sachverhalt vermutlich schockiert. Gerda hat nämlich die Seitensprünge ihres Mannes nicht nur gutgeheißen, sondern noch gefördert. Die private, nie zur Veröffentlichung bestimmte Korrespondenz des Ehepaares Bormann enthüllt Szenen einer ungewöhnlichen Ehe im nationalsozialistischen Milieu. Bormann hat die Eroberung von Manja seiner Frau detailliert geschildert. Gerda lobte und gab gute Ratschläge. Sie gönnte ihm dieses – und andere – Abenteuer von ganzem Herzen und zweifelte nie an der Liebe ihres Mannes. »Mir ist M. so sympathisch, dass ich dir nie böse sein könnte, und alle Kinder mögen sie sehr. Auch ist sie eine viel bessere Hausfrau als ich. Als sie letztes Mal in Pullach war, hat sie mir beim Einpacken des ganzen weißen

Manja Behrens, Schauspielerin und Geliebte Martin Bormanns (1936).

Porzellan-Services geholfen. Kein Stück ist dann auf dem Transport gebrochen!«[48]

Das Trio Martin, Gerda und Manja war einander geradezu innig verbunden. So heißt es in einem Bormannbrief: »Mein Mädel! Eben sprach ich mit M.[anja]. Sie fragte, ob du gut angekommen, und betonte, dass sie ganz schrecklich Zeitlang hätte. Ich sagte ihr, sie sei ein lieber, geliebter Schnuck und sie solle bald wieder zum Berg fahren. Bliebe sie lange genug, käme ich auch einmal!«[49]

Als die Schauspielerin dann rüstungsverpflichtet wurde und sehr darüber klagte, hat sie die Frau ihres Geliebten getröstet: »Gestern habe ich wieder mit M. telefoniert. Mir scheint, der Einsatz tut ihr recht gut. Sie hat nur die eine Sorge, dass sie dadurch zu sehr verbraucht wird und dass sie dann beim Theater nicht mehr genommen wird ... Ich habe mir aber Mühe gegeben, M. beizubringen, dass sie durch den Einsatz rein menschlich nur gewinnt ...«[50]

Gerda Bormann empfand ihre ungewöhnliche Toleranz als selbstverständliche Pflichterfüllung einer »anständigen« Nationalsozialistin. Lange schon quälten sie Sorgen um die großen kriegsbedingten Verluste und den Weiterbestand des NS-Regimes. Unablässig kreisten ihre Gedanken um die Zukunft des deutschen Volkes. Sie war überzeugt, dass nur eine radikale neue Gesellschaftsordnung die Existenz der Deutschen sichern könne, und war dafür zu jedem persönlichen Opfer bereit. »Es ist ein tausendfaches Unglück, dass diese wunderbaren Mädchen [zwei von Bormanns Geliebten] keine Kinder haben werden. Im Fall von M.[anja] wirst du dies ja ändern. Du musst nur darauf achten, dass M. in einem Jahr ein Kind bekommt und ich im darauffolgenden, dass du immer eine bewegliche Frau an deiner Seite hast. Dann geben wir alle Kinder zusammen in das Haus am See [Schluchsee] und leben zusammen, und die Frau, die gerade kein Kind hat, wird immer bei dir am Obersalzberg oder in Berlin sein können ...«

Martin Bormann konnte sich an die revolutionären Ideen seiner Frau nur schwer gewöhnen und hätte unkomplizierten, illegalen Beziehungen gerne den Vorzug gegeben. Vor allem am friedlichen Zusammenleben seiner Frau mit seiner Geliebten kamen ihm Zweifel. Gerda jedoch suchte bereits nach legalen Möglichkeiten zur Abschaffung der Monogamie und der Einführung der »Volksnotehe«. Ausgangspunkt ihrer Überlegungen war, dass nach dem Krieg jedem »wertvollen« Mann per Gesetz mehrere Frauen zur Verfügung stehen sollten. Sie übersandte ihrem Mann Entwürfe entsprechender Formulare, die das Verhältnis Manja – Gerda – Martin auf eine neue – legale – Basis stellen sollten. Einer davon lautet: »Ich Gerda Bormann, geb. Buch, stimme der Entscheidung meines Ehemanns Martin Bormann, mit M. eine Volksnotehe einzugehen, zu und nehme zur Kenntnis, dass dieser Verbindung die gleiche Rechtskraft wie unserer eigenen Ehe zukommt.« Zusätzlich hieß es: »In Fällen, wo die Ehefrau die Zustimmung verweigert, hätte sie das Recht, den Ehemann des Ehebruchs anzuklagen und die Scheidung einzureichen – wie es auch das derzeitige Recht vorsieht –, um dann alle Rechte einer geschiedenen Frau in Anspruch zu nehmen. Der schuldige Teil könnte dann die andere Frau heiraten. Wie gefällt dir das? Deine Mutti.«[51]

Als Bormann seine Denkschrift zur »Sicherung der Zukunft des deutschen Volkes«[52] vorbereitete, schickte er den Rohentwurf seiner Frau zur Stellungnahme, die auch prompt reagierte Am 10. Februar 1944 plädierte Gerda Bormann im Interesse des Staates für die Schaffung mehrerer gleichzeitiger Eheverhältnisse. Jedes gesunde, männliche und »würdige« Mitglied der Gesellschaft sollte Anspruch auf eine oder mehrere Ehen haben. Der Staat würde dies anerkennen und dafür Sorge tragen, dass die Nebenfrauen unter gleichen Bedingungen wie die Hauptfrau leben könnten. Sie bekämen einen eigenen Haushalt und der Mann würde sie alle zwei Wochen besuchen. Gerda gab jedoch zu bedenken, dass die neuen Freiheiten – unter dem Vorwand der Zeugung von Nachkommen – nicht zum ungezügelten Geschlechtsverkehr genutzt werden dürften. »Das würde nur Unglück bringen, und unter diesen Umständen geborene Kinder hätten für die Gemeinschaft keinen Wert!« Ihre Ideen bezog sie teilweise aus dem Islam. »Vati, ich denke neulich viel an Mohammed als Gesetzgeber. Er war wirklich ein sehr gescheiter Mann und ich überlege, ob man nicht einiges von ihm in modernisierter Form übernehmen könnte ... die Polygamie war eine absolute Notwendigkeit. Wie sonst hätte er genug Soldaten zur Verfügung gehabt? Es ist ein weiterer Beweis für die Engstirnigkeit der beiden christlichen Kirchen [Protestanten und Katholiken], dass dies immer als rückständig und barbarisch eingestuft wurde.«[53]

Frau Bormann plädierte auch für die rechtliche Gleichstellung von außerehelichen Kindern und sprach sich strikt gegen jede Diskriminierung unehelicher Mütter aus.[54] Sie selbst war gerne bereit, mit den Freundinnen ihres Mannes eine Kommune zu gründen.[55] Zum Ausgleich der Kriegsverluste schien Gerda mehr Urlaub für die Frontsoldaten ein probates, bevölkerungssteigerndes Mittel zu sein. Das

Wort »Ehebruch« wollte sie aus Literatur und Film verbannen. Heimschulen sollten die NS-Erziehung der Kinder garantieren und das – in dieser Hinsicht oft laxe – Elternhaus ablösen.[56]

Das Ehepaar Bormann hat nicht daran gedacht, dass seine Korrespondenz jemals in die Öffentlichkeit gelangen würde. Als dies nach Kriegsende geschah[57], enthüllte sich nicht nur die NS-Politik aus dem Blickwinkel von Eingeweihten, sondern auch das Privatleben der Bormanns. Er schrieb an die »Mutti« und das »Prachtmädl«, sie antwortete dem »Vati«. Aus den Briefen geht auch deutlich hervor, wie sehr der kleine, gedrungene Reichsleiter seine große, schöne Frau geliebt hat und dass die Ehe, was niemand vermutet hatte, glücklich und harmonisch verlief.

»Mein Frauli, wie reich machtest du mich – nicht an Geld und Gut – das vertrüge sich nicht mit meiner nationalsozialistischen Auffassung –, aber an lebendigen Werten – deinen Kindern und deiner großen Liebe! Ich beuge mich vor dir, wie ein Japaner vor seiner Tenno! Ich liebe dich! Ich liebe dich! Ich liebe dich!«, schrieb Martin Bormann am 1. September 1944. Vor Außenstehenden behandelte der Reichsleiter seine Frau geringschätzig und seine brutale Art wirkte selbst auf die Parteigenossen peinlich. So pfiff er durch die Finger und seine Gattin musste »beeilt«, wie eines seiner Lieblingsworte lautete, herbeilaufen.[58] Im Privaten war alles anders und er schrieb sentimental: »Wer ist unser Ein und Alles? Wer ist unser höchstes Glück? Wer ist unser größter Reichtum? Wer ist unser schönster Schatz? Vati und alle Kinder: Die Mutti!«[59]

Zur Feier des 15. Hochzeitstages pries sich der Reichsleiter als »der größte Glückspilz« dieser Erde: »Zum einen darf ich dem Führer dienen, zum anderen habe ich dich!« Und da es »gegenwärtig [September 1944] gar arg aussieht«, wünschte er den August 1945 herbei. Zum Trost für seine Frau fiel dem überzeugten Atheisten nur »Wenn die Not am größten, ist Gottes Hilfe am nächsten« ein. Als sich die ansonsten meist gesunde Gerda einmal mit einer fiebrigen Erkältung zu Bett legte, reagierte Bormann fast hysterisch. Täglich schrieb er die zärtlichsten Briefe. »Was gäbe ich drum, wenn ich bei dir sein und dich liebkosen und päppeln und pflegen dürfte! Ich weiß, ja wirklich, was ich an dir habe, aber wenn du krank bist, mein Liebstes, spür ich es nur noch deutlicher! Wenn ich dich weniger liebte, würde ich weniger Angst um dich haben. Wenn ich wenigstens bei dir sein und dich pflegen könnte – dir zu

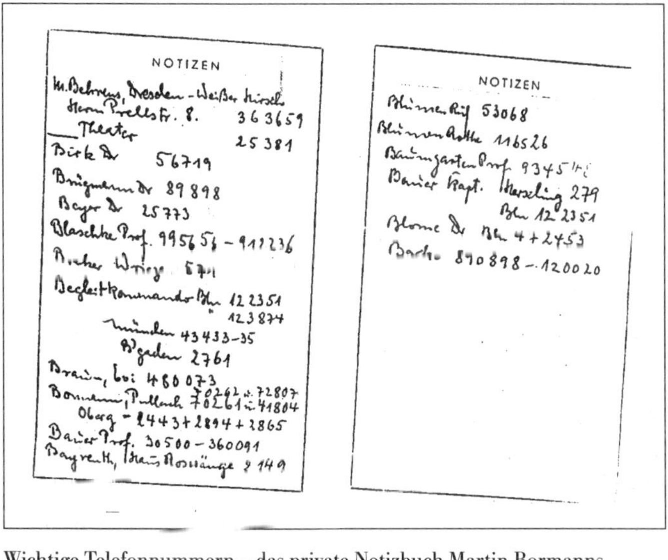
NOTIZEN
M. Behrens, Dresden – Weißer Hirsch
Herm. Prellstr. 8. 363659
Theater 25381
Birk Dr 56719
Brügmann Dr 89898
Bayer Dr 25773
Blaschke Prof. 995656 – 911236
Begleitkommando Bln 122351
123874
München 43433–35
B'gaden 2761
Braun, bei 480073
Bormann, Pullach 70262 u. 72807
70261 u. 41804
Oberg – 2443 + 2894 + 2865
Bauer Prof. 30500 – 360091
Bayreuth, Haus Rosswänge 2149

NOTIZEN
Blumen Rief 53068
Blumen Rothe 116526
Baumgarten Prof. 93451
Bauer Kapt. Herrsching 279
Bln 122351
Blome Dr Bln 4 + 2453
Bach 890898 – 120020

Wichtige Telefonnummern – das private Notizbuch Martin Bormanns.

trinken bringen, dir rechtzeitig den Hausmantel umhängen, damit du dich nicht erkältest, dir Umschläge machen, dich derart in Liebe einpacken, dass du allein davon wieder gesund wirst!«[60] – »Du, weißt du, was du bist« schwärmte Bormann ein anderes Mal. »Das wunderschönste, herrlichste Mütti-Mädel, bildschön, bildsauber, einfach herrlich!«

Die Diskrepanz zwischen dem zärtlichen Ehemann und dem brutalen Politiker, der seine Sekretärinnen mit Fußtritten malträtierte und – zur Verhinderung milder Urteile – Beobachter zum »Volksgerichtshof« entsandte, war groß. So schreckte der in so rührender Weise um seine Frau besorgte Bormann nicht davor zurück, die von Hitler verfügte Begnadigung der Ordensfrau Restituta (Helene von Kafka) – wegen »landesverräterischer Umtriebe« – in ein Todesurteil umzuwandeln.[61]

Gerda Bormann selbst erscheint als eine Frau mit mehreren Gesichtern. Von Zeitgenossen wird sie übereinstimmend als sehr sanft und höflich beschrieben. Sie galt als feinfühlend und taktvoll. Das Wohlergehen der Menschen ihrer Umgebung lag ihr am Herzen. Sie sprach niemals laut. Sie drängte niemandem ihre Meinung auf. Freunden und Bekannten gegenüber ließ sie zwar keine Zweifel an ihrer nationalsozialistischen Gesinnung aufkommen, ging dann aber bald auf Kindererziehung und Haushalt über. Als man nach ihrem Tod gegen sie als Parteigenossin und Ehefrau des Führer-Sekretärs ein Spruchkammerverfahren anstrengte, haben sich die befragten Personen durchwegs positiv über Gerda geäußert. Einige verblüfften die Richter, als sie Gerda Bormann schlicht als »Engel vom Obersalzberg« bezeichneten.[62]

Nur in den Briefen an ihren Mann legte Gerda Bormann ihre Zurückhaltung ab – dem kongenialen Partner enthüllte sie ihre wahren Interessen. Für ihn entwirft die politisch gebildete, fanatische Parteigenossin atemberaubende NS-Zukunftsszenarien, diskutiert die aktuelle NS-Literatur und beschäftigt sich mit grundsätzlichen Fragen des Nationalsozialismus. Wie Bormann ist auch ihr die gewaltsame Lösung der Judenfrage ein persönliches Anliegen. Sie besucht gerne politische Vorträge wie jene des Kreisleiters Stredele und notiert sich hingerissen die einfache Botschaft: »Er teilte die ganzen Menschen in drei Gruppen ein, in die bäuerlich, bodenverwurzelten, in die steppenbewohnenden Nomaden und in die händlerischen Schmarotzer. Die Repräsentanten der bäuerlich, bodenverwurzelten Menschen sind wir, die Japaner und Chinesen. Nur der bodenverwurzelte Mensch hat wirkliche Kultur, er weiß, dass er Ahnenerbe zu hüten hat und dass seine Arbeit Früchte trägt für Kinder und Enkel. Sein ganzes Sein bewegt sich um die Begriffe Saat und Ernte ... die zweite Menschgruppe der Nomaden ist an den weiten Raum gebunden. Sie kennen kein Privateigentum, sie nutzen den Boden aus, dann ziehen sie weiter; drum haben sie keine Städte. Für den Mann ist das kostbarste Gut sein Pferd. Er schweift in die Weite, überfällt andere Völker, raubt ihnen alles und zieht von hinnen ... die dritte Gruppe sind die Händler, sie sitzen ursprünglich um das Mittelmeer. Gefährlich sind die Juden, weil sie besessen sind von dem Glauben an ihre Weltherrschaft ... für den Händler gibt es nur Geld und Geldeswert. Für ihn ist die Arbeit ein Fluch, er beutet die anderen aus ... nun haben sich die Händler mit den Steppenbewohnern verbunden, um die bäuerlichen Menschen zu unterwerfen und zur Weltherrschaft zu kommen ... und wir müssen stehen und die Flut aufhalten, wie ein starker Deich ...« Dieses primitive Geschwätz hat auf Gerda größten Eindruck gemacht: »Von diesem Gesichtspunkt betrachtet wird einem urplötzlich die ganze Geschichte klar. Sie ist zu allen Zeiten das Ringen dieser drei Mächte.«

Der ansonsten wortkarge Leiter der Parteikanzlei hatte vor seiner Frau keine Geheimnisse. Vielmehr teilte er ihr brühwarm und mit bemerkenswerter Offenherzigkeit alle brisanten politischen Neuigkeiten aus dem Führerhauptquartier telefonisch oder brieflich mit. Kam er nicht zum Schreiben, dann kündigte er genaue mündliche Berichte an. Er schickte ihr während des ganzen Krieges mittels Sonderkurier Bücher und Durchschläge seiner Fernschreiben. Hitler ahnte nichts von der fast zwanghaften Mitteilsamkeit seines treuen Adlaten. »Mein Herzensmädel! Innerhalb von 24 Stunden ist dies nun der dritte Brief! Am Telefon müssen wir sehr vorsichtig sein! Wir stellten fest, dass der feindliche Soldatensender Calais Dinge brachte, die vor 24 Stunden telefonisch von hier nach Berlin gegeben waren ...«[63]

Dank Bormann zählte die unauffällige Hausfrau Gerda zu den bestinformierten Geheimnisträgern des Dritten Reiches. Manches erfuhr sie noch vor Hitler. »Dr. Goebbels unterbreitete heute den Vorschlag – behalt es für dich – zunächst sämtliche Theater zu schließen und die Künstler im Rüstungssektor mit geeigneten, das heißt leichten Arbeiten einzusetzen. Diesen Vorschlag werde ich heute oder morgen an den Führer zur Entscheidung geben!«[64] – »Niemand dürfe mehr als unbedingt notwendig wissen«, lautete eine der wichtigsten Anweisungen des »Führers«. Bormann missachtete dies täglich und begab sich dabei auf gefährliches

Terrain, wenn er Gerda die geheimen Reisepläne Hitlers verriet: »... morgen wird er mit einer kleinen Gruppe Vertrauter nach Winniza [Führerhauptquartier »Werwolf« in der Ukraine] fliegen – behalt es für dich ...«[65]

Der Reichsleiter ging ein großes Risiko ein, als er seiner Frau mitteilte, dass er dem »lieben Onkel Heinrich« (Reichsführer SS Himmler), der über Hitler klagte, am liebsten gleich »den Rock ausgezogen hätte«, ihn also gerne hätte verhaften lassen. Selbst der Gesundheitszustand des »Führers« wurde genau erörtert: »Leider geht es – behalt es für dich – dem Führer nicht gut. Er bekam vor Ärger wieder seine Spasmen – unerhört schmerzhafte Magenkrämpfe. Er sagte nur, diese Schmerzen seien fast nicht zu ertragen ... wie viel hängt von seiner Gesunderhaltung ab!«[66] Ein ständiges Thema waren die Intrigen der führenden Männer des Dritten Reichs. »Der Reichsmarschall [Göring] kocht zur Zeit Gift und Galle ... auf mich wird er deshalb so böse sein, weil die Gauleiter in ihren Fliegermeldungen bittere Feststellungen treffen. Diese unangenehmen Berichte kriegt ... der Führer ...«

Selbstverständlich hat Bormann seiner Frau detailliert von dem Attentat auf Hitler in der »Wolfsschanze«, dem Führerhauptquartier in Ostpreußen, am 20. Juli 1944 berichtet. »Denk dir nur, das Attentat auf den Führer und die natsoz. Führung war bereits 1939 geplant von Gördeler, Canaris ... In einem Panzerschrank, dessen Schlüssel bisher fehlte, fand man die einwandfreien Unterlagen ... die ganzen Pläne für den Angriff im Westen wurden bereits verraten, nachweislich dem Gegner überbracht.« Gerda antwortete: »Vati, mir wird ganz schwindlig, wenn ich daran denke, dass die Verräter schon seit 1939 am Werk waren ...wie war es nur möglich, dass der Kerl [Graf Stauffenberg] die Aktentasche mit der Bombe da hinlegen konnte ... hoffentlich ist euch keiner entkommen, der im Verborgenen weiterarbeitet ... Ach Vati, es ist nicht auszudenken, wenn Heinrich [Himmler] und du nicht hinter allem her wären.«[67]

Gerda, die von der Sinnhaftigkeit des Krieges überzeugt war, wusste ihren Mann stets aufzurichten: »Wenn du sagst, dem Führer geht's gut, ist das besser wie jede andere wichtige Meldung, die Nachrichten sind immer bedrückender, da gibt es so viel Zuversicht, wenn es dem Führer gut geht. Wie es jetzt noch Leute geben kann, die nicht mit heißem Herzen und viel sorgenden Wünschen das große Ringen unserer Soldaten begleiten ... kann ich nicht verstehen, aber leider gibt es das ...«[68] Gerda Bormann hat das Kriegsgeschehen und alle wichtigen politischen Ereignisse genau verfolgt: »Geht es bei der Marine vorwärts? Kann sich Posen halten? Die Bestien [Alliierten] hindern uns auch noch im Kampf gegen die Bolschewiken, die sind ihre eigenen Totengräber!« Nach dem plötzlichen Tod des Gauleiters Josef Bürckel fragte sie ihren Mann: »Ist das mit rechten Dingen zugegangen?« Sie vermutete nämlich, dass man den ehemaligen saarländischen Gauleiter mit Bakterien umgebracht hätte.[69]

Nur einmal ist Martin Bormann auf die Äußerungen seiner Frau nicht näher eingegangen. In diesem speziellen Fall beschränkte sich der Parteikanzleileiter darauf, die antisemitische Gesinnung seiner Frau nur kurz zu loben. Auf ihre Fragen hätte er, der Himmlers Berichte an Hitler weitergab und bei diesem als Experte in der Judenfrage und als Verfechter härtester Maßnahmen galt, sehr wohl fundierte Kommentare abgeben können. Um die damals schon weit fortgeschrittene Vernichtung der Juden geheim zu halten, unterließ er dies aber. »Krankheit und Dreck kann dem Ungeziefer auch nichts schaden«, hatte die ansonsten so sanfte Gerda Bormann im Mai 1944 geschrieben, um ihre Gedanken dann weiterzuführen: »Wie sollen sie nur weniger werden?«

Sie lag damit ganz auf der Parteilinie. Auch Hitler hatte sich in der »Wolfsschanze« ähnlich geäußert: »Sag mir keiner: wir können sie doch nicht in den Morast schicken!«[70] Die damit gemeinten Juden würden »nie in Schlachten verbluten, sondern von sicheren Schlupfwinkeln aus das Geschehen dirigieren«. Gerda fürchtete, dass »das Leben unseres ganzen Volkes verloren ist, wenn wir nicht wachsam sind und aufhören gegen sie zu kämpfen.«

Ihre paranoide Angst vor einer internationalen Judenverschwörung ging auf das Konto von Vater Buch, der nicht müde geworden war, seine Kinder zu radikalen Antisemiten zu erziehen. Die Lektüre einschlägiger NS-Literatur und ein Judenhasser als Mann haben dann den Antisemitismus der Gerda Bormann gefestigt. Sie glaubte ständig vor der Macht des »Weltjudentums« warnen zu müssen: »Diese Gefahr muss immer von Neuem aufgezeigt und in allen Verkleidungen entlarvt werden. Vor allem muss es als wesentliches Element in den Geschichtsunterricht eingebaut werden. In der Erziehung unseres Volkes muss es an erster Stelle kommen ...« Darüber hinaus vergaß Gerda nicht auf einen weiteren Aspekt. »Da es in Deutschland [1944] praktisch keine Juden mehr gibt, könnte die Judenfrage in Zukunft in den Hintergrund treten und sogar in Vergessenheit geraten. Dabei lauert der ewige Jude aber nur, germanische Menschen, die fleißig, sauber, treu und arbeitsam nach ihren Gesetzen leben wollen, zu vernichten.« Man müsse daher, »wenn das Schicksal uns den Sieg schenkt, hart bleiben und wach, sonst sind unsere Kinder und Enkel verloren«.[71]

In diesem Sinn hat Gerda – da entsprechende, »mit unseren Augen gesehene« Schulbücher nicht vorlagen – und »der Idiot von Lehrer« nicht im nationalsozialistischen Sinn unterrichtete, selbst die Kinder über den »Sachsenschlächter« Karl den Großen belehrt. »Mit Eike habe ich heute Geschichte über Karl den Großen gelernt. Was könnte man nicht alles aus der Zeit Karls des Großen lernen. Wir spüren doch heute noch die Folgen seiner Politik. Durch ihn hat das Christentum und damit das Judentum in unserer Landschaft Fuß fassen können ...«[72]

Ab 1941 ließ Bormann jene privaten Äußerungen Hitlers, die er im kleinsten Kreis von sich gab, von seinem Adjutanten, dem Juristen Heinrich Heim, aufschreiben. Diese Sammlung der »Führergespräche« versah Bormann dann mit dem Vermerk »Geheim« und schickte sie seiner Frau mit dem Ersuchen: »Bitte diese – später äußerst wertvollen – Aufzeichnungen sehr gut aufheben.« Gerda Bormann verwahrte die Manuskripte, die große Einblicke in die Mentalität und den Lebensstil Hitlers gewähren, transportierte sie 1945 in ihrem Fluchtgepäck nach Südtirol und hat sie dadurch vor der Vernichtung bewahrt. Nach dem Krieg wurden die Aufzeichnungen als »Monologe im Führerhauptquartier« veröffentlicht.[73]

Im fünften Kriegsjahr forderte Bormann die Bevölkerung auf, jeden Fingerbreit deutschen Bodens zu verteidigen, und erließ dazu fanatische Durchhalteparolen. Für seine Familie, um die er sich ernstlich sorgte, wälzte er hingegen Evakuierungspläne und überlegte, wie und wo sie den Krieg gefahrlos überdauern könnte. Er betraute dann von Hummel, seinen Verwalter auf dem Obersalzberg, mit der Suche nach einem passenden Ausweichquartier. An Gerda schrieb er: »Da ich mit Angriffen auf den Obersalzberg rechne, bin ich erst wieder ruhig, wenn ihr aus dieser Gefahrenzone erster Ordnung heraus seid.«[74] Er versorgte Gerda mit zahllosen Ratschlägen und weihte sie in seine rasch wechselnden Pläne ein. »Im Schwarzwald säßet ihr natürlich in jeder Beziehung viel sicherer als auf dem Berg, auf dem wir jetzt täglich mit Bomber-Besuch rechnen müssen. Ich mache mir rechte Sorgen um euch, denn bombensicher ist unser Haus selbstredend nicht; kriegt es Brandbomben oder gar Phosphor, müsst ihr so rasch als möglich hinaus, denn dann wird das ganze Holzhaus im Augenblick eine Riesenfackel sein ...«[75]

Im Schwarzwald besaßen die Bormanns am Schluchsee eine aus konfisziertem jüdischem Besitz stammende Landvilla, in der sie zahlreiche evakuierte Kinder aufgenommen hatten und die sie nun eilends zum Dauerwohnsitz adaptierten.[76] »Kartoffeln, Obst etc. müssen wir sobald wie möglich nach Schluchsee bringen und dort einlagern. Es wird von den Obersalzberger Vorräten abgezweigt!« Als Gerda gegen den ständigen Aufenthalt in der einsamen Gegend protestierte, drängte ihr Mann: »Ich verleugne keineswegs, dass euer Umzug gewisse Nachteile hat ... trotz allem sollten wir mit Eile den Umzug vornehmen ... «[77]

Der Ausbau unterirdischer Luftschutzbunker auf dem Obersalzberg war 1943 schon in vollem Gange und Bormann trieb die Arbeitskolonnen zu höchster Eile an. Tief im Fels, geschützt von 50 Metern gewachsenem Gestein, entstand für Hitler und sein Gefolge ein weitläufiges System von Gängen und Kammern. Die Familien Bormann und Göring sollten in unmittelbarer Nähe dazu eine kleinere Anlage bekommen. Mit der Fertigstellung des riesigen Stollensystems rechnete Bormann Ende 1943. Gegen die aufwändigen Projekte mit zahlreichen Fehlplanungen und kostspieligen Korrekturen regnete es parteiintern heftige Proteste, die Bormann mit dem Hinweis auf die »Sicherheit des Führers« abschmetterte. Doch es sollte Weihnachten 1944 werden, bis der »Herrgott vom Obersalzberg« das vollendete Werk begutachten konnte.

Dann jedoch stand den Bormanns eine eigene 275 Quadratmeter große luxuriöse unterirdische Suite mit Klimaanlage, Küche, marmorverkleideten Bädern und Parkettfußböden zur Verfügung. Damals litt die Bevölkerung bereits spürbar unter der kriegsbedingten Verknappung der Versorgungslage und Anfang April 1943 wurden mit der 35. Zuteilungsperiode neuerdings die Lebensmittelrationen gekürzt. Die große Bormann-Familie war davon nicht betroffen, denn wie ein erster Lokalaugenschein nach Kriegsende zeigte, lagerten im Bunker des Reichsleiters Lebensmittel, die, einer grober Schätzung zufolge, eine größere Personenzahl 200 Jahre lang versorgt hätten.

Trotzdem hielt Bormann die gesunde Zahnentwicklung seiner Kinder für gefährdet. Er hat daher im jeweiligen Führerhauptquartier emsig die übrig gebliebenen Brotrinden eingesammelt und sie im so genannten »Kantenkoffer« per Sonderkurier auf den Obersalzberg schaffen lassen. Dort mussten sie von den Opfern der väterlichen Marotte zur Stärkung der Gebisse gekaut werden.

Ende Oktober 1944 verlor Gerda Bormann ihre geliebte Mutter, zu der sie aufgrund des Verbotes ihres Ehemanns nur mehr telefonische Kontakte haben durfte. Ihrem Brief, in dem sie Martin Bormann den Todesfall mitteilt, fehlt jede nationalsozialistische Verbrämung. Der Kummer lässt sie auf den sonst unterwürfigen Tonfall verzichten. Ein leiser, aber unmissverständlicher Vorwurf hat sich eingeschlichen. Sie schreibt auch nicht dem »lieben Vati«, sondern es heißt: »Mein liebster Mann! ... es ist so schnell und überraschend gekommen mit Mutter, dass ich es noch gar nicht fassen kann ... wir werden es erst in den nächsten Wochen und Monaten richtig merken, was es heißt, keine Mutter mehr zu haben ... Du willst es nicht wahrhaben, aber sie war eine ganz fabelhafte Frau ... mein liebster Mann, wenn ich dir zeitlebens das sein kann, was meine Mutter meinem Vater war, dann kannst du ganz zufrieden sein. Wenn meine Kinder mir so viel Vertrauen schenken wie wir der Mutter, und wenn sie mich so lieben wie wir die Mutter, bin ich glücklich. ... Denke, was hätte sie mir das Leben schwer machen können, wenn sie mir ständig vorgejammert hätte, weil sie die Kinder nicht sehen konnte und weil ich nicht zu ihr kommen konnte. So hat sie nicht ein Wort darüber gesagt ... sie hat sich gefügt, weil's halt nicht anders sein konnte.«[78]

In Anerkennung ihrer Verdienste als vorbildliche Mutter brachte der Zentralverlag der NSDAP in seinem jährlichen NS-Kalender 1944 ein Bild von Gerda Bormann im Kreis ihrer Kinderschar mit dem dazu passenden Ausspruch des »Führers«: »Der nationalsozialistische Staat ist unter keinen Umständen gewillt, seine Kinderzahl zu beschränken, sondern im Gegenteil entschlossen, diese natürlichste Fruchtbarkeit der Nation zu steigern.«[79]

Das Ehepaar Bormann hatte damals, nachdem am 18. September 1943 Volker zur Welt gekommen war, neun Kinder und gehörte als Mitglied zum »Reichsbund der Kinderreichen«.[80] Nach zehn Geburten und mindestens einer Fehlgeburt, die durch einen Blutsturz während eines Aufenthalts im Teehaus auf dem Kehlstein ausgelöst worden war[81], dachte die stolze Mutter und Trägerin des Mutter-Ehrenkreuzes keineswegs daran, ihre Familienplanung abzuschließen. Sie war jedoch bereit, bessere Zeiten abzuwarten. »Ich freue mich schon so auf mein nächstes [Kind] und möchte es mir wünschen, sobald die Lage im Westen wieder gesichert ist«, meinte Gerda im September 1944, als bereits die ersten amerikanischen Soldaten die Grenze des Deutschen Reichs überschritten und die Alliierten Pläne für die Verwaltung Deutschlands nach dem Krieg schmiedeten. Aus Sorge um die Gesundheit ihrer künftigen Nachkommenschaft wurde Gerda Bormann nicht müde, ihren Mann vor den Gefahren von Alkohol und Nikotin zu warnen. Der Reichsleiter, ein Trinker und Kettenraucher, der nur in Gegenwart des »Führers« auf seine Laster verzichtete, erfand dann für seine Gattin die Ausrede, »dass mir schon ein einziges Glas Steinhäger scheußliche Kopfschmerzen verursacht«.

Die Stellung Bormanns hatte zur Folge, dass man über seine Frau Einfluss nehmen wollte, und oft klagte Gerda, dass ihr Telefon den ganzen Tag läute. So legte ihr Gerdy Troost Umbaupläne für den Ausbau und die Renovierung des Berghofs vor. Als Goebbels nach der Kriegserklärung an die USA amerikanische Filme verbot, wandte sich selbst Eva Braun an Gerda Bormann. »Evi hat angerufen. Es dürfen keine amerikanischen Filme mehr ausgegeben werden ohne persönliche Erlaubnis von Doktor Goebbels. Du möchtest ihn doch bitte in Berlin anrufen und ihm sagen, er möchte dem Berghof weiterhin noch amerikanische Filme schicken.«

Einmal intervenierte Gerda selbst bei ihrem Mann für eine Bekannte, die aufgrund einer Denunzierung von der Gestapo verhaftet worden war.[82] Der Politiker Bormann war in Deutschland verhasst und wusste dies. Im Fall seines Todes rechnete er mit Repressalien gegen Gerda und die Kinder. Der Gedanke, sie könnten Opfer der von ihm selbst mit Vorliebe praktizierten Sippenhaftung werden, ließ ihn nicht los und nahm absurde Formen an. So glaubte er, Eva Braun würde ihnen die Gemüselieferungen aus dem obersalzbergischen Gutshof sperren. Tatsächlich hatte Gerda zur Geliebten des »Führers« ein gutes, wenn auch distanziertes Verhältnis und die Bormann-Kinder schätzten die lustige, sportliche Geliebte Hitlers. »Gestern kamen die Kinder ganz erfüllt vom Baden heim«, notierte sich ihre Mutter. »Sie haben Evi mit all ihren Bekannten getroffen und sind mit Evis Boot über den See gerudert worden. Evi sei sehr lieb zu ihnen gewesen und habe zu ihnen gesagt, es ginge nicht, dass sie Frl. Braun zu ihr sagten, sie sollten alle Eva und du sagen...«[83] Die Kinder nannten sie dann »Tante Eva«.

Im September 1944 hatte Parteileiter Bormann die Aufstellung eines »Volkssturms zur Verteidigung des Heimatbodens« durchgesetzt. Er war damit auch für die Rekrutierung zuständig, während dem Reichsführer SS Himmler die militärische Führung unterstand. Kinder, Greise und Kranke wurden eingezogen. Die Bevölkerung quittierte dies mit bitteren Spottversen: »So wollen wir den Feind er-

Gerda Bormann mit ihrer Kinderschar, in Erwartung des zehnten Kindes (Volker, 1943).

warten, des Führers letztes Aufgebot ... mit Maus und Mann und Kind und Kegel, ins Massengrab, ins Massengrab.« Gerda Bormann jedoch gratulierte ihrem Mann begeistert zur »Geburtsanzeige des Volkssturms«. Als sich aber 1945 ihr noch nicht 15-jähriger »Krönzi« freiwillig einem Volkssturm-Bataillon anschließen wollte, änderte sich ihre Meinung radikal: »Krönzi ist sehr geknickt, dass er nicht im Volkssturm mitkämpfen darf, sondern jetzt noch Latein lernen muss. Aber wo kämen wir hin, wenn die Jungens von 15 Jahren alle nicht mehr lernen wollten. Sie werden schon zur rechten Zeit geholt und eingesetzt werden ... Die Buben leisten schon sehr viel ... Aber es sind auch eigentlich keine Buben mehr, sondern junge Männer, die genau wissen, worauf es ankommt ...«[84] In diesem Sinn hat Gerda ihrem Sohn »klarzumachen versucht, wie wichtig es ist, dass er lernt und dass uns kein militärischer Sieg etwas nützt, wenn wir nicht auf wissenschaftlichem und technischem Gebiet die Ersten sind ...«

Vom 9. bis zum 26. Januar 1945 verbrachte das Ehepaar Bormann in der so genannten »Güterverwaltung Nord« den letzten gemeinsamen Urlaub. Auf dem riesigen, ca. 100 km von Berlin entfernten Areal mit mehr als 100 Bauernhöfen, dem Schloss Stolpe und dem Gutshaus Möllenbeck plante Bormann für Hitler ein neues »Sanssouci«.[85] Der Reichsleiter und seine Frau hofften sehr, dass ihnen der »Führer« dafür als kleine Anerkennung das Nachbargut Krumbeck als »Familienerbe« schenken würde.

Am 18. März 1945 kam Martin Bormann das letzte Mal zu seiner Familie nach Bayern, beherrscht von einer düsteren Untergangsstimmung, die sich später in einem Brief an seine Frau niederschlug: »Wir werden unsere Pflicht bis zum Ende tun; und wenn wir, wie weiland die ollen Nibelungen in Etzels Saal, untergehen, wollen wir es stolz und ungebeugt tun!«[86] Auch die Sicherheit der mit so großer Mühe angelegten Stollen schien ihm nicht ausreichend: »Tritt eine ernstliche Bedrohung des Salzkammergutes und damit auch des Obersalzberges ein, dann müssen Frauen und Kinder beschleunigt nach Tirol ausweichen! Bitte besprich vorsorglich, aber streng vertraulich diese Angelegenheit mit Hummel, damit der alle gedanklichen und sonstigen Vorbereitungen trifft!«[87]

Die »Alpenfestung des Führers« war lange von Angriffen verschont geblieben, sodass Gerda Bormann noch am 5. April 1945 schreiben konnte: »Uns geht es hier oben noch immer gut und verhältnismäßig ruhig. Wir warten seit Monaten auf unseren schweren Angriff, der uns immer wieder von der Feindseite angekündigt wird. Unsere Stollen sind aber so weit fertig, dass wir zwar sehr eng, aber absolut sicher drin hausen können und mir tut's nur Leid, dass diese Sicherheit nicht für alle mir lieben standfesten Menschen sein kann ...«

Am 25. April 1945 kündigte sich auf dem Obersalzberg der erste schöne Frühlingstag an. Zwar lag noch Schnee bis in eine Höhe von 900 Meter, doch die winterliche Kälte schien gebrochen. Über der herrlichen Gebirgslandschaft spannte sich ein wolkenloser und strahlend blauer Himmel, der den Bewohnern des Hochtales Anlass zu größter Sorge gab.[88] Um 9.30 Uhr wurde Voralarm gegeben, wenige Augenblicke später Vollalarm. Kurz darauf setzte der durch den Londoner Rundfunk angekündigte Großangriff ein. 318 riesige britische Flugzeuge vom Typ »Lancaster« warfen schwere Bomben im Gesamtgewicht von 1000 Tonnen auf das Gebiet des Obersalzbergs ab. Binnen einer Stunde verwandeln sie die idyllische Gebirgssiedlung in eine rauchende, mit schwefelgelben Abgasen gefüllte Mondlandschaft. Bormann, der »Herrgott vom Obersalzberg«, sah die Zerstörung seines Lebenswerkes nicht. Während das Bormann-Haus ebenso vernichtet wird wie der Berghof des »Führers«, geht er Hitler im Bunker der Berliner Reichskanzlei beim Abfassen seines Testaments zur Hand. Das Schicksal seiner Familie berührt der Reichsleiter mit keinem Wort, als er am Mittwoch, dem 25. April 1945, in seinen Kalender einträgt: »Göring aus Partei ausgestoßen. Erster Großangriff auf den Obersalzberg.«

Dr. Helmut von Hummel gab nach dem Krieg an, Ende April von seinem Chef aus dem Führerbunker einen ominösen Funkspruch empfangen zu haben. Nähere Angaben machte er nicht, ließ aber durchblicken, dass er den »ungeheuerlichen Inhalt« nicht an Frau Bormann weitergeben wollte. Hummel löste damit Spekulationen aus, dass der Leiter der Parteikanzlei seiner Familie nach dem Vorbild von Goebbels Selbstmord befohlen hätte.[89]

Auf jeden Fall sind Gerda Bormann und acht ihrer Kinder, nachdem sie das Bombardement unversehrt überstanden hatten, am nächsten Tag in Begleitung von Hummels, ihrer Schwägerin, Frau Hanke (Frau des Staatssekretärs Karl Hanke) sowie zahlreicher Flüchtlingskinder nach Südtirol aufgebrochen. In Innsbruck, wo man einen Zwischenstopp einlegte, verstaute man Gerdas Fluchtgepäck aus Sicherheitsgründen im Keller der Gauleitung. Die fünf Kisten enthielten den kostbarsten Besitz des Ehepaares: Schmuck, den privaten Briefwechsel, Fotoalben der Kinder sowie einen versiegelten Kurierkoffer mit den Aufzeichnungen von Hitlers »Tischgesprächen«, dazu Hitler-Aquarelle, geheime Dokumente und vielleicht eine Kassette mit Original-Wagnerpartituren.[90] Am nächsten Tag trat man die Weiterreise an. Das Gepäck Gerda Bormanns war jedoch in dem Durcheinander des Aufbruchs zurückgeblieben.

Die Kisten mit dem wertvollen Inhalt blieben nach dem Krieg lange verschwunden – bis plötzlich die Korrespondenz des Ehepaars Bormann und die Hitler-Monologe auftauchten und veröffentlicht wurden.[91] Viel mehr als der Verlust ihrer Habe schmerzte Gerda jedoch die Ungewissheit über das Schicksal ihres ältesten Sohnes. Von Martin fehlte nämlich jede Nachricht. Niemand ahnte, dass der 15-jährige »Krönzi« nach Auflösung seiner Feldafinger Parteischule in den letzten Kriegstagen einer für den Einsatz in

Tirol bestimmten Volkssturmeinheit zugeteilt worden war. Die Wege von Mutter und Sohn kreuzten sich sogar. Der Bus mit Gerda Bergmann – wie sich Frau Bormann nun nannte – passierte nämlich jenes »Hotel Post« in Steinach am Brenner, wo ihr Sohn nach der Kapitulation der Südfront gestrandet war. Er lag dort mit einer Darminfektion zu Bett. Martin tröstete sich mit dem Gedanken, dass er Mutter und Geschwistern bald nachreisen würde. Die Wirren nach Kriegsende haben dies jedoch verhindert.[92]

Vier Tage dauerte Gerdas Reise nach St. Christina im Grödnertal. Dort stellte sich heraus, dass ihr Ausweichquartier von einer Wehrmachts-Dienststelle besetzt worden war. Für Frau Bergmann und die Kinderschar fand man jedoch ein schönes Haus in Wolkenstein und bewahrte im Übrigen Stillschweigen. Kurz nach der Ankunft machte sich bei der Frau des »Führer-Sekretärs« eine Unterleibserkrankung mit starken Blutungen bemerkbar, die einen mehrwöchigen Aufenthalt im Bozener Krankenhaus erforderte. Nach ihrer Entlassung gab Gerda Bergmann dem amerikanischen Befehlshaber in Bozen ihre wahre Identität preis und wurde kurz von Beamten des amerikanischen Sicherheitsdienstes befragt. Am 10. Oktober 1945 ließen die Engländer – sie lösten damals die Amerikaner in Südtirol ab – die Schwerkranke unter größter Geheimhaltung in das Meraner Kriegslazarett bringen. Die Kinder blieben in der Obhut von Paula Pallhuber zurück, einem ehemaligen in Südtirol ansässigen Dienstmädchen. Im Krankenhaus diagnostizierte man Unterleibskrebs.

»Hier muss ich immer im Bett liegen, komme jeden Tag ins Behandlungszimmer, werde mit Argentum [Quecksilber] oder Chrom ausgeätzt und komme wieder in mein

Bett. Die Bluterei hört einfach nicht auf und die ewigen Temperaturschwankungen auch nicht. Die Ärzte sagen alle, ohne Bestrahlung wird es nicht wieder gut. Die Bewilligung dazu muss der Engländer geben. Seit Ende Oktober läuft die Sache, aber endgültiger Bescheid ist noch keiner da. Und so muss ich halt liegen und warten.«[93]

Während des langen Aufenthalts im Krankenhaus mit dem erzwungenen Müßiggang gingen Gerda allerlei Gedanken durch den Kopf. An ihrer festen nationalsozialistischen Überzeugung änderte sich nichts, obwohl sie allmählich zu dem Schluss kam: » ... aber eins hab ich hier auch gelernt, dass lang nicht alle anständigen Menschen Nazis sind und dass lange, lange nicht alle Nazis anständige Menschen sind. Was es da so an Schiebung und Drückebergerei und schmutzigsten Machenschaften gab, darüber muss ich mich immer wieder von neuem schämen. Ich bin nur froh, dass Vatis Dienststelle sauber war davon und dass er selbst sich wirklich bis zum Letzten eingesetzt hat ...«[94]

Mit »bis zum Letzten« meinte Gerda das Ende des Dritten Reichs, denn vom Schicksal ihres Mannes wusste sie nichts. »Ausbruchversuch« lautet die letzte Eintragung, die Bormann am 1. Mai 1945 im Berliner Führerbunker in sein Notizbuch schrieb, dann verlor sich seine Spur.[95] Die Behörden glaubten, dass er wie viele andere untergetaucht sei, schrieben ihn zur Fahndung aus und luden Bormann mittels Medien zur Verhandlung des Internationalen Gerichtshofs am 20. November 1945 – der »böse Erzengel an der Seite des Teufels Hitlers« möge sich dann selbst oder durch Anwalt verteidigen.[96] Zu dieser Zeit lag Gerda Bormann inkognito in dem 1400 Betten umfassenden Meraner Kriegslazarett. Ihr Zimmer mit der Aufschrift »Eintritt ver-

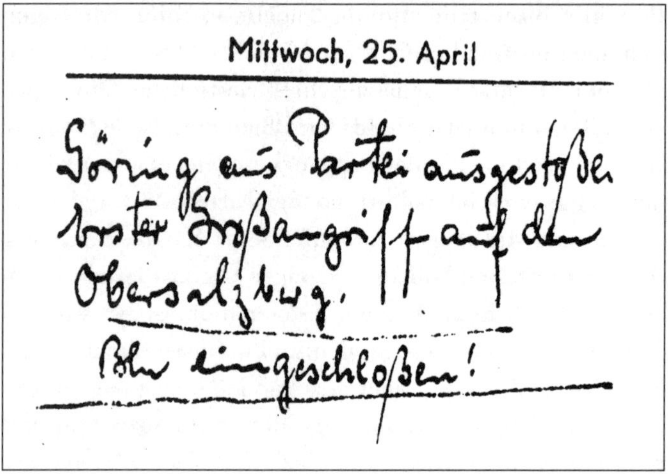
Mittwoch, 25. April

Göring aus Partei ausgestoßen
erster Großangriff auf den
Obersalzberg.

Bln eingeschlossen!

Letzte Eintragung von Hitlers Sekretär –
Auszug von Martin Bormanns Vormerkbuch (1945).

boten!« blieb selbst den beiden Anstaltspriestern lange verwehrt.

Einer, der katholische Priester Theodor Schmitz, hat Martin Bormann jun. später die erste Begegnung mit seiner Mutter geschildert: »Als ich dann am Heiligen Abend 1945 durch das ganze Haus ging, zusammen mit dem evangelischen Kollegen, um allen Patienten kleine Weihnachtsgaben zu überreichen ... kamen wir auch auf die Frauenstation ... Diese erste, in Anbetracht der Umstände verhältnismäßig kurze Begegnung mit deiner Mutter am Heiligen Abend 1945 hat mich tief beeindruckt, ich werde sie nie vergessen können. Deiner Mutter ging es damals recht gut, sie sah frisch aus, mit den lang herabhängenden Zöpfen fast mädchenhaft, und war sehr rege in der Unterhaltung ... Dabei hörte ich dann bald von ihren vielen Kindern in Wolkenstein und vor allem von ihrer Sorge um dich, lieber Krönzi! ...«[97]

Gerda Bormann schätzte die priesterliche Fürsorge: »Mein Trost sind jetzt die beiden Pfarrer, die sich rührend um mich und die Kinder angenommen haben, obwohl sie ganz genau wissen, wer wir sind und dass wir gottgläubig sind. ... hier sind alle lieb und gut zu mir. Vor allem die beiden Herrn Pfarrer helfen mir jetzt, Krönzi zu suchen ...«[98] Zum allgemeinen Erstaunen hat Gerda Bormann den katholischen Priester dem evangelischen vorgezogen.[99] So führte die bald von entsetzlichen Schmerzen gepeinigte Frau lange Gespräche mit dem 29-jährigen Theodor Schmitz, einem kultivierten, sympathischen und überaus tatkräftigen jungen Mann. Er erinnert sich: »Sie war sehr angenehm und erzählte viel von sich und ihrer Familie. Über ihren Mann sagte sie kein schlechtes Wort.«[100]

Schon am 5. Januar 1946 fuhr Schmitz nach Wolkenstein und Percha, um nach den Bormann-Kindern zu sehen. Wenig später versteckte der Priester Eike und Gerhard in seinem Wagen und schmuggelte sie durch die Kontrolle beim Eingang des Lazaretts. Er transportierte auch mit Bleistift geschriebene Nachrichten hin und her. In einer davon hieß es: »Liebes Paulinchen! Sie können sich gar nicht vorstellen, wie groß der Stein war, der mir vom Herzen fiel, als der Brief gestern kam, dass Sie bei den Kindern sind. Nun weiß ich, es ist jemand bei ihnen, der sie beinahe so lieb hat wie ich, den die Kinder auch sehr lieb haben, und nun habe ich keine Sorge mehr um meine kleine Gesellschaft ... Ich soll nach Padua oder Mailand, auch das entscheidet sich erst. Wenn's nur nicht gar so weit von den Kindern weg wäre. Wenn ich so weit weg bin,

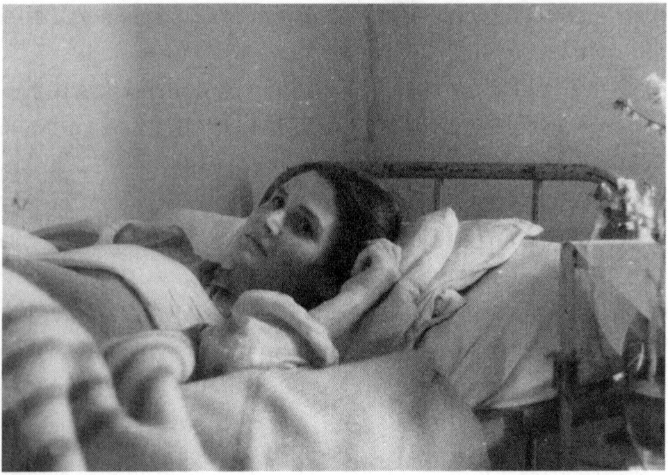

Gerda Bormann kurz vor ihrem Tod im Militärlazarett von Meran (1945).

schauen sie [die Seelsorger] sicher auch mal bei euch vorbei, und wenn ihr irgendeinen Kummer habt oder mit was nicht weiter wisst, sagt's ihnen, sie können am ersten helfen. Ihnen geht's um die deutschen Menschen. Was hier an ordentlichen deutschen Menschen ist, hilft sich selbstverständlich untereinander. Ganz gleich, ob sie aus Ostpreußen, Böhmen, Wien oder vom Rhein sind. Das Zusammengehörigkeitsgefühl können sie uns nicht rauben, auch wenn sie Deutschland in noch so kleine Stücke reißen.«[101]

Bald darauf verschlechterte sich Gerda Bormanns Zustand jedoch rapide. Sie konnte nicht mehr aufstehen und erhielt Morphium zur Schmerzlinderung. Schließlich informierte der behandelnde Gynäkologe Theodor Schmitz von dem bevorstehenden Ende der Patientin. Dabei kam auch das ungewisse Schicksal der Kinder zur Sprache und man war sich einig, dass schleunigst Maßnahmen getroffen werden müssten.

Am 5. Februar 1946 hat die »endesunterzeichnete Ehefrau« Gerda Bormann, da »nach Presseberichten und nach meiner festen persönlichen Überzeugung mein Ehemann nicht mehr am Leben ist«, ihren Bruder Hans Walter Buch – pro forma – zum Vormund ihrer minderjährigen Kinder bestimmt. Zum interimistischen – de facto jedoch tatsächlichen – Vormund bestellte sie zum Erstaunen aller den treuen Helfer ihrer letzten Tage und Freund ihrer Kinder, den katholischen Geistlichen Theodor Schmitz. Sie bat ihn für das »persönliche und wirtschaftliche Wohl meiner Kinder zu sorgen«.[102]

Für ihre Nachkommen hat sich Gerda Bormann damals über alle NS-Vorstellungen hinweggesetzt und ihnen den Weg in eine unproblematische Zukunft bei katholischen Südtiroler Pflegeeltern geebnet. Der junge Theologe Schmitz aber, der von einem Tag auf den anderen acht Kinder zu versorgen hatte, wandte sich in dieser für einen Geistlichen höchst ungewöhnlichen Situation Hilfe suchend an seinen Vorgesetzten, den Bischof von Brixen. Dieser genehmigte die Adoption und hat überdies – aus seinen persönlichen Ersparnissen – das Haushaltsgeld für die »Kinderrepublik« bereit gestellt.[103]

Kurz vor ihrem Tod wandte sich Gerda Bormann noch einmal an Paula Pallhuber: »Mein liebes Paulinchen! Wie geht es Ihnen? Sind Sie immer noch vergnügt mit den Kindern oder wird's Ihnen zu anstrengend? ... Jetzt fängt die schlimme Zeit der Frühjahrsschnupfen an. Seien Sie doch ja recht streng mit den Kindern, dass sie nicht beim ersten Sonnenstrahl ohne Mütze, Mantel und Strümpf [Lücke]... Alle drei Buben neigen zu Ohrenentzündung; ... und dann hab ich noch eine große Bitte: Passt auf, dass Volker keinen Sonnenstich bekommt, die erste Frühlingssonne ist so stark, die ist schwer zu ertragen. Ich habe Fieber und Erbrechen gekriegt, wie sie mein Bett ans Fenster in die pralle Sonne gestellt haben. Und in den kleinen Kabuffchens ist es an manchen Stunden so heiß und an andern wieder so kalt ...«[104]

In den letzten Wochen vor ihrem Tod beschäftigte sich Gerda Bormann zunehmend mit religiösen Fragen. Als Theodor Schmitz später mit Gerdas Tochter Eike in Wolkenstein den Nachlass der Mutter durchsah, stieß er auf ihre letzte handschriftliche Aufzeichnung: Nietzsches Gedicht »Dem unbekannten Gott«. Der Theologe deutete dies als Indiz, dass die Gattin Bormanns zu ihrem alten protestantischen Glauben zurückgefunden hätte.

Gerda Bormann ist am Abend des 23. März 1946 im 37. Lebensjahr verstorben.[105] Bei der Obduktion stellte sich dann heraus, dass nicht Unterleibskrebs, sondern eine durch die Behandlung hervorgerufene Quecksilbervergiftung die Todesursache war.[106] Im offiziellen Sterberegister vermerkte man jedoch: Carcinom Cerv. III.[107] Die Bestattung erfolgte auf dem Soldatenfriedhof von Meran.[108] Ein posthum durchgeführtes Spruchkammerverfahren stellte fest, dass sie Parteimitglied gewesen war und das goldene Parteiabzeichen besaß[109], sie jedoch nicht in die Gruppe der vom NS-Regime Belasteten einzureihen wäre.[110] Während Vormund »Onkel Theo« seine Schützlinge bei Südtiroler Pflegeeltern unterbrachte[111], wurde der Vater der Kinder weltweit gesucht.

Martin Bormann war am 1. Oktober 1946 in Abwesenheit zum Tode verurteilt worden, sein Vermögen galt als

Hartmut Bormann mit dem Vormund der Bormann-Kinder, dem katholischen Priester Theodor Schmitz.

verfallen. Bezüglich des Besitzes am Schluchsee kam es 1953 in einem Restitutionskammerverfahren zwischen den Vorbesitzern und den Bormann-Kindern zu einem Vergleich. Die Fahndung nach dem Leiter der Parteikanzlei dauerte mehrere Jahrzehnte und wurde von einer ungeheuren Medienkampagne begleitet. »Bormann in Mexiko?« – »Bormann doch in Südamerika?« – »Bormanns Aufenthaltsort bekannt«, hießen einige der periodisch wiederkehrenden Schlagzeilen.[112] Zahlreiche Journalisten wollten Bormann, für dessen Ergreifung eine Prämie von

100 000 DM ausgesetzt war, auf eigene Faust aufspüren. Manche wähnten sich ihrem Ziel ganz nahe. Doch der ehemalige Leiter der Parteikanzlei ließ– nach Angaben der Fahnder – alle Termine immer »in letzter Minute« platzen. Simon Wiesenthal, der Leiter des Jüdischen Dokumentationszentrums in Wien, erklärte 1967, dass Bormann in Brasilien an der Grenze zu Paraguay in großem Wohlstand lebe. Nach anderer Darstellung sei Bormann in Russland als Agent und in Brasilien in Gesellschaft des KZ-Arztes Mengele gesichtet worden.[113]

1972 entdeckte man die Leiche Bormanns in Berlin und die Recherchen der Frankfurter Staatsanwaltschaft sowie des Historikers Jochen von Lang bewiesen zweifelsfrei, dass Bormann schon am 2. Mai 1945 in der Nähe des Bunkers der Berliner Reichskanzlei Selbstmord begangen hatte.[114]

Lina Heydrich

»An der Seite eines Kriegsverbrechers«

14. Juni 1911 – 14. August 1985

Im September 1940 konnte die Royal Air Force in der zweiten Phase der »Luftschlacht um England« den Angriff der deutschen Luftwaffe erfolgreich abwehren und damit eine Wende in dem bis dahin siegreichen Angriffskrieg Hitlers einleiten. Die hohen Verluste ließen außerdem erkennen, dass die für eine Landung von Invasionstruppen notwendige deutsche Luftherrschaft über die Britischen Inseln in absehbarer Zeit nicht erreicht werden könnte. Churchill meinte rückblickend, dass die geglückte Abwehr damals zwar nicht der Anfang vom Ende, aber das Ende vom Anfang gewesen sei. In Deutschland wurde der Rückschlag als vorübergehende Phase im Kampf eines an allen Fronten siegreichen Heeres gesehen.

Lina Heydrich gehörte zu den wenigen, die die Zeichen der Zeit richtig deuteten. Sie stellte ihren Haushalt auf eine längere Kriegsdauer und zu erwartende Engpässe um und nahm die Fleischversorgung ihrer Familie in die eigenen

Hände. Zuerst kaufte sie Hunderte Hähnchen und viele Gänse. Dann erwarb sie eine Dosenverschlussmaschine. Schließlich begann sie mit dem Schlachten, Rupfen und Entbeinen, um das Endprodukt ihres Fleißes schließlich fachgerecht – nach französischen Rezepten – einzudosen. Außerdem liebte sie es, auf ihrer norddeutschen Heimatinsel Fehmarn mit dem eigenen Motorrad von Dorf zu Dorf brausen, Vorräte einzukaufen und dann selbst Kartoffeln, Steckrüben und Früchte per Lastwagen nach Berlin zu transportieren.

Der Dank für den dynamischen Einsatz blieb aus. Linas Ehemann reagierte mit Verwunderung und Missbehagen. In Anbetracht der hohen und sensiblen Stellung, die er im Dritten Reich bekleidete, waren ihm die Aktivitäten seiner Frau höchst peinlich. Reinhard Heydrich verfügte seit 1939 als Leiter des Reichssicherheitshauptamtes (RSHA) in dem Gestapo, Kripo und Sicherheitsdienst (SD) zusammengefasst wurden, über eine ungeheure Macht. Gefürchtet als »oberster Bluthund des Reiches« stand er an der Spitze einer gigantischen Polizeiorganisation, die sowohl in Deutschland als auch in den besetzten Gebieten ein Regime beispiellosen Terrors führte.

Bei der energischen Frau an seiner Seite versagte jedoch der Einfluss des Gestapo-Chefs, der angeblich in Beisein seiner Gattin, die »nie den Mund halten konnte« und alles besser wusste, merkwürdig farblos wirkte. Nachdem Lina seine zaghaften Bitten nach standesgemäßem Verhalten und Änderung der Lebensgewohnheiten einfach ignorierte, kapitulierte Heydrich und führte die Eskapaden seiner Frau auf die Erziehung zur Unabhängigkeit durch ihr Elternhaus zurück.

Lina Heydrich wurde am 14. Juni 1911 in Avendorf auf der Ostseeinsel Fehmarn geboren.[1] Ihr Mädchennamen lautete Lina von Osten. Sie entstammte einer verarmten adeligen Familie von norddeutschen Grundbesitzern.[2] Ihr Vater – der zweite Sohn einer achtköpfigen Kinderschar – war gezwungen gewesen, den elterlichen Hof zu verlassen und einen Brotberuf zu ergreifen. Jürgen von Osten wurde Lehrer. Die Sehnsucht nach eigenem Grund und Boden, die ihn sein Leben lang nicht verließ, gab er seinen beiden Kindern mit. Auch Lina von Osten fühlte sich ganz als Adelige. Im Gegensatz zu ihrem Vater konnte sie jedoch den Traum vom adeligen Landleben verwirklichen – wenn auch nur für einige Jahre.

Linas Mutter, eine geborene Hiss, kam aus einer wohlhabenden Familie von Seefahrern und Kaufleuten, die seit Jahrhunderten auf Fehmarn ansässig war. Jürgen von Osten erzog seine zwei Kinder Lina und Jürgen zu schleswig-holsteinischen Patrioten und nach deutsch-nationalen Grundsätzen. In der NSDAP sah er die Rettung Deutschlands. 1927 legte das Mädchen die mittlere Reife ab und verließ zur Erleichterung vieler Lehrer die Schule, in der Lina mit ihrer außergewöhnlichen Schlagfertigkeit unter den wohlgesitteten Mitschülerinnen beträchtliche Unruhe gestiftet hatte. Auf ausdrücklichen Wunsch der Eltern kehrte sie für ein Jahr nach Hause zurück und lernte unter mütterlicher Aufsicht »richtige« Haushaltsführung sowie die fachkundige Zubereitung »Fehmarnscher Klöße«. Lina tat dies nur widerstrebend, musste aber rückblickend feststellen, damit die einzige wertbeständige Ausbildung für ihr Leben erhalten zu haben. 1928 aber setzte das wortgewandte Mädchen den Eltern gegenüber ihren Willen durch und ließ sich in der Berufsschule von Kiel einschreiben. Lina wollte »aus eigener Kraft etwas werden«, das Abitur ablegen und sich zur Gewerbelehrerin ausbilden lassen. Als Hitler 1928 nach Norddeutschland kam und auch in Eckernförde sprach, befand sich unter den begeisterten Zuhörern Jürgen von Osten, der dann seiner Schwester von dem Redner und dessen »wunderbaren Zielen« vorschwärmte. 1929 ging Lina zu ihrer ersten »Führerversammlung«, fand das Urteil ihres Bruders bestätigt und meldete sich später voll Tatkraft bei der örtlichen NS-Frauenschaft zur Mitarbeit. Ihre Lieblingslektüre zu dieser Zeit war kein Mädchenroman, sondern ein voluminöses, geschichtsphilosophisches Werk: »Die Grundlagen des 19. Jahrhunderts«[3] von Houston Stewart Chamberlain. Eine Generation davor hatte der junge Adolf Hitler das Buch von Chamberlain eifrig gelesen und sein Weltbild danach geformt. Es ist »eine Weltgeschichte der germanischen Kultur auf rassischer Grundlage«[4] mit Thesen über das Völkerchaos, die Weltherrschaft der Juden und die germanische Herrenrasse, die der »Führer« im Kreis seiner Getreuen auswendig zu rezitieren pflegte: »Alle schöpferischen Kräfte kommen aus nordischem Blut. Unsere gesamte heutige Zivilisation und Kultur ist das Werk einer bestimmten Menschenart: des Germanen.« Auch Lina Heydrich hat das Buch, aus dem der Nationalsozialismus viele seiner Ideen schöpfte, ihr Leben lang geschätzt und studiert.

Am 6. Dezember 1930 besuchte die 18-jährige Lehrerstochter zusammen mit Kolleginnen aus dem Pensionat in Kiel den Ball der Schleswig-Holsteinischen Rudervereinigung und traf dort, wie sie später schrieb, in der Gestalt eines großen, blonden Seeoffiziers »das Schicksal«. Der junge, etwas hölzerne Sachse, der sich ihr – soldatisch knapp, aber formvollendet vorstellte, hieß Reinhard Heydrich.[5] Für den gut aussehenden Oberleutnant Heydrich war es Liebe auf den ersten Blick, er ließ die Schülerin nicht mehr aus den Augen, tanzte nur mehr mit ihr und brachte sie nach Hause. Auch das Mädchen blieb nicht gleichgültig: »Als ich nach Hause komme, bin ich nicht mehr der gleiche Mensch. Mir ist etwas Wundersames begegnet ...«[6] Es folgt eine nordisch unterkühlte Romanze. »Da ist nichts von Flirt, von Gefallenwollen, von Begehr oder Begierde«, charakterisierte Lina die seltsame Begegnung mit dem jungen Heydrich, die auf einen Spaziergang im Kieler Park, einen Theaterabend und den Besuch einer Weinstube hinauslief. »Wir schwiegen eigentlich nur miteinander« und »ich empfand Sympathie für den zielstrebigen und doch zurückhaltenden Mann«, heißt es in Linas Memoiren.[7] Nach einer Bekanntschaft von nur vier Tagen fragte der wortkarge 26-Jährige in »Wicks Weinkeller«: »Fräulein von Osten, wollen Sie meine Frau werden?« Nach der positiven Antwort stand einer heimlichen Verlobung am 18. Dezember 1930 nichts und – für kurze Zeit – auch niemand im Weg, denn Reinhard Heydrich hielt es für unnötig, seine bisherige Freundin von dem plötzlichen Wechsel seiner Gefühle in Kenntnis zu setzen. Er beendete das Verhältnis mit der Tochter eines Marine-Oberbaurates in der Weise, dass er einfach ihre Gesellschaft mied.

Auf die freudige Mitteilung seiner Tochter Lina, dass sie sich verlobt habe, lud Jürgen von Osten den Marineoffizier ein, Weihnachten in seinem Haus zu verbringen. Heydrich als Schwiegersohn werde ihm willkommen sein, wenn er nur »keine Läuse im Pelz« habe.

Lina hat den neugierigen Eltern Einblick in die Biografie des zukünftigen Familienmitglieds gewährt: Reinhard Heydrich, am 7. März 1904 in Halle an der Saale geboren, stammte aus einem künstlerischen, hochmusikalischen Haus. Der Großvater hatte das weltberühmte Dresdener Konservatorium gegründet und sein Vater wirkte als Komponist und Direktor am Haller Konservatorium. Auf Wunsch der Eltern besuchte Reinhard neben dem Gymnasium die Konservatoriumsklassen für Klavier, Cello und Komposition. Schon im Alter von fünf Jahren lernte er Geige spielen, dass es einem – nach positiv gemeinten Aussagen von Zeitzeugen – »die Tränen in die Augen trieb«. Obwohl der 18-Jährige ein ausgezeichnetes Abitur machte und auch das Konservatorium mit gutem Erfolg abschloss, brach er mit der Familientradition und verließ das »ewig musizierende und frömmelnde Elternhaus«.[8] Mit seiner Geige im Gepäck ging er zur See. Er wurde Kadett in der ersten Nachkriegs-Crew der Kriegsmarine der Weimarer Republik. Nach bestandener Seeoffiziershauptprüfung beförderte man ihn 1926 zum Leutnant und 1928 zum Oberleutnant. Er diente auf der »Braunschweig« unter jenem Kapitän Wilhelm Canaris, der später als Chef der deutschen militärischen Abwehr zu seinem Rivalen werden sollte. Als Leutnant absolvierte Heydrich auch eine Spezialausbildung zum Nachrichtenoffizier.

Lina klärte ihre Eltern darüber auf, dass ihr Verlobter keine Reichtümer in die Ehe mitbringen würde. Sie schilderte ihn – was Wohlgefallen hervorrief – als völkisch, national und soldatisch. Die Klagen ihres Freundes, welch schwere Zeit er als sensibler Künstler anfangs bei der Kriegsmarine durchgemacht hätte, behielt das Mädchen für sich. Wie abstoßend er den rauen Umgangston empfunden habe und wie man ihn, den schüchternen Seekadetten, gezwungen hatte, bei den nächtlichen Trinkgelagen der Mannschaft die Toselli-Serenade aufzuspielen.

Auf das bevorstehende Treffen mit Linas Eltern hatte sich Reinhard Heydrich sehr gewissenhaft vorbereitet. Sein Brief am Tag der heimlichen Verlobung enthüllt jedoch nicht nur das trockene Wesen des Bräutigams, sondern auch seine Lebenseinstellung: »... Jetzt sind es nur noch wenige Tage bis Heiligabend. Je näher er kommt, umso zuversichtlicher sehe ich ihm entgegen. Denn gerade und aufrichtig sein ist stets die Hauptforderung gewesen, die ich immer an mich gestellt habe. Da wird es mir nicht schwer fallen, deinem Vater ins Auge zu sehen. Merkst du, Mädel, es gibt für mich bei Menschen, die ich lieb habe, nichts Schlimmeres als Umwege und Unaufrichtigkeit. Gemeinen Kerls gegenüber scheue ich mich nicht, mit gleichen Mitteln zu entgegnen ... ich kann den Sonnabend kaum erwarten. Bis dahin viel, viel Liebes dein Reinhard.«[9]

Nur selten rang sich der kühle Seeoffizier eine Liebeserklärung ab: »Mitten im Arbeitstrubel und in aller Eile vor der Abreise sollst du dieses Lebenszeichen von mir haben. Bei uns ist dienstlich viel zu tun. Aber wenn ich mal eine kleine Atempause habe, sind meine Gedanken bei dir. Und ich merke, wie sehr ich dich lieb habe. Du! Ich kann mir gar nicht denken, dass es jemals anders war. Und weiß doch nur zu gut, dass ich sehr viel abgestreift habe. Umso mehr freue ich mich auf das Leben, das vor uns liegt. Du! ...«

Zu Weihnachten 1930 wurde offiziell Verlobung gefeiert. Dabei bemühte man sich, das zukünftige Familienmitglied zum Nationalsozialismus zu bekehren. »Er war zu dieser Zeit politisch ganz ahnungslos«, meinte Lina Heydrich später.[10]

Im Januar 1931 ersuchte Heydrich die Eltern seiner Braut flehentlich um einen Hochzeitstermin: »... bitte, bitte erlaubt doch, dass wir im September (17.!) heiraten. Im Oktober, November sind bei uns die ganzen Umkommandierungen, Manöver, Dienstwechsel und noch später ist kein gesunder Zustand für Brautleute. Es gibt nichts Schlimmeres als die Ungewissheit. Ich wäre euch sehr, sehr dankbar, wenn ihr euch für den September entschließen würdet ...«[11]

Wenig später wurde die Hochzeit jedoch auf unbestimmte Zeit verschoben, denn der Oberleutnant zur See hatte im April 1931 von seiner Dienststelle den schlichten »Abschied wegen Unwürdigkeit« zugestellt bekommen.[12]

Die Affäre war durch jene lapidare Verlobungsanzeige ins Rollen gekommen, die Heydrich seiner ahnungslosen Exfreundin sandte. Das geschockte Mädchen erlitt beim Erhalt der kommentarlosen Nachricht einen Nervenzusammenbruch und sein Vater wandte sich an den ihm gut bekannten Chef der Marineleitung, Admiral Raeder. Der strenge Ehrenkodex der Kriegsmarine wertete die Lösung der harmlosen Bekanntschaft als gebrochenes Heiratsversprechen, als Verletzung der »Ehrenpflicht zur Ehe«. Noch lange kursierten die wildesten Gerüchte. Der Fall wurde maßlos aufgebauscht und man munkelte, dass Heydrich eine Schwangere kurz vor der Entbindung sitzen gelassen habe. Die ebenfalls betroffene Lina Heydrich hat sich zu dem Vorfall nur vage geäußert, da »sie die Sache nie durchschaut« habe.

Die fristlose Entlassung nach zehnjährigem makellosem Dienst traf den ehrgeizigen Heydrich tief und »wenn er irgendwo eine Marineuniform auftauchen sah, dann musste er wegschauen«.[13] Es entsprach jedoch seiner introvertierten Art, dass er kaum darüber sprach, aber sein weiteres Leben der Tilgung dieses Schandflecks auf seiner Offiziersehre widmete.

Lina hingegen überwand den ersten Schock sehr schnell, trug die Situation gefasst und arrangierte sich mit den neuen Verhältnissen. Als eine Intervention bei Staatspräsident Paul von Hindenburg erfolglos blieb, machte sie eine Bestandsaufnahme. Welche Fähigkeiten und Interessen besaß ihr Verlobter?

1928 war Reinhard Heydrich als hervorragender Sportler deutscher Nordseemeister im Segeln geworden, er besaß Preise im Degenfechten, ritt und schwamm ausgezeichnet. Darüber hinaus brillierte er als glänzender Violinspieler und Klaviervirtuose. Politisch war er rechtskonservativ und hatte sich im Freikorps »Märker« und im »Freikorps Halle« engagiert. Mit diesen Vorgaben – eine Rückkehr ins elterliche Konservatorium lehnte Heydrich ab – unterstützte Lina den Bräutigam bei der damals wenig aussichtsreichen Suche nach einer neuen Anstellung. Sie verschickte für den von Depressionen Geplagten Briefe und Bewerbungen. Die vereinte Opposition der Familien gegen ihre Verbindung schmiedete das Brautpaar zusammen. Lina wies den mütterlichen Rat, dem jungen Mann, der »anscheinend überall Mädchen sitzen hat«, den Laufpass zu geben, zurück und Reinhard verbat sich Kommentare seiner Mutter über die wenig feine, derbe Art der künftigen Schwiegertochter.

In den folgenden ereignisreichen Jahren stellte sich Lina häufig die Frage, wie ihr Leben ohne Heydrichs Abschied von der Kriegsmarine verlaufen wäre. Diese Spekulationen müssen unbeantwortet bleiben. Fest steht hingegen, dass Lina den Grundstein zu Heydrichs neuer Karriere gelegt hat. Sie tat ihr Bestes, um Heydrich eine »standesgemäße« Stelle bei der SS (Schutzstaffel) eines gewissen Heinrich Himmler zu verschaffen, den Hitler 1929 zum »Reichsführer SS« ernannt hatte. »Wirklich die Elite, absolut militärisch«, meinte sie noch Jahrzehnte später anerkennend über die SS.[14]

1931, auf dem Höhepunkt der Weltwirtschaftskrise, gab es für Heydrich zwei Optionen: einen Posten als gut bezahlter Segellehrer in der Hanseatischen Jagdschule anzunehmen oder eine Anstellung bei der SS. »Segeldomestik« für »Geldkinder« reicher Leute schien Heydrich – und auch Lina – zu minder. Beide hielten den Dienst bei der SS, einer militärischen Organisation der NSDAP, die sich rasch vergrößerte, viel erstrebenswerter.[15] Sie baten daher den prominenten Nationalsozialisten und Sohn von Reinhards Taufpatin, Karl von Eberstein, um Intervention bei Himmler.[16]

Heydrichs Reise zum Vorstellungsgespräch nach München war bereits festgelegt, als ein Telegramm Ebersteins eintraf: »Nicht kommen, Himmler krank!« Es war Lina von Osten, die ihren zögernden Verlobten bewog, den grippekranken Reichsführer SS und nebenberuflichen Hühnerzüchter trotzdem in dessen kleinem Giebelhaus in Waldtrudering (bei München) aufzusuchen. Himmler empfing den unangemeldeten Gast im Schlafrock und erklärte ihm, dass er einen »Nachrichtenmann« suche. Dann zog er sich in einen Nebenraum zurück und ließ dem Besucher eine halbe Stunde Zeit für die Erstellung eines Konzepts. Damals wurde dem zum technischen Nachrichtenoffizier ausgebildeten Heydrich zwar schlagartig klar, dass ein geheimer Nachrichtendienst geplant war, aber Himmler den Unterschied der beiden Gattungen nicht kannte. Trotzdem ging er an die Arbeit. Das nach dem Vorbild von Secret-Service-Abenteuerromanen erstellte laienhafte Exposé, Reinhard Heydrichs »Sachverstand«, aber auch dessen »nordisches« Aussehen gefielen dem Reichsführer SS und Heydrich erhielt an diesem 14. Juni 1931 den definitiven Auftrag, eine neue Parteidienststelle zu schaffen – den Nachrichten- und Sicherheitsdienst (SD) der SS.[17]

Bei der Bewerbung um dieses Ressort ist Linas Verlobter – wie sich später herausstellte – einem zweiten Bewerber nur knapp zuvorgekommen.[18] Lina bezeichnete daher diesen Tag, der gleichzeitig ihr Geburtstag war, als »die Sternstunde meines, unseren Lebens«.

Am 1. Juli 1931 trat Reinhard Heydrich in die allgemeine SS ein und wurde sofort SS-Sturmführer.[19] Er trug die schwarze SS-Uniform und zu besonderen Anlässen die »Traditionsuniform«: Braunhemd, schwarze Stiefelhosen, schwarz umrandete Hakenkreuzbinde, Marschstiefel und schwarze Mütze mit Totenkopf und Hoheitszeichen.[20] In Himmlers elitärer nationalsozialistischer Kampftruppe, dem germanischen Totenkopforden mit seinem arroganten Rassismus, der Todessymbolik und der Anbetung des Krieges hatte der 27-Jährige seine geistige Heimat gefunden.[21]

Am 1. August trat Heydrich voll Begeisterung seinen Dienst an. Nach Lütjenbrode schreibt er: »Liebe Schwiegereltern! ... Ich bin gestern durch offizielle Verfügung des Reichsführers [Himmler] mit der Leitung meines Ressorts beauftragt worden, bin sofort zum Sturmführer ernannt worden und erhalte ab 1. September Gehalt [180 RM].

Meine Position und meine Arbeit machen mir große Freude ... und vor allem ermöglicht mir diese Stellung, ganz gleich in welcher politischen Lage wir uns befinden, einen Hausstand zu gründen, ein Ziel, dem ja meine ganze Arbeit galt und gilt ...«[22]

Nach Beseitigung aller Hindernisse konnte Lina ihre Aussteuer zusammenstellen, während ihr Verlobter die Nachrichtendienste in der NSDAP vereinheitlichte. Der Künstlersohn löste diese Aufgabe, indem er alle rivalisierenden Konkurrenzunternehmen radikal beseitigte. Damit erwarb er sich die Wertschätzung seines Chefs und begann seinen kometenhaften Aufstieg innerhalb der SS.

An Linas Mutter schrieb er: »... Ich baue nach meinen Entwürfen eine große Organisation auf, die meine volle Arbeitskraft beansprucht ... eine große Freude wurde mir

Hochzeit Reinhard Heydrichs mit Lina von Osten am 26. Dezember 1931.

heute: Herr Himmler, der Reichsführer SS, hat mir zugesichert, dass ich mit der Verheiratung monatlich 290 RM erhalte ...«[23]

Am 26. Dezember 1931 findet die Hochzeit der 20-jährigen Lina von Osten, der »Adeligen aus dem Dorf«, wie sie sich selbst nennt, mit dem 27-jährigen Chef des Sicherheitsdienstes statt. Reinhard Heydrich, der Zivilkleidung hasste, erschien zu diesem Anlass in Frack und Zylinder, denn für SA und SS galt damals Uniformverbot.[24] Zum Ausgleich prangt über dem Altar der evangelischen Kirche in Großenbrode ein Hakenkreuz aus Tannen. Als Trauspruch hat das Paar Lutherworte gewählt: »Und wenn die Welt voll Teufel wär, es muss uns doch gelingen!« Heydrichs Schwester singt das »Ave Maria«, Vater Heydrich beendet den Gottesdienst mit einer eigenen Komposition. Im Gang der Kirche stehen Männer in einer Art Ersatzuniform, die aus weißen Hemden, schwarzen Hosen und Reitstiefeln besteht. Sie heben die Hände zum deutschen Gruß, die Orgel intoniert das Horst-Wessel-Lied. Der Pastor, den diese nationalsozialistische Demonstration überrumpelte, wurde kurz darauf strafversetzt. »Mein Bräutigam war damals noch praktisch unbekannt, aber ich war in der Partei schon ein bisschen was. Auch mein Bruder war als einer der ersten Hunderttausend nach Hitlers Eckenförder Rede bekannt. Die NS-Frauenschaft von Heilighafen, die SA von Großenbrode, von den umliegenden Dörfern, das war unsere Hochzeitsgemeinde«, erinnerte sich Lina Heydrich.[25]

Anfang Januar 1932 mietete Heydrich in Lochhausen bei München eine Wohnung, die von seiner Gattin geringschätzig als »Bruchbude mit fingerbreiten Rissen im Fußboden« bezeichnet wurde.[26] Für die junge Ehefrau war der Umzug von Nord- nach Süddeutschland nicht nur die erste größere Reise ihres Lebens, sondern auch der Eintritt in eine fremde Welt. Als man ihr auf einer Versammlung zurief: »Halten Sie den Mund, Sie Preußin!«, wurden ihr alle Bayern unsympathisch. Die sinnesfreudige Art der Münchner berührte Lina unangenehm und den bayerischen Humor in bairischer Mundart verstand sie nicht. Auch der legere Lebensstil ihrer neuen Umgebung unterschied sich von ihrer norddeutschen Heimat beträchtlich. Die zwanglose Art der Menschen, ihr Herumsitzen in der »Kuchl« genannten Wohnküche irritierten die kühle Norddeutsche anfangs beträchtlich, wurden aber dann als gemütlich und praktisch akzeptiert. Allmählich gewöhnte sich die junge Frau daran, dass man Freunde in »irgendeinem Bräu« traf, anstatt – wie sie es von zu Hause her kannte – große Vorbereitungen für komplizierte und steife Einladungen zu treffen.

Zu diesem Zeitpunkt war Lina Heydrich bereits eine etablierte Nationalsozialistin. Sie fühlte sich in Bayern fremd, glaubte aber gemeinsam mit ihrem Mann eine Mission erfüllen zu müssen. »Wir waren der Überzeugung, nicht zum eigenen Wohlgefallen zu leben, sondern dafür, die hochgestellten Hoffnungen aller derer zu erfüllen, die um ihr Dasein und ihren Glauben kämpfen.« Zu ihrer Information bestellte sie die Bilderzeitung der NSDAP, die vom Vormarsch der Bewegung mit einer wöchentlichen Auflage von 250 000 berichtete und die »Nat. Soz. Landpost«, das Wochenblatt des deutschen Landvolkes. Lina wurde am 24. 6. 1932, kurz nach Erreichung des 21. Lebensjahres, in München Parteimitglied.[27]

Der Familienclan von Osten hat das junge Paar im fernen Bayern nicht im Stich gelassen, sodass Lina – versehen

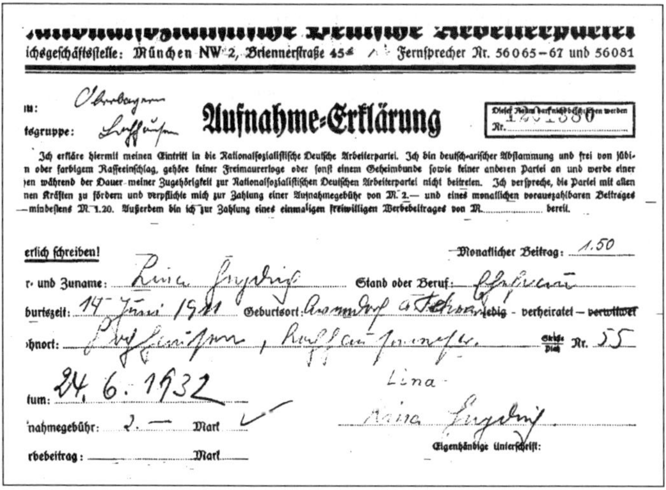
ichsgeschäftsstelle: München NW 2, Briennerstraße 45 Fernsprecher Nr. 56065–67 und 56081

Aufnahme-Erklärung

Diese Reihe darf nicht beschrieben werden
Nr.

Ich erkläre hiermit meinen Eintritt in die Nationalsozialistische Deutsche Arbeiterpartei. Ich bin deutsch-arischer Abstammung und frei von jüdi-
n oder farbigem Rasseeinschlag, gehöre keiner Freimaurerloge oder sonst einem Geheimbunde sowie keiner anderen Partei an und werde einer
en während der Dauer meiner Zugehörigkeit zur Nationalsozialistischen Deutschen Arbeiterpartei nicht beitreten. Ich verspreche, die Partei mit allen
nen Kräften zu fördern und verpflichte mich zur Zahlung einer Aufnahmegebühr von M. 2.– und eines monatlichen vorauszahlbaren Beitrages
–mindestens M. 1.20. Außerdem bin ich zur Zahlung eines einmaligen freiwilligen Werbebeitrages von M. .... bereit.

erlich schreiben!

Monatlicher Beitrag: 1.50

r- und Zuname: Lina Heydrich Stand oder Beruf:

burtszeit: 14. Juni 1911 Geburtsort: ledig – verheiratet – verwitwet

hnort: Nr. 55

tum: 24. 6. 1932

Lina

nahmegebühr: 2.– Mark

rbebeitrag: Mark

Eigenhändige Unterschrift:

Lina Heydrich wird am 24. Juni 1932 Parteimitglied der NSDAP.

mit einer stattlichen Mitgift – bei der Einrichtung der ehelichen Wohnung nicht zu sparen brauchte. Die Lieferung der letzten Möbel stand noch aus, als im Februar 1932 der neuen, viel versprechenden Karriere Heydrichs schon wieder ein jähes Ende drohte. In Riemanns Musiker-Lexikon[28] blätternde aufmerksame Parteigenossen entdeckten dort nämlich die Eintragung: »Bruno Heydrich, eigentlich Süss«. Sie schlossen daraus, dass Linas Mann mit einem »untilgbaren Makel«, nämlich jüdischen Vorfahren, behaftet wäre.[29] Man meldete dies auch unverzüglich dem Gauleiter von Halle-Merseburg, denn die Statuten der SS erlaubten nur Mitglieder, die den Nachweis arischer Vorfahren bis zum Jahr 1750, den so genannten »Großen Ahnenpass«, erbringen konnten. Eine strenge Untersuchung der Heydrichschen Genealogie schloss auch die

Ahnen der Familie von Osten ein und Lina musste ihren Vater um Zusendung des gesamten Familienarchivs bitten.

In dem Gutachten über die rassische Herkunft des Oberleutnants z. See a.D. Reinhard Heydrich heißt es dann: »Aus beiliegender Ahnenliste geht hervor, dass [er] deutscher Herkunft ist und frei von farbigem und jüdischem Bluteinschlag.« Dann wurde die Situation rekapituliert: »Das für die Familie Heydrich beleidigende Gerücht, dass sie ehemals SÜSS geheißen habe, das dazu geführt hat, den Vater von Oberleutnant Heydrich im Volksmunde als »Isidor Süss« zu bezeichnen und das schließlich zu der Vermutung Anlass gegeben hat, dass die Familie jüdischer Herkunft sei, hat folgenden Hintergrund: Großmutter Ernestine Wilhelmine Heydrich geborene Lindner (in der Ahnenliste unter Nr. 5) war in zweiter Ehe mit dem Schlossergehilfen Gustav Robert Süss verheiratet. Als Mutter einer großen Kinderschar aus erster Ehe hätte sie dann nichts dabei gefunden, sich Süss-Heydrich zu nennen. Im Übrigen sei auch der Schlossergehilfe kein Jude gewesen und die Familie Heydrich wäre um Löschung der diskriminierenden Eintragung in weiteren Auflagen des Künstler-Lexikons bemüht.«[30]

Die Gerüchte um die jüdische Großmutter waren jedoch nicht mehr aus der Welt zu schaffen. Selbst in Parteikreisen kolportierte man, dass Heydrich das Grab der Großeltern geschändet und bei Nacht und Nebel einen Grabstein mit der Aufschrift »Sarah Süß« entfernt hätte. Man flüsterte, dass der Chef des Geheimdienstes seine Familienurkunden habe verschwinden lassen. Lina Heydrich jedoch wurde von guten Parteifreunden während ihrer Schwangerschaft – am 17. Juni 1933 kam als erstes von vier Kindern Sohn Klaus zur Welt – bemitleidet: würde ihre Nachkommenschaft doch zu einem Achtel oder Sechzehntel mit jüdischem Blut behaftet sein! Als Mutter ist Lina Heydrich dann aufgefallen, dass man die Kinder in NS-Kreisen oft scheel ansah.

Acht Jahre später erhielt die Gerüchtebörse neue Nahrung. 1940 drehte die Terra-Film auf Geheiß von Minister Joseph Goebbels den Film »Jud Süß« mit Veit Harlan als Regisseur und authentischen jüdischen Statisten aus dem Warschauer Ghetto.[31] Der zur Aufhetzung breiter Bevölkerungskreise gedachte Streifen schilderte »die unheimliche Methodik des zersetzenden jüdischen Geistes« an Hand des Steuereintreibers Süß Oppenheimer und forderte unverblümt zur Lynchjustiz auf. Bei der Biennale in Venedig wurde der Film ein großer Erfolg, erzeugte allerdings auch unerwünschte Nebeneffekte, da er die Diskussion um die jüdischen Ahnen von Reinhard Heydrich wieder in Gang brachte. Man sprach von dem verhassten Leiter der Gestapo – wie schon Jahre davor – als »Isidor Süß«.

Die Mär von Heydrichs jüdischen Ahnen überlebte selbst das Dritte Reich. So basiert das Heydrich-Bild von Joachim Fest auf der Vorstellung, dass der Gestapo-Chef auf Grund seiner Herkunft nicht nur schwermütig, sondern auch erpressbar gewesen sei.[32] Und der Historiker Reitlinger erklärte Heydrichs Judenverfolgung mit dem »pathologischen Hass gegen das eigene Blut«.[33]

Heydrichs Sicherheitsdienst expandierte rasch. Bald wurden die zur Verfügung stehenden kleinen Räume in der Münchner Türkenstraße zu eng und schon im Sommer 1932 dachte man an Übersiedlung. Aus Gründen der Tarnung beschloss der Chef der verbotenen Organisation damals, Büro und Wohnsitz zu verbinden. Eine Villa in einer ruhigen

Der Chef des Sicherheitsdienstes mit Gattin Lina und Sohn Klaus.

Familie Heydrich im Garten ihres Münchner Hauses, das gleichzeitig als SD-Zentrale diente (1933).

Sackgasse[34], die parallel zur Mauer des Nymphenburger Schlossparks verläuft, wurde gemietet. Lina half eifrig mit, das Haus zur Geheimdienstzentrale umzubauen. »Alles wird auf privat frisiert. Das Haus, ein wenig in den Garten gerückt, gibt uns bei unerwarteten Besuchern die Möglichkeit, alles Belastende rechtzeitig verschwinden zu lassen. Unser Hund warnt uns rechtzeitig. Alles wird auf Sicherheit abgestellt, mein Bett zu einer Art ›Festung‹ umfunktioniert ...[35] Wir waren gezwungenermaßen in die Illegalität gegangen. Nach Aufhebung des Verbots [von SS und SA] nennt Reinhard seine Organisation PI-Dienst. Das heißt Presseinformation und ich werde die PI-Frau...«[36] Voll Interesse hat Lina damals das Fälschen von Stempeln und Urkunden gelernt. Ihre Kenntnisse kamen ihr dann nach Kriegsende überaus gelegen, um sich selbst und SS-Angehörige mittels falscher Ausweise der Justiz zu entziehen. Darüber hinaus betätigte sich Lina 1932 auch als Mädchen für alles, da die Einstellung von Hilfskräften ein zu großes Risiko dargestellt hätte. Es mangelte an Geld und die Frau des Geheimdienstchefs kochte selbst für die illegalen Mitarbeiter Suppen aus Dörrgemüse und Heringssalat ohne Heringe.

Mit Hitlers Ernennung zum Reichskanzler am 30. Januar 1933 ändern sich die Zustände schlagartig. Schon am 9. März 1933 konnte Lina ihren Eltern mit Begeisterung von der nationalsozialistischen Machtübernahme in München berichten. Nach Kriegsende hat sie angegeben, dass es ihr als 22-Jähriger nicht möglich gewesen sei, die Tragweite der Ereignisse zu begreifen.

»Liebe Eltern! Ist das ein Leben! Von unserer kleinen Revolution habt ihr sicherlich schon aus der Zeitung erfahren. Aus Reinhards Erzählungen denk ich, muss es köstlich gewesen sein. Nun will ich euch mal erzählen, wie ich die Sache miterlebt habe. Also am Mittwoch kommt Reinhard früh mit der Nachricht nach Hause, ... die bayerische Regierung wolle sich nicht fügen. Um 11 Uhr ruft Reinhard mich an, ich möchte sofort seine Pistole ins Braune Haus schicken ...«

Im Zug der Machtübernahme in Bayern durch SA und SS wurde Himmler Polizeipräsident. »Nun lacht aber nicht«, schrieb Lina ihren Eltern, »Reinhard wurde Kommissar der politischen Polizei!«[37] Heydrich wurde Leiter der Bayerischen Politischen Polizei (BPP), die ihren Sitz im Wittelsbacher Palais hatte und sich der Kontrolle der Justiz entzog. Das gefürchtete Instrument der BPP war die unbefristete »Schutzhaft«, gegen die es kein Rechtsmittel gab und die im Konzentrationslager vollstreckt wurde. Die damals stattfindende Verhaftung des bayerischen Innenministers Stützel hat die Frau des nunmehrigen Polizeikommissars besonders ergötzt. »... die Gaudi könnt ihr euch nicht vorstellen. In Socken und Nachthemd steht der Herr Innenminister in der Halle, umgeben von einer Menge SA und SS, die vor Lachen nicht wissen wohin. Dann kommen sie und treten dem weinenden Innenminister mit ihren schweren Stiefeln auf die große Zehe, dass er zwischen ihnen hopst von einem Bein aufs andere. Ihr könnt euch das Bild wohl vorstellen. Als Nächster wird der Jude Lewy [Vorstand der Münchener jüdischen Gemeinde] eingeführt. Mit dem machen sie kurzen Prozess. Sie hauen ihn mit Hundepeitschen durch, ziehen ihm Schuh und Strümpfe aus und so muss er barfuß in Begleitung von SS seiner häuslichen Behausung zuwandern. Sein Haus war unterdessen gut ausgeräuchert ...«[38]

Nach der Machtergreifung begann Heydrich mit der systematischen Verfolgung aller wirklichen oder bloß verdächtigen Regimegegner. Vom Dienstmädchen bis zum Minister reichte seine Datenkartei, die zu diesem Zeitpunkt schon parat lag. Er ging dabei mit luziferischer Kälte ans Werk, denn seine Gefühle reservierte er für die Musik. Abends war derselbe Mensch, der tagsüber mit seiner Unterschrift Tausende in die Konzentrationslager brachte, dann liebevoller Ehemann, besorgter Familienvater und passionierter Musikliebhaber. Im kleinen häuslichen Kreis lud er zu gepflegten Hauskonzerten, wobei er klassischer Musik von Haydn und Mozart den Vorzug gab und auch hervorragend zu interpretieren wusste.

Reinhard Heydrich hat seine Frau über Art und Ausmaß seiner beruflichen Tätigkeit nie im Unklaren gelassen. Er erzählte ihr, dass er »der oberste Müllkipper des Deutschen Reiches« sei und sie fand daran nichts Abstoßendes. »Es ist merkwürdig«, meinte sie in einem Interview nach Kriegsende, »dass er sich seiner Henkersarbeit völlig bewusst war und für sie sogar eine positive Rechtfertigung zur Hand hatte.«[39] Die Diskrepanzen in Heydrichs Wesen, der einmal als empfindsamer, kultivierter Musiker auftrat, dann wieder als eiskalter Technokrat sein grausiges Handwerk betrieb, um kurz darauf als Spitzensportler zu brillieren, empfanden viele als unheimlich. Hitler, der sein Image als idealistischer »Führer des deutschen Volkes« pflegte, hielt den nützlichen Schergen auf Distanz. Lina Heydrich störte das Metier ihres Mannes in keiner Weise und sie lebte mit ihm – solange er sie von seiner Tätigkeit nicht ausschloss – in harmonischer Gemeinschaft. Sie fürchtete ihn nicht und der Schrecken, den er allgemein verbreitete, ließ sie kalt. Sie war nur enttäuscht, dass der in seinem Amt, wie sie es formulierte, »zielstrebige und zähe« Ehemann kläglich versagte, sobald es sich um die Familie und die Wahrung persönlicher Vorteile handelte.

1934 überkam Lina die Sehnsucht nach ihren Eltern und Fehmarn und sie fuhr mit dem Söhnchen Klaus auf die Ostseeinsel. Geplant war ein langer Urlaub, doch bald fühlte sich die junge Frau in ihrer Heimat eingesperrt und deplatziert. Schon nach kurzer Zeit vermisste sie das Leben an der Seite Reinhards, das ihren »Horizont geweitet« hat.

Ein Sommerhaus auf Fehmarn für sich und ihre Familie wollte Lina dennoch besitzen und sie ging sofort an die Realisierung ihrer Pläne. Ihr großes Organisationstalent, ihre praktische Veranlagung und auch ihr Talent, mit Geld gut umzugehen, halfen ihr dabei. Lina trieb Kreditgeber auf – die Tilgung der Schulden war für 1952 vorgesehen –, kaufte Grund in der Nähe der Stadt Burg (Burg-Tiefe) und zeichnete Entwürfe für ihr Inselrefugium. Auch Heinrich Himmler borgte 10 000 RM und bereits im Frühjahr 1935 konnte das Richtfest gefeiert werden. Die Bauherrin plante, ihren Mann im Sommerurlaub 1935 mit dem fertigen Haus zu überraschen. Es wurde jedoch Spätherbst, da Heydrich zuerst verhindert und dann vom Nürnberger Parteitag, auf dem die »Rassegesetze« beschlossen wurden, unabkömmlich war. Auch der Reichsführer SS, der die persönliche Schirmherrschaft über das Haus übernommen hatte, kündigte seinen Besuch zur Besichtigung auf Fehmarn an. Da Lina von seiner pedantischen Gartenbegeisterung wusste, jätete sie tagelang und achtete darauf, selbst kleinste Unkräuter zu entfernen. Himmler hat die Hausherrin trotzdem in schulmeisterlicher Art zurechtgewiesen: »Das muss aber noch raus!«[40]

Lina Heydrich hat den Reichsführer SS – zu Lebzeiten ihres Mannes – nicht geschätzt. Ihrer Meinung nach stellte der unmittelbare Vorgesetzte Heydrichs, nur ein Hindernis für den Tatendrang ihres Ehegatten dar. »Er [Heydrich] hat den Himmler vor sich her geschubst. Das ging ja nun mal nicht anders. Denn bei den alten Parteigenossen und auch bei Hitler hatte ja Himmler das Renommee ... deswegen musste er den Himmler wie einen Schild vor sich hertragen, ob er er ihn leiden konnte oder nicht ...«[41]

Die Karriere ihres Mannes als Leiter der Bayerischen Politischen Polizei und des Geheimen Staatspolizeiamtes (Gestapa) bedingte einen häufigen Wechsel der Wohnsitze.

Lina bewerkstelligte die Übersiedlungen zwischen München und Berlin jedes Mal allein – Heydrich war ihr dabei »nur im Weg«. Sieben Mal zog das Ehepaar um, bis es schließlich 1937 in Berlin-Schlachtensee eine längere Bleibe fand.[42]

Da keine Repräsentationspflichten zu erfüllen waren, genügte den Heydrichs ein kleines Haus. Es verfügte im Erdgeschoss über drei Zimmer mit anschließender Freiterrasse, Küche und Keller. Im Obergeschoss lagen Schlafräume und Gästezimmer. Im Dachboden fanden zwei Hausangestellte Unterkunft. Zu Heydrichs Geburtstag überraschte Lina ihren Mann mit einem Klavier aus dem in Auflösung befindlichen Konservatorium seines Vaters. In dem kleinen Hausgarten konnte Lina zum ersten Mal, wenn auch in bescheidenem Ausmaß, ihre landwirtschaftlichen Neigungen befriedigen: Sie setzte Obstbäume, pflanzte Hecken und richtete ein als Protest gegen das Stadtleben gedachtes Hühnerhaus ein. Die Kinder – am 28. Dezember 1934 kam der zweite Sohn Heider zur Welt – sollten auch in der Großstadt mit Tieren aufwachsen.

In Berlin-Schlachtensee hatten Heydrich und seine Frau zwar kaum Freunde, aber in Wilhelm Canaris, dem zwielichtigen Leiter der deutschen militärischen Abwehr, einen eigenartigen Nachbarn.[43] Die beiden Chefs rivalisierender Geheimdienste kannten einander schon lange und arbeiteten – im Gegensatz zu herrschenden Spekulationen – gut und eng zusammen.[44] Trotzdem suchten die beiden Meister ihres Faches, nachdem sie mit Verblüffung zur Kenntnis genommen hatten, dass ihre Grundstücke aneinander grenzten, den Zufall zu nützen. Zwischen Heydrich, dem kalten und gewissenlosen Techniker der Macht, und dem schrulligen, sensiblen, der Anthroposophie zugeneigten Canaris entspann sich als Resultat ihrer beidseitigen Überlegungen eine Freundschaft, die auch die Familien einschloss. Die zwei Canaris-Töchter spielten mit den viel jüngeren Heydrich-Söhnen. Gemeinsame Spaziergänge, Höflichkeitsbesuche und Essen in entspannter Atmosphäre förderten die amikalen Beziehungen wirkten sich auf das Verhältnis von Abwehr, Gestapo und SD positiv aus und resultierten schließlich in einem 10-Punkte-Vertrag zur Kompetenzabgrenzung. Es störte niemanden, dass sich der kleinwüchsige und für seine Marotten bekannte Canaris oft tagelang mit seinen Dackeln einschloss. Er tat dies, um mit ihnen zu spielen und zu plaudern. Von dem einseitigen Diskurs machte er sich Notizen, die er dann zu psychologischen Essays über die Tiere verarbeitete.[45] Lina Heydrich erinnerte sich an die nachbarlichen Kontakte: »Musikabende werden vereinbart: Erika Canaris und Reinhard Heydrich spielen zweite und erste Geige. Ein musikalischer Winter, eine Art bürgerlicher Besuch mit Instrumenten, folgt dem Beginn. Es ist eine schöne, friedliche Zeit. Die Männer treffen sich zum Ausritt im Grunewald ...«[46] Vor allem jedoch hatten Heydrich und Canaris ständig Gelegenheit, um unauffällig die Ansichten und Meinungen des Rivalen zu erforschen und auszuloten. Manchmal jedoch griff man allerdings auch zu drastischeren Mitteln – so ertappte Heydrich die Canaris-Tochter Eva einmal beim Durchwühlen seines Schreibtisches.[47]

Im März 1938 konnte Lina ihren Gatten in voller Aktion bewundern. Die Gelegenheit dazu bot sich beim Einmarsch deutscher Truppen in Österreich. Als Chef des Sicherheitsdienstes war Heydrich nach Wien geeilt, denn es gehörte zu den Aufgaben des SD, »der einmarschierenden Truppe unmittelbar zu folgen und analog zur Aufgabe im Reich die Sicherung des politischen Lebens zu übernehmen.«[48] Der dafür bestens gerüstete Heydrich veranlasste dann sofort nach dem »Anschluss« die Verhaftung zahlreicher österreichischer Regimegegner. Lina Heydrich machte die Dienstreise ihres Mannes mit, wohnte im Hotel Regina und berichtete aus dem besetzten Wien: »Wir beschließen ... ins Theater zu gehen. Es wird so etwas wie ›Tirol, du mein lieb Heimatland‹ gespielt. Die Schauspieler agieren in Trachten. Einige jodeln. Alles ist irgendwie traurig. Tränen fließen sogar. Zum Schluss wird eine Hakenkreuzfahne auf die Bühne getragen ...«[49] Als sich Heydrichs Mission hinzog – am 1. April 1938 ging der erste Häftlingstransport mit Funktionären des Schuschnigg-Regimes sowie mit Sozialisten, Kommunisten und Juden nach Dachau ab – wurde Lina ungeduldig.[50]

In der festen Überzeugung, dass ihr Mann zum Wohl der Österreicher wirke, schrieb sie: »Ich finde, dass es nun Zeit ist, Reinhard zu überreden, nach Berlin zurückzukehren. Sollen die Ostmärker doch mit ihrem Anschluss alleine fertig werden ... sie sind damit fertig geworden, und ich habe prächtige Menschen aus Graz und Umgebung kennen gelernt.«[51]

Im Lauf des Jahres 1938 ermöglichte Linas Finanzgeschick die Pachtung von Parlow, einem kleinen Jagdbesitz, der unmittelbar an den Forst Schorfheide des Reichsjägermeisters Hermann Göring grenzte. Nun war Lina Heydrich in ihrem Element. Sie widmete sich mit Unterstützung eines Försters der Hege des Wildbestandes, ließ Wege und Hochsitze anlegen und wurde nach bestandener Jagdprüfung eine leidenschaftliche Jägerin. Die Idylle Parlow währte allerdings nicht lange, da sich Reichsmarschall Göring von seinen Nachbarn gestört fühlte. In dem darauf folgenden Streit gab Heydrich, zum Ärger seiner Gattin, klein bei und räumte das Revier. Er »riss den Besitz Göring nicht aus den Zähnen«, wie es seine Gattin von ihm erwartete, sondern zeigte sich peinlich berührt, als Lina unflätig über den zweiten Mann im NS-Staate schimpfte: »Göring, dieser Schuft, dieser Fettwanst, das vollgefressene Stück Mensch kann nicht genug erraffen, kann einfach seinen Rachen nicht voll bekommen. Er ist doch nichts als ein schießwütiger Hund«.[52] Mit dem Ende von Parlow begann jedoch für Lina ein neuer Lebensabschnitt. Sie fand und kaufte Stolpshof bei Nauen, ein Jagdrevier mit einem verlassenen Bauerngehöft. Die dazugehörenden 20 Hektar Landwirtschaft durften allerdings laut nationalsozialistischem Erbhofgesetz nur von Bauern bewirtschaftet werden. Heydrich, der tausendfach alle moralischen Gesetze brach, achtete im Privatleben peinlichst genau auf die Einhaltung aller Vorschriften. Die Frau des Geheimdienstchefs schaffte auch diese Hürde. Sie fühlte sich in ihren agrarischen Ambitionen herausgefordert und absolvierte voll Eifer eine landwirtschaftliche Lehre, die sie mit einer Prüfung vor der Landesbauernkammer Brandenburg erfolgreich abschloss. Sie durfte danach den Titel »Neubäuerin« führen.

Lina war stolz auf die Berufskarriere ihres Mannes und verfolgte sie genau. 1937 konnte dieser – auf einem Fragebogen der Führerkartei[53] – schon zahlreiche Funktionen eintragen. Er war Chef des Sicherheitshauptamtes der SS, Chef der Sicherheitspolizei, Leiter des Reichskriminalpolizeiamtes[54] sowie Leiter der Geheimen Staatspolizei. Das Wort »Gestapo« erzeugte nicht nur in der Allgemeinheit, sondern auch bei etablierten Parteigenossen Angst. Sie fürchteten mit Recht, dass in den Panzerschränken des SD nicht nur die Umtriebe der Staatsfeinde, sondern auch ihre eigenen Sünden genau registriert würden. Außerdem wusste man, dass Heydrich in seinem tödlichen Eifer durch keinerlei persönliche Erwägungen zu stoppen war. So hatte er nichts unternommen, den SA-Führer Ernst Röhm, seinen einzigen guten Freund, den er kurz vorher zum Taufpaten seines ältesten Sohnes gewählt hatte, zu retten, als dieser auf Hitlers Befehl hin der Staatsräson geopfert und kaltblütig ermordet wurde.[55]

Der ohnehin kleine Freundeskreis um den Polizeichef zog seine Konsequenzen – Lina und Reinhard Heydrich wurden im NS-Gesellschaftsleben zu ängstlich gemiedenen Parias. Sie erörterten ihre Situation in langen Diskussionen: »... auch ich habe von meiner Vereinsamung gesprochen. Einmal hat er [Heydrich] meinen Kopf in seine Hände genommen, mich angesehen und gesagt: Brauchen wir überhaupt Freunde? Du bist doch mein bester Freund! Wir brauchen nicht zu teilen, mit niemandem. Machen wir weiter wie bisher!«[56] Das Ehepaar tröstete sich damit, dass es »in so einem negativen Beruf« eben keine Freundschaften gebe und man aufeinander angewiesen sei. Selbst bei offiziellen Einladungen studierte Heydrich misstrauisch die Liste der Anwesenden, um seine Frau dann vor einem Gespräch mit so genannten »schrägen Fürsten«, ihm verdächtigen Subjekten, zu warnen. Lina arrangierte sich dann mit ihrer Situation auf besondere Weise: »Das Alleinsein hat einen besonderen Sinn und Inhalt bekommen. Von da an lebte ich mein Leben mit den Gedanken, Wünschen und Träumen meines Mannes.«[57]

Ihre Identifikation mit dem Chef der Gestapo war eine gründliche. Die loyale Ehefrau verbrachte ihr weiteres Leben damit, die Taten ihres Mannes verharmlosend zu entschuldigen, plausibel zu erklären oder – wenn dies absolut nicht möglich war – rigoros zu verdrehen. In der Röhm-Affäre hätte Heydrich gar keine Wahl gehabt, als ihn und acht weitere SA-Angehörige nach einem dienstlichen Führerbefehl hinrichten zu lassen. Die Reichspogromnacht 1938 hätte ihren ahnungslosen Reinhard überrascht.

»Eines Abends, wir waren früh schlafen gegangen, wurde ich durch ein Klopfen an unserer Schlafzimmertür wach. Auf meine Frage, was denn los sei, erklärte Schmidt [Sturmführer Schmidt, der das Haus bewachte] ... ›Die Synagogen brennen!‹ ... ich weckte Reinhard ... nur notdürftig bekleidet fuhr er ins Amt ... erst nach Stunden kam er wieder ...« Bei seiner Rückkehr hätte Heydrich gesagt: »Goebbels hat es getan! Warum hat Goebbels das nur getan?«

Goebbels war tatsächlich der Initiator der so genannten »Kristallnacht«. Heydrich jedoch erließ in einem Fernschreiben an alle Staatspolizeileit-und Staatspolizeistellen Weisungen, denen zufolge die »Maßnahmen zweckmäßig anzupassen wären«. Demnach durften Synagogen nur in Brand gesteckt werden, wenn keine Brandgefahr für die Umgebung bestehe, jüdische Wohnungen nur geplündert und nicht zerstört werden sowie nur so viele – gesunde, männliche und wohlhabende – Juden festgenommen werden, als Hafträume vorhanden seien.[58]

Im Gegensatz zu vielen Frauen der NS-Elite war Lina an dem Beruf ihres Mannes nicht nur interessiert, sondern sie wollte in der Politik auch mitwirken. Das brachte sie oft in Konflikt zu der herrschenden NS-Ideologie von der zurückgezogen lebenden Gattin und Mutter. Als Heydrich 1939 in seiner Eigenschaft als Chef der Kriminalpolizei eine Tagung der internationalen Kriminalkommission plante, sah Lina endlich eine Chance zur Betätigung. Sie forderte – ein Novum im Dritten Reich – die Rolle der Gastgeberin und konnte alle Kritiker mit gewichtigen Argumenten überzeugen. Linas raffinierten Plänen zufolge sollte die weibliche Begleitung der Kongressteilnehmer im Rahmen eines harmlosen Damenprogramms in vertraulichen Gesprächen von Frau zu Frauen bespitzelt und über die Arbeit ihrer Männer ausgehorcht werden. Der Kongress kam nicht zustande – der Zweite Weltkrieg brach aus –, aber Linas Idee lebte weiter und wurde schließlich im »Salon Kitty« verwirklicht.[59]

Der deutsche Geheimdienst schuf dieses elegante Berliner Etablissement, um Staatsgäste, Diplomaten, aber auch Parteibonzen von attraktiven, eigens geschulten Prostituierten bequem ausfragen zu lassen. Im Keller saßen Heydrichs Techniker, die alle Gespräche mitschnitten.

Das Jahr 1939 sah den einstigen verschmähten Seeoffizier als Leiter des Reichssicherheitshauptamtes in voller Aktion. Er schuf eine Vorsorgepolizei, die überall »Volksschädlinge« witterte – kriminelle und politische –, sie listenreich aufspürte und ausmerzte. Für Lina Heydrich, die eifrige und begabte Mitarbeiterin der ersten Stunde, war in dieser hoch technisierten Männerbehörde selbstverständlich kein Posten vorgesehen. Sie fühlte sich übergangen und klagte, dass sie immer mehr den Kontakt zum »Amt« und den interessanten Geschehnissen verliere.

Der Lebensstil der Heydrichs war damals bereits luxuriös. Bei einem Jahresgehalt von über 20 000 RM gehörten finanzielle Sorgen der Vergangenheit an.[60] Man besaß die Häuser in Berlin und Fehmarn samt Personal, ein Landgut sowie einen Privatwagen mit Chauffeur. Dafür kämpfte Lina mit dem Problem der einsamen und vernachlässigten Frau, die ihren schweigsamen Mann nur mehr sporadisch an den Wochenenden sah. Sein geliebtes Hobby, die Fliegerei, konnte sie nicht mit ihm teilen, da ihr schon beim ersten Flug übel wurde. Der Gestapo-Chef erwarb einen Flugschein nach dem anderen und bestand schließlich die Prüfung als Jagdflieger. »Von einem Familienleben kann keine Rede mehr sein. Die Erziehung der Kinder, die Verbindung zu Eltern und Geschwistern ... all das muss ich allein bewältigen und verantworten. Und dann beginne ich Reinhard Vorwürfe zu machen ...«[61]

Eine Ehekrise bahnte sich an, als Heydrich zu Hause wie in seinem Amt auftrat: »... die eng stehenden blauen Augen blickten meist kalt, forschend und misstrauisch und irritierten oft durch flackernde Unruhe ... die Sprechweise war abgehackt, hastig, begleitet von herrischen Gesten ...«[62] In dieser Situation kam Lina Heydrich die Idee zur Gründung eines Sportvereins für »Gestapo-Frauen«. Ein Sportlehrer wird engagiert und bald folgt eine Anzahl von Frauen, die sich der Aufforderung der Gattin ihres Chefs nicht zu entziehen wagen, dem Freizeitangebot. »Nach der Stunde gehe ich zum Duschraum und fordere die Frauen auf, es ebenfalls zu tun. Keine rührt sich. So, als täte ich es täglich vor aller Augen, streifte ich meine Turnkleidung ab, ging nackt auf eine Dusche zu und zog die Schnur ... niemand wagte zunächst mir zu folgen ...«, berichtet Frau Heydrich.[63] Allmählich verloren die Teilnehmerinnen dann ihre Scheu, die Turnabende wurden ein großer Erfolg und manche der ambitionierten Damen legten sogar Prüfungen ab. Für sie hat Lina das silberne und goldene »Sportabzeichen der Gestapo-Frauen« gestiftet. Es wird geturnt und auch getanzt, nachdem sich eine ehemalige Tänzerin erbötig gemacht hat, die Damen in ihre Kunst einzuweihen. Schließlich veranstaltet der Verein einen »Kameradschaftsabend« in der Berliner Oper. Die Frauen, Bräute und Freundinnen der Männer der Geheimen Staatspolizei spielen dabei auf Linas Geheiß flotte Revuegirls und tanzen Cancan. Sie selbst jedoch produzierte sich, angetan mit schwarzen Strümpfen und hohen Lackstiefeln, als »Froufrou«.

Der Mann, dem diese Inszenierung galt, blieb jedoch weiter mit Ausreden aller Art dem ehelichen Heim fern. Die Vorwürfe seiner Frau schien er nicht zu verstehen. »Liebe Lina«, heißt es in einem Brief. »Ich glaube, dass so unendlich schwer für uns beide die letzten Wochen waren – besonders das Versinken deines Glaubens an mich hat mich in seiner unklaren Grundlage aufs Tiefste verletzt ...«[64]

Lina Heydrich gab die Versuche zur Rettung ihrer Ehe keineswegs auf, sondern beschritt nur andere Wege. Sie kümmerte sich intensiv um Walter Schellenberg, einen smarten, jungen Mitarbeiter mit gepflegten Manieren, der zu Heydrichs Amt gehörte und dem der Ruf eines Frauenhelden vorausging. Sie tröstete den unglücklich Verheirateten, ging mit ihm aus und begann mit ihm einen heftigen Flirt.[65] Als Schellenberg einmal spätabends von einem Treffen mit Lina Heydrich in seine Wohnung zurückkehrte, wurde er bereits von seiner Frau Irene erwartet, die ihm Salzsäure ins Gesicht schüttete. Die Ehe wurde 1941 geschieden. Dieser Szene folgte – nach Schellenbergs Erzählung – eine ebenso gespenstische mit seinem Chef. Heydrich lud seinen Untergebenen zusammen mit dem berüchtigten Gestapo-Schergen Müller[66] in ein Restaurant und verhörte ihn streng über den privaten Umgang mit seiner Frau. Dabei träufelte er ihm Gift in sein Glas, dessen Wirkung er – nach einem Geständnis Schellenbergs – durch ein Gegengift aufhob.[67]

Lina Heydrich jedoch verbuchte mit der von ihr als »Schellenberg-Theater« bezeichneten Affäre einen vollen Erfolg, denn der eifersüchtige Gestapo-Chef kehrte wieder in den Schoß seiner Familie zurück. Die Ehe sollte sich dann noch weiter festigen und wurde schließlich ausgesprochen glücklich, als am 9. April 1939 Silke, die erste Tochter des Paares, geboren wird. Walter Schellenberg ging später in Paris ein in seinen Memoiren unerwähntes, ansonsten jedoch viel beachtetes Verhältnis mit der Modeschöpferin Coco Chanel ein.[68]

Im August 1939 inszenierte Reinhard Heydrich den fingierten Überfall auf den oberschlesischen Radiosender Gleiwitz, wobei als Polen verkleidete SD-Männer den Senderaum stürmten, ein Aufruf zum Kampf gegen Deutschland in polnischer Sprache verlesen und Gefechtslärm simuliert wurden.[69] Diese unglaubwürdige Aktion sollte den Einmarsch deutscher Truppen in Polen rechtfertigen. »Er hielt dies für eine treffliche Kriegslist. Da hatte er keine Bedenken. Es scheint ihm sogar höllischen Spaß gemacht zu haben«, erinnerte sich Lina Heydrich.[70] Hitler jedenfalls hat seinem Helfer dafür am Abend des 1. September 1939 persönlich gedankt. Während »der Händedruck des verehrten Führers noch in der Hand brennt« – wie sich

Heydrich ausdrückte –, verfasste er für den Ernstfall sein Testament:

»Meine geliebte Lina! Meine geliebten Kinder! Als Soldat des Führers und als guter Mann und Vater muss ich alles bedenken ... Morgen früh 4.45 Uhr beginnt der Vormarsch der deutschen Armee, um 10 Uhr ist Reichstag. Ich glaube nicht, dass mir etwas zustößt. Sollte es das Schicksal doch wollen, so soll all mein Eigen dir gehören, Lina, du wirst es gut und gerecht für dich und die Kinder hüten ... erziehe unsere Kinder im Glauben an den Führer und Deutschland, in der Treue zur Idee der Bewegung, zur Härte in der Einhaltung der Grundgesetze der Schutzstaffel [SS], zur Härte gegen sich selbst, zur Güte, zur Großzügigkeit gegen die Menschen des eigenen Volkes, zur Härte gegen alle Feinde in Inland und Ausland, zur Verpflichtung den Ahnen und Enkeln gegenüber. Liebste Lina, ich mag Fehler haben. Ich habe Fehler gemacht, dienstlich, menschlich, gedanklich und in der Tat, ich habe dich unendlich lieb und ebenso übersehr liebe ich meine Kinder ...«[71]

Im Kreis der Frauen der NS-Elite genoss Lina Heydrich nur wenig Sympathie. Sie galt als herrisch, unhöflich und kalt. Man machte ihr den Vorwurf, aus Rechthaberei kleinliche Streitereien vom Zaun zu brechen sowie die ungeschriebene NS- Hofrangordnung zu missachten. Sie beging auch häufig das Sakrileg, Heinrich Himmler – mit dem sie später eine Seelengemeinschaft verband – nicht als »Mein Reichsführer« anzusprechen, und wies einmal ihren Chauffeur an, den Wagen von Frau Himmler zu überholen. Emmy Göring, die »First Lady« des Dritten Reichs, hat Lina Heydrich trotzdem lange zu ihren vorweihnachtlichen Einladungen nach Carinhall gebeten, bis der Streit um Heydrichs Jagdrevier dem ein Ende setzte.

Als Chef der Sicherheitspolizei und der Geheimen Staatspolizei bekleidete Heydrich den Rang eines Staatssekretärs. Vortragsrecht bei seinem »Führer«, der ihn allem Anschein nach mied, hatte er trotzdem keines. Der Dienstweg sah vor, dass alle Anliegen nur über den unmittelbaren Vorgesetzten, den Reichsführer SS, an Hitler herangetragen werden durften. Da die Heydrichs auch nicht zur Hautevolee des Regimes zählten, wurden sie nur zu den alljährlichen offiziellen Massenempfängen in der Berliner Reichskanzlei eingeladen. Dann aber begrüßte Hitler sie herzlich und mit ausgestreckten Armen, wobei er ausrief: »Welch ein schönes Paar. Ich bin beeindruckt!« Zu den Festspielen in Bayreuth, die Hitler jedes Jahr mit dem Diplomatischen Corps und einem kleinen Kreis von Auserwählten besuchte, hat man die Heydrichs auch nie gebeten. Dabei war der Geheimdienstchef sicherlich der beste Musikkenner unter den NS-Granden. Er hätte – im Gegensatz zu vielen Gästen, die sich langweilten – die Ehre zu schätzen gewusst und wäre noch dazu durch sein Aussehen positiv aufgefallen. Der Gestapo-Chef galt nämlich als die Inkarnation des idealen NS-Typs, als der »Siegfried-Typ« des SS-Mannes, wie er im Hofstaat Hitlers kaum zu finden war. Blond, hochgewachsen und langschädlig verkörperte er jene Art Mensch, die das NS-Regime durch »Verdrängungskreuzungen« züchten wollte. Und auch die norddeutsche Lina entsprach ganz dem NS-Frauenideal. Gerne hätten sich die Nazis einen Spiegel vorgehalten und darin nur Gesichter vom Schlag der Heydrichs erblickt! Der von vielen Parteigenossen empfundenen persönlichen Faszination des »Führers« ist jedoch weder Heydrich noch seine Frau erlegen. Bezeichnend dafür ist eine von Lina Heydrich wiedergegebene emotionslose Äußerung ihres Mannes: »Wenn der Alte Schwachsinn macht, bringe ich ihn um!«[72]

Ende September 1941, nach dem Versagen – offiziell war von Erkrankung die Rede – des bisherigen Reichsprotektors von Böhmen und Mähren Constantin von Neurath ernannte Hitler seinen General der Polizei zum Stellvertretenden Reichsprotektor – zum »Herzog Alba«, wie er angesichts der großen Schwierigkeiten mit den Tschechen meinte. Noch am selben Abend teilte Heydrich seiner Frau voll Freude mit, dass er »vom Führer nach Prag berufen werde, um dort Ordnung zu schaffen«. Lina reagierte verbittert: »Das war für mich furchtbar. Er war ja nie, nie zu Hause oder besser immer nur zu Besuch. Ich bin zehn Jahre mit Reinhard Heydrich verheiratet gewesen, aber ich glaube, davon war er sieben Jahre nicht daheim. Außer seiner Amtstätigkeit war er ja im Urlaub als Flieger im Krieg.[73] Dazu kamen die vielen Übungsflüge und dann das Fechten: jeden Tag vor Dienstantritt mindestens eine Stunde. Und am Wochende die Tuniere und Ausscheidungskämpfe ...«[74]

Als Lina eine Trennung in Aussicht stellte, beschwor ihr Mann sie, doch das Positive an der Situation zu sehen. Den Tschechen stellte sich Heydrich mit den Worten vor: »Ich habe der tschechischen Bevölkerung die Erkenntnis zu bringen, dass sie an den Realitäten ihrer Zugehörigkeit und ihres Gehorsams gegenüber dem Reich nicht vorübergehen kann.«[75] Schon bald nach Heydrichs Amtsantritt (27. September 1941) trafen Lina Heydrich und die Kinder im eleganten Salonwagen in Prag ein und fuhren unter starkem Polizeischutz auf den Hradschin, wo sie den linken Flügel der einstigen Habsburgerresidenz als prunkvolles Domizil bezogen. Die Lehrerstochter aus Fehmarn und diplomierte »Neubäuerin« hatte einen Gesinnungswandel durchlaufen. »Erhabene Gefühle« beherrschten sie und sie war mit Exzellenz anzusprechen. Ihr Mann jedoch ging mit der Verhängung von Ausnahmezustand, Standrecht und abendlicher Ausgangssperre an die »Lösung der Tschechenfrage«.

Auf der Suche nach einem standesgemäßen Wohnsitz in der Nähe von Prag will Lina Heydrich von dem idyllischen Schloss Jungfern-Breschan (Panenské Bř ež any) gehört haben. »Ich bat Reinhard dieser Sache nachzugehen ... vor Ostern [1942] fuhren wir nach dort und sahen ein herrliches Landschloss inmitten eines Parks, umgeben von Land und Wald, ein Traumschloss. Ein wenig Angst beschlich mich, als ich die vielen Räume besichtigte. Was macht man überhaupt mit 30 Zimmern, mit 7 Hektar Park-Garten? Ostern waren wir Herren des Schlosses ...«, erinnerte sich Lina Heydrich.

Tatsächlich war die aus dem Besitz des jüdischen Zuckermillionärs Ferdinand Bloch-Bauer stammende »Herrschaft Jungfern-Breschan« schon 1939 arisiert und auf Grund der guten Lage und des erstklassigen Zustands der Gebäude zum Dienstsitz des Reichsprotektors gewählt worden. Die Liegenschaft umfasste zwei Schlösser – eines aus dem Barock und ein historistisches[76] –, ausgedehnten Grundbesitz mit 125 Hektar Wald und eine große Gärtnerei. Die Heydrichs wählten das schöne, weiße Herrenhaus aus dem 19. Jahrhundert und führten, erstmals nach 10-jähriger Ehe, ein intensives Familienleben. Zahlreiche tschechische Dienstboten erledigten die Hausarbeit. »Jeder Diener hatte noch einen Diener. Das war eben noch sehr österreichisch«

und »es war wunderbar«, schwärmte Lina Heydrich Jahrzehnte später in der Erinnerung.[77] Neben der Bewirtschaftung ihrer Domäne pflegte die Frau des Reichsprotektors ihr Hobby – das Sammeln von altem Porzellan. Als daher Himmler seinen Chefadjutanten Wolff mit der Suche nach einem passenden Geburtstagsgeschenk für Lina Heydrich betraute, teilte man ihm mit: »Frau Heydrich kann erfreut werden durch Alt-Wiener-Porzellan, Marke blauer Bienenkorb aus klassizistischer Zeit. Heil Hitler.«[78] Der SS-Obergruppenführer Wolff beschränkte sich bei der Erfüllung seines schwierigen Auftrags nicht allein auf den Kunstmarkt, vielmehr durchforstete er auch die Bestände zahlreicher Museen. Die Direktion des Kunsthistorischen Museums in Wien bedauerte, kein Exemplar des gewünschten Porzellans zu besitzen. »Der Kunstmarkt in Wien ist derzeit vollständig erschöpft«, teilte die Geheime Staatspolizei mit.[79] »Im freien Verkauf sind derartige Gegenstände derzeit kaum mehr erhältlich. Unter den beschlagnahmten Sachwerten befindet sich ebenfalls ... kein Alt-Wiener Porzellan«[80]

Frau Heydrich bekam ihr Geschenk dann aus den reichen Sammlungen des ehemaligen Habsburgerschlosses Konopischt bei Prag, wo sich die großen Sammlungen des österreichischen Thronfolgers Franz Ferdinand befanden. Das Ehepaar Heydrich hat sich in Böhmen allerdings nicht derart schamlos bereichert, wie es zum Beispiel der Generalgouverneur von Polen, Hans Frank, tat. Ihm ging der Ruf voraus, Gemälde, Schmuck und Wertgegenstände von ungeheurem Wert an sich zu raffen. Wenn es jedoch um ihre Sammlung und die Einrichtung von Jungfern-Breschan ging, zeigte Lina Heydrich keine Skrupel. Während ihr Mann das Land befriedete, durchstreifte sie die böhmischen Schlösser und »entlehnte« Porzellan, Antiquitäten und antike Möbel.[81]

In ihrer Einstellung zur so genannten »Judenfrage« bezog das Ehepaar Heydrich divergierende Positionen, war sich jedoch in Bezug auf die zu setzenden Maßnahmen völlig einig. Lina deklarierte sich offen als Antisemitin und führte ihre Gründe an: »Für uns waren die vielen polnischen Juden, die ins Land kamen – anders als die polnischen Erntehelfer – Eindringlinge und ungebetene Gäste. Während die polnischen Schnitter sich in Baracken kasernieren ließen und nach getaner Arbeit wieder verschwanden, blieben die Juden im Land. Sie sprachen eine Art Deutsch, aber sie waren keine Deutschen, und sie nahmen Besitz ohne zu fragen ... das Zusammenleben mit ihnen verglichen wir mit einer erzwungenen Ehe, in der die Partner einander buchstäblich nicht riechen konnten. Merkwürdigerweise begriffen die Juden dies und ihr Fremdsein in unserem Land nicht, auch wenn ihnen der blanke Hass entgegenschlug. Hätte es damals Psychotherapeuten gegeben, hätten sie den Juden nur zum Auszug aus Deutschland raten können ...«

Heydrichs Vater hatte keine Vorurteile. Er verkehrte in Halle mit alteingesessenen, kultivierten jüdischen Familien und nahm schmunzelnd zur Kenntnis, dass er selbst als Jude galt. Auch sein Sohn Reinhard konnte lange Zeit zwischen den jüdischen und christlichen Honoratioren der Stadt keinen Unterschied erkennen. Er bewunderte die Juden als ältestes Kulturvolk der Welt, bis er dem Rassegedanken des Nationalsozialismus verfiel. Er glaubte dann, dass »nur im germanisch-deutschen Menschen biologisch

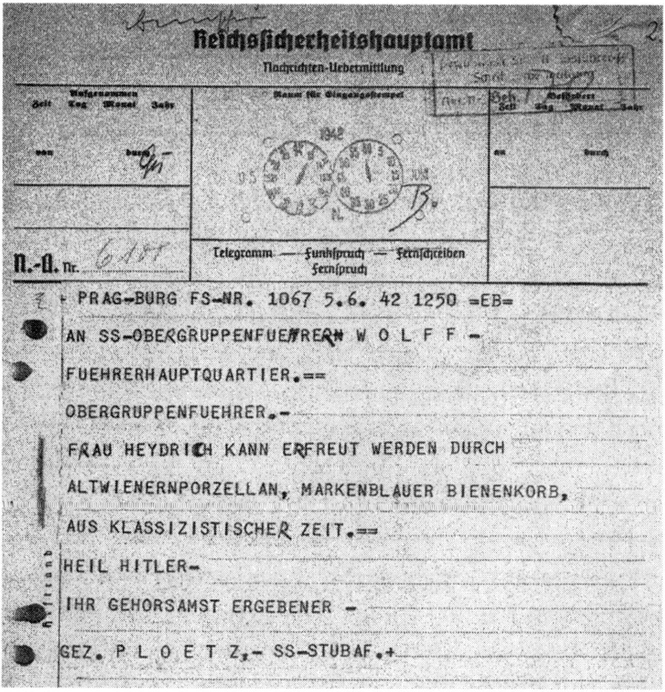

Reichssicherheitshauptamt
Nachrichten-Uebermittlung

Telegramm — Funkspruch — Fernschreiben
Fernspruch

N.-Ü. Nr. 6181

+ PRAG-BURG FS-NR. 1067 5.6. 42 1250 =EB=
AN SS-OBERGRUPPENFUEHRER W O L F F -
FUEHRERHAUPTQUARTIER.==
OBERGRUPPENFUEHRER.-
FRAU HEYDRICH KANN ERFREUT WERDEN DURCH
ALTWIENERNPORZELLAN, MARKENBLAUER BIENENKORB,
AUS KLASSIZISTISCHER ZEIT.==
HEIL HITLER-
IHR GEHORSAMST ERGEBENER -
GEZ. P L O E T Z,- SS-STUBAF.+

Geburtstagsvorbereitungen – Adjutant Wolff sondiert im Auftrag Heinrich Himmlers Lina Heydrichs Wünsche (1942).

höchste Grundwerte zu finden seien und die Juden wie Blutsauger am deutschen Volkskörper klebten«.[82]

Am 31. Juli 1941 bekam Heydrich jenen Auftrag, der sich, wie seine Frau meinte, als »größte Anschuldigung und Belastung herausstellen sollte.«[83] Es handelte sich dabei um die »Gesamtlösung der Judenfrage«[84], die er von der Auswanderung bis zur Ausrottung organisierte. Unter der Leitung Heydrichs (als Beauftragter für die Vorbereitung der Endlösung der europäischen Judenfrage) fand die berüchtigte Wannsee-Konferenz statt, auf der man am 20. Januar 1942 die erforderlichen Maßnahmen beschloss.[85] Lina gab die zynischen Aussagen ihres Mannes wieder: »Es handelt sich um die Organisation der Auswanderung aller europäischen Juden nach Zentralrussland ... Sibirien ist nicht das Land des Schreckens ... Dort gibt es alles: fruchtbares Land, Erze, Mineralien. Sie [die Juden] sind intelligent und sie brauchen einen neuen Anfang. Wir wollen das Problem ein für alle Mal aus der Welt schaffen. Jetzt im Krieg bietet sich eine einmalige Gelegenheit ... natürlich wird ein großer Prozentsatz diese Umsiedlung nicht überstehen, besonders die alten Juden. Mit einem natürlichen Schwund müsse man rechnen ... die Juden, die wir nach dort bringen, werden sich einleben ...«[86]

Heydrich erblickte, nach Aussagen seiner Frau, in seiner Tätigkeit so etwas wie eine mit großen persönlichen Opfern verbundene Tat, die er um der Sache willen zu vollbringen hatte: »Und wenn ich ihn in Stunden der Verzweiflung bat, doch aufzugeben, sagte er, dass er dies weder wollte noch könnte. ›Ich fühle mich frei von aller Schuld. Ich kann mich zur Verfügung stellen; andere könnten egoistische Ziele verfolgen.‹«[87]

In Böhmen ging der neue Reichsprotektor nach einer kurz bemessenen Phase des offenen Terrors zur Konsolidierung der tschechischen Verhältnisse über. Er verbesserte die sozialen Bedingungen, ließ die Luxushotels für die arbeitende Bevölkerung räumen und zeigte der Arbeiter- und Bauernschaft Entgegenkommen.[88] Hitler lobte seinen Adlatus, dessen Amtsführung sich positiv von der seines Vorgängers unterschied. Besorgt registrierten die alliierten Geheimdienste einen Zustand von politischer Apathie[89], in dem Ansätze zu wirksamen Widerstandshandlungen untergingen. Heydrich ließ auch das Prager »Rudolfinum« renovieren und als musikalisches Zentrum wieder erstehen. Im Mai 1942 veranstaltete er zu Ehren seines Vaters im Rahmen der Prager Musikwochen ein Konzert, bei dem ein Quartett Kompositionen von Bruno Heydrich spielte. Die Aufführung fand am Donnerstag, dem 26. Mai 1942, im Prager Palais Waldstein statt. Bei der Ankunft des Reichsprotektors erhob sich das Publikum von den Plätzen und entbot den deutschen Gruß. Reinhard Heydrich und seine Gattin wirkten zufrieden und strahlten ruhige Gelassenheit aus.

Am Morgen des 27. Mai 1942 verabschiedete sich Lina Heydrich beim Portal ihres Schlosses von ihrem Mann, der zu seiner turnusmäßigen Berlin-Reise aufbrach, um dem »Führer« Bericht zu erstatten. Die Fahrt von seinem Wohnsitz nach Prag legte der Reichsprotektor und Chef der Geheimen Staatspolizei wie gewöhnlich im offenen Wagen zurück. Auch auf eine bewaffnete Eskorte hatte er verzichtet. Drei junge Männer erwarteten den Wagen in der Nähe der Stadtgrenze. Sie waren erst kurz davor in der Nähe von Prag mit Fallschirmen gelandet. Als Heydrichs Fahrzeug in einer engen Kurve bremste, warf einer von ihnen, Jan Kubis, eine Bombe, die unter dem Wagen explodierte. Heydrich wurde schwer verletzt, konnte aber noch aufspringen und mit seiner Pistole auf die Flüchtenden schießen.

Das Attentat, dem der Reichsprotektor zum Opfer fiel, war von tschechischen Exilkreisen unter der Leitung von Eduard Beneš in London geplant worden, wo man Heydrichs geschickte Pazifizierung mit wachsender Unruhe verfolgt hatte. Der Anschlag sollte aller Welt den entschlossenen Kampf der Tschechen gegen Hitler vor Augen führen. Lina besuchte ihren tödlich verwundeten Mann täglich im Prager Lubowka-Krankenhaus und brachte ihm selbst gekochte Bouillons. Nach mehreren Operationen schien es Heydrich allmählich besser zu gehen, als sein Zustand plötzlich in eine kritische Phase trat. Mit den Worten: »Geh zurück nach Fehmarn!« verabschiedete sich der Sterbende von seiner Frau. Am 4. Juni 1942 um 10 Uhr meldete der Rundfunk: »Der Obergruppenführer und General der Polizei[90], Chef der Geheimen Staatspolizei und des Reichssicherheitsdienstes, der Stellvertretende Reichsprotektor von Böhmen und Mähren, Reinhard Heydrich, ist heute seinen Verletzungen erlegen.«[91]

Hitler nahm am selben Abend in der Wolfschanze, seinem Hauptquartier in Ostpreußen, zum Tod Heydrichs emotionslos Stellung: »Männer vom politischen Format Heydrichs müssen sich klar darüber sein, dass ihnen wie einem Wild aufgelauert werde«, und sie müssen wissen, dass »unzählige Leute den Gedanken haben, wie sie sie umbringen können«. Die Unvorsichtigkeit, im offenen, ungepanzerten Wagen zu fahren, »sei ein Blödsinn gewesen, der der Nation nichts nützte«. Auf jeden Fall könne dies nur als »Dummheit oder reiner Stumpfsinn« bezeichnet werden.[92] In seiner offiziellen Gedenkrede würdigte Hitler seinen Geheimdienstchef dann als »Mann mit dem eisernen Herzen«.

Lina Heydrich, die kurz vor der Geburt ihres vierten Kindes stand, blieb den meisten Trauerfeierlichkeiten fern. Sie wurde bei dem mit großem Pomp nach einem Minutenprotokoll abgewickelten Staatsbegräbnis von ihrem Vater, ihrem Bruder und der Schwiegermutter vertreten. Heinrich Himmler führte die Heydrich-Kinder während der Zeremonie in der Prager Burg an der Hand. Man spielte die Trauermusik aus Richard Wagners »Götterdämmerung«, der »Führer« legte einen Kranz nieder, militärische Ehrenbezeugungen folgten. Für die Ergreifung der Attentäter wurde eine Prämie in der Höhe von einer Million Reichsmark ausgeschrieben.[93]

Die folgenden ungeheuer grausamen Racheakte des NS-Regimes, das die Ergreifung der Attentäter nicht abwartete, verstärkten den Hass auf die deutsche Besatzungsmacht und brachten damit die von den Organisatoren des Attentats erhofften Resultate. Ohnmächtige Wut erfasste die Bevölkerung, als das Standgericht Prag 936 und das Standgericht Brünn 395 Menschen zum Tod verurteilte. Aufgrund eines bloßen Verdachts, den man zu einem »unwiderlegbaren Beweis, dass die Bewohner dem in Betracht kommenden Täterkreis Hilfe angedeihen ließen« umfunktionierte, wurde das Dorf Lidice bei Kladno am 10. Juni 1942 dem Erdboden gleichgemacht, die männlichen Bewohner ermordet, Frauen und Kinder in Konzentrationslager verschleppt.

In der NSDAP herrschte die Auffassung, dass Reinhard Heydrich als Märtyrer im Dienst des Vaterlands gestorben sei. Lina Heydrich jedoch galt als »die Witwe des Reichs«. Heinrich Himmler, der Reichsführer SS und Herr aller Konzentrationslager, hatte in seiner Gedenkrede am Sarg des Verstorbenen versprochen: »Seiner Frau und den Kindern aber gehört unsere ganze Zuneigung und liebevolle Sorge. Wohlgeborgen sollen sie sein in der großen Familie der Schutzstaffel [SS]...«[94] Er selbst wurde der gewissenhafte Vormund der Heydrich-Kinder und Lina, die in der Nacht vom 22. zum 23. Juli 1942 als viertes Kind die Tochter Marte zur Welt brachte, nahm im NS-Staat einen bevorzugten Status ein. Neben einer hohen Pension (ca. 1900 RM) erhielt sie 200 000 RM aus Heydrichs Lebensversicherung. Nach dem Verkauf des Berliner Hauses und der Abgabe der Jagd Stolpshof verfügte die reiche Witwe bei der Deutschen Reichsbank über Konten in der Höhe von über 600 000 RM.[95] Das Schloss Jungfern-Breschan stand ihr zur mietfreien Benützung zur Verfügung und die Schenkung des Besitzes als »Erbhof« an die Hinterbliebenen des Reichsprotektors war im Gang, verzögerte sich jedoch durch immer neue Forderungen vonseiten Linas.[96] Man kam ihr in allem bereitwilligst entgegen und sie nutzte ihren Status – eine »politisierende Witwe« war das Regime jedoch nicht bereit zu dulden. Als Lina nach Dänemark, Frankreich und Norwegen reiste, Politiker traf und Vorträge hielt, schritt Himmler ein. »Sehr geehrte Frau Heydrich! Ich höre, dass Sie außer Ihrer Reise nach Dänemark noch größere Reisepläne haben. Ich darf Ihnen in aller Offenheit sagen, dass ich dies nicht für richtig halte ... Ich glaube, dass Sie innerlich zu dem großen Schluss kommen und sich durchringen müssen, aus dem reichen politischen Leben, in dem Sie mit Ihrem Mann gelebt haben, als mitwirkende Frau auszuscheiden ... Ich bitte Sie herzlich, haben Sie die Klugheit der Selbstbescheidung, seien Sie Bäuerin und nicht herumreisende und politisierende Witwe! Heil Hitler!«[97]

Der Rückzug aus dem öffentlichen Leben, wie er nach den NS-Vorstellungen für Frauen vorgesehen war, fiel Lina Heydrich allerdings schwer. Sie tröstete sich dann im Frühjahr 1944 mit einer Erholungsreise nach Südtirol. Himmlers persönlicher Stab organisierte die Fahrt im luxuriösen Stil,

Die Witwe des Deutschen Reichs – Lina Heydrich bei der Trauerfeier für ihren ermordeten Gatten in der Prager Burg (1942).

verschaffte Devisen und mietete für die Witwe, ihre Kinder und eine Freundin Zimmer im Parkhotel in Meran.[98]

Anfang 1944 hatte die Witwe des Reichsprotektors einen anonymen Brief mit Drohungen gegen ihre Person erhalten. Sofort eingeleitete Nachforschungen der SS brachten zwar keine Resultate, hatten aber die Abstellung eines SS-Einsatzkommandos mit Polizeihunden nach Jungfern-Breschan zur Folge.[99] Im darauf folgenden Sommer hat Lina Heydrich – was niemand sonst gewagt hätte – ihrem Sohn Heider die Teilnahme an der Hitler-Jugend aus Sicherheitsgründen verboten. Der örtlichen HJ-Stelle schrieb sie: »... sehe ich mich veranlasst, die Teilnahme am Dienst während der Kriegsdauer nicht mehr zu gestatten ... wenn der Reichsführer SS es für richtig hält, dass meine Kinder von einer Wache umgeben sind, kann mein Junge im Dienst der HJ nicht mutterseelenallein in Prag auf der Straße sein ... Sie werden es verstehen, dass ich selber einer solchen Nervenprobe, wie man es von mir am Sonnabend verlangte, nicht gewachsen bin.«[100]

Freund und Gönner Heinrich Himmler half, wo er konnte. Zu Weihnachten schickte er eine »Julkerze« und oft kamen Rosen. Für die Forst-, Garten- und Feldarbeit sowie für die im Schloss anfallenden Reparaturen stellte er Häftlingskommandos bereit.[101]

Die Verleihung von KZ-Häftlingen an förderungswürdige NS-treue Betriebe stellte damals keine Seltenheit dar. Die Firmen litten kriegsbedingt unter einem akuten Arbeitskräftemangel und profitierten davon, dass für die KZ-Insassen weder geregelte Arbeitszeiten noch lästige Schutzbestimmungen galten. Einsatz und Behandlung der zu Untermenschen deklarierten Häftlinge lagen ganz im moralischen Ermessen der Dienstgeber. Grausame Ausbeutung und Quälereien, selbst wenn diese Todesfälle zur Folge hatten, blieben ohne Konsequenzen.

Im Juli 1942 kamen 80 jüdische Insassen des Konzentrationslagers Theresienstadt nach Jungfern-Breschan. Sie wurden isoliert untergebracht und schärfstens bewacht. Der Einsatz von KZ-Häftlingen auf ihrem Besitz war für Lina Heydrich – wie sie in ihren Memoiren in unglaublicher Verdrehung der Tatsachen schreibt – eine große Überraschung, von der sie nichts geahnt hatte. Als sie mit ihren Kindern nach längerer Abwesenheit auf das Schloss zurückkehrte, stellte sie nämlich erstaunt fest: »... als wir dort eintrafen, tummelten sich im Schloss und davor zahlreiche

Männer in Sträflingskleidung. Was war passiert? ... hatte man ein Kommando Juden aus Theresienstadt nach Breschan gebracht. Sie waren im Pferdestall untergebracht, der weiß gekachelt, sehr geräumig und mit fließendem Wasser versehen war ... anfangs habe ich mir keine besonderen Gedanken gemacht. Erst als ein Jahr verging und die Leute noch immer da waren, befasste ich mich mit ihrem Da-

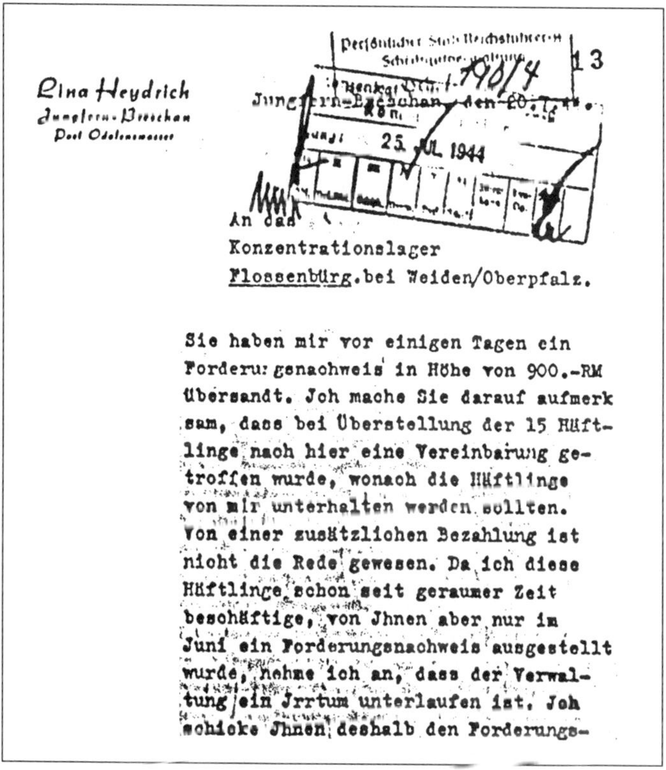
Lina Heydrich
Jungfern-Breschan

13

Jungfern-Breschan, den 20.7.

25. JUL 1944

An das
Konzentrationslager
Flossenbürg.bei Weiden/Oberpfalz.

Sie haben mir vor einigen Tagen ein Forderungsnachweis in Höhe von 900.-RM übersandt. Joh mache Sie darauf aufmerksam, dass bei Überstellung der 15 Häftlinge nach hier eine Vereinbarung getroffen wurde, wonach die Häftlinge von mir unterhalten werden sollten. Von einer zusätzlichen Bezahlung ist nicht die Rede gewesen. Da ich diese Häftlinge schon seit geraumer Zeit beschäftige, von Jhnen aber nur im Juni ein Forderungsnachweis ausgestellt wurde, nehme ich an, dass der Verwaltung ein Jrrtum unterlaufen ist. Joh schicke Jhnen deshalb den Forderungs-

Eine strittige Kostenfrage – der Einsatz von KZ-Häftlingen auf Lina Heydrichs böhmischem Gut.

sein.« Der Führer des Kommandos hätte sie dann aufgeklärt, dass diese Leute von der SS verpflegt und vom Bürgermeister des Ortes bezahlt würden. »... eines Morgens sah ich, wie einer dieser Arbeiter mit einer Peitsche geprügelt wurde. Ich habe es vom Fenster aus beobachtet – und bin sofort hinuntergelaufen.« Frau Heydrich will sofort eingeschritten sein und erfuhr, dass der Prügler ein Mithäftling, ein »Kapo« gewesen wäre. »Ich bat den SS-Führer diesen Einsatz zu beenden.«[102]

Die Korrespondenz der Witwe mit den Konzentrationslagern Theresienstadt und Flossenbürg ergibt ein anderes Bild.[103] Demnach hat Lina Heydrich – mit wohlwollender Unterstützung Himmlers – die Zwangsarbeiter selbst angefordert. Als die Theresienstädter Häftlinge vor Beendigung der Herbstarbeiten im September 1943 abgezogen werden sollten, protestierte sie energisch gegen den Verlust der billigen Arbeitskräfte und erreichte schließlich die Zuteilung von 15 Juden sowie einer größeren Anzahl von Bibelforschern und -forscherinnen aus dem KZ Flossenbürg. Diese wurden, wie auch die Theresienstädter, auf Schloss Breschan verköstigt. Darüber hinaus wäre eine tägliche Gebühr in der Höhe von 3 RM pro Häftling an das zuständige Konzentrationslager zu entrichten gewesen. Im eigenen Interesse achteten die meisten Arbeitgeber sehr darauf, im Geschäftsverkehr mit den SS-Totenkopfverbänden, denen die Führung und Bewachung der Konzentrationslager oblag, ihren Verpflichtungen gewissenhaft und pünktlich zu nachzukommen. Als jedoch Frau Heydrich zur Bezahlung der vorgeschriebenen Gebühr aufgefordert wurde, reagierte sie empört: »... Ich mache Sie darauf aufmerksam, dass bei Überstellung der 15 Häftlinge nach hier eine

Vereinbarung getroffen wurde, wonach die Häftlinge von mir unterhalten werden sollten. Von einer zusätzlichen Bezahlung ist nicht die Rede gewesen ... nehme ich an, dass der Verwaltung ein Irrtum unterlaufen ist ...«[104]

In der Folge kam es zu einem langen Schriftverkehr und heftigen Streitereien. Frau Heydrich beharrte auf ihrem Standpunkt, die Häftlinge lediglich um den Betrag von 0,60 RM täglich verpflegen zu wollen.[105] Schließlich resignierte der Chef des SS-Wirtschafts-Verwaltungshauptamtes, der SS-Obergruppenführer und General der Waffen-SS, Pohl: »... ich werde jetzt auf jegliche Bezahlung verzichten ... dies zur Information, falls Frau Heydrich beim Reichsführer SS interveniert ... die Kosten werde ich aus irgendeinem Fonds decken ...«[106]

Die Verwaltung Persönlicher Stab Reichsführer SS richtete schließlich das Sonderkonto »R« ein und übernahm die laufende Bezahlung. Frau Heydrich konnte auch noch die Entsendung von zehn weiteren Bibelforschern erreichen. Als nach dem Krieg die Frage der Behandlung der Zwangsarbeiter aufgerollt wurde, beschuldigte die tschechische Militärmission in West-Berlin – gestützt auf Dokumente und Bildmaterial – Lina Heydrich, Misshandlungen von Häftlingen auf Schloss Jungfern-Breschan angeordnet zu haben.[107]

Ein Jahr nach dem Tod ihres Mannes traf Lina Heydrich ein neuer Schicksalsschlag. Am 24. Oktober 1943 radelte ihr ältester Sohn, der damals 10-jährige Klaus, allein durch das Portal von Jungfern-Breschan. Er fuhr »Onkel Hildebrand«, einem zum Tee angesagten Gast, entgegen. Er hatte dazu die Erlaubnis der Mutter, da die wenig frequentierte Straße vor dem Schloss keine Gefahren zu bergen schien. Doch nach wenigen Metern wurde das Kind von einem

Lastwagen erfasst, niedergestoßen und überfahren. Klaus starb eine halbe Stunde später. In dem Telegramm an Himmler heißt es: »blitz-dringend, sofort auf den tisch – klaus heydrich verunglückte heute 17.15 uhr in jungfernbreschan tödlich.«[108] In der SS-Zeitung »Das Schwarze Korps« erschien eine kleine Todesanzeige.[109] »Meinen Sohn ließ ich im Park von Breschan beisetzen. Zu Allerseelen habe ich auf seinem Grab Kerzen angezündet und Weihnachten hat er einen Tannenbaum für sich bekommen. Ich war auf dem Wege, buchstäblich verrückt zu werden«, schrieb Lina dazu in ihren Memoiren.[110]

Ende 1944 wollte Lina Heydrich den Einsatz der KZ-Insassen auf ihrem Gut zur Dauereinrichtung machen. Sie dachte an eine Art von »Sklavenkolonie« und unterbreitete ihre Idee dem Reichsführer SS anlässlich seines Besuches. Himmler war begeistert: »Ihre Absichten sind eine psychologische Meisterleistung!«[111] Damit öffneten sich der fast euphorischen Witwe »ungeheure Perspektiven«: »Die Häftlingsangelegenheit hat bei mir eine riesengroße Aufregung und Neuplanung ausgelöst ... Wenn der Bescheid der Haftentlassung eintrifft, werde ich sie antreten lassen in ihrer jetzigen Kleidung, ihnen den Haftentlassungsbefehl vorlesen und dann eine Rede halten, wonach sie es nur der übergroßen Güte des Reichsführers zu verdanken haben ... Dann werde ich einige Statuten ausgearbeitet haben, wonach sie sich verpflichten, der Herrschaft Jungfern-Breschan treu zu dienen, treu und arbeitsam zu sein. Dieses werden sie alle unterschreiben. Dann werden sie ihre Kleidung wechseln dürfen und so in Zivilkleidung ein Festessen einnehmen ... Im Lauf der Zeit werde ich um die Genehmigung bitten, dass die Angehörigen nachkommen dürfen.

Das wird meines Erachtens etwas schwierig sein, da die meisten auch im Lager sitzen. Die Arbeitsaufteilung macht mir noch sehr viel Kopfzerbrechen, weil ich mir aus diesen Männern einen Stamm verlässlicher Menschen heranziehen will, die ich dann nach Ablauf der Pacht auch für die anderen Betriebe verwenden kann ... Ach Reichsführer, ich weiß gar nicht, wo mir der Kopf steht ... deshalb möchte ich Ihnen noch einmal von Herzen danken. Mit meinen Kühen scheint es jetzt auch voranzugehen ...«[112]

Die auf dem Heydrich-Besitz arbeitenden KZ-Häftlinge fürchteten nichts mehr als eine Rückkehr in die von der Devise »Vernichtung durch Arbeit« beherrschten Konzentrationslager und gaben dies auch zu verstehen. Lina Heydrich fühlte sich als Wohltäterin. Der Gedanke, dass die erpressten Dienstverträge der Exhäftlinge moralisch verwerflich und rechtlich ungültig sein könnten, ist ihr dabei nie gekommen. Im Januar 1945 demonstrierte die Gutsherrin als linientreue Nationalsozialistin in einem Brief an Himmler noch ungebrochene Zuversicht: »Unsere Arbeit geht weiter, die Gärtnerei wird in diesem Jahr um 6 ha vergrößert für Gemüseanbau ... Gleichzeitig wird eine Baumschule, insbesondere für Obst vorbereitet ... Mein Viehhandel mit Vorarlberg hat sich auf Grund der veränderten Bahnverhältnisse zerschlagen, ich bin deswegen gezwungen, irgendwelche Kühe aufzukaufen im hiesigen Raum, um im kommenden Wirtschaftsjahr hofeigenen Dünger zu haben. Heute geht mit gleicher Post ein Antrag auf gewerbemäßigen Vertrieb von Süßmost an die Wirtschaftsgruppe für Obst- und Weinbau ab ...«[113]

Nachdem die Witwe damit ihren Glauben an die Zukunft des Dritten Reichs bewiesen hatte, kam sie zur Sache:

»... Reichsführer, Sie wissen, dass ich nicht bange bin ... Sie werden es deshalb verstehen, wenn ich Sie heute bitte, mir falls der Krieg ein Hiersein nicht mehr erlaubt, rechtzeitig den richtigen Weg zu sagen. Mit mir bewohnen dieses Haus noch mehr deutsche Menschen und ich würde mir wie ein Feigling vorkommen, würde ich nur allein an meine eigene und meiner Kinder Sicherheit denken ...«[114]

In ihren Memoiren hat Lina Heydrich diesen Brief an Himmler aus ihrer Erinnerung wiedergegeben. Er lautet dann: »Ich habe gehört, im Führerhauptquartier herrscht Ostgotenuntergangsstimmung. Es sollen alle Führer Giftampullen mit Zyankali erhalten haben. Sie wollen sich durch den Tod allem entziehen. Ich hätte gerne gewusst, Reichsführer, was wir, die Frauen, tun sollen. Ich habe vor, wenn uns kein Schutz mehr gegeben werden kann, über den Böhmerwald und Bayerischen Wald nach Westen zu ziehen, und werde versuchen, meine Heimatinsel zu erreichen ...«[115]

Auf jeden Fall ist der Reichsführers SS auf die Sorgen Linas eingegangen. Auch ihm schien – am 7. Februar 1945 – eine Niederlage undenkbar: »... Ich habe die feste Zuversicht, dass es uns gelingen wird, erstens den Vormarsch der Russen abzustoppen, zweitens zurückzuschlagen und das verlorene Land wieder zu holen. Wir werden damit, so unwahrscheinlich das im jetzigen Augenblick erscheinen mag, im Lauf dieses Jahres, das ein Fortissimo des Krieges darstellt, diesen Kampf, weil wir nicht besiegt werden konnten, siegreich beenden ...«[116] Nach diesen Floskeln geht er auf das Hauptanliegen der Heydrich-Witwe ein: »... mit Ihren Gedanken und Maßnahmen für den Fall der äußersten Not bin ich absolut einverstanden.«

Mitte April 1945 überreichte Lina Heydrich ihrem Sohn Heider eine Kiste Zigarren. Mit diesem damals allgemein akzeptierten Zahlungsmittel sollte das Kind seine Kosten für Transport, Essen und Unterkunft nach Fehmarn finanzieren. Nachdem die Mutter ihren Sohn mit genauen Instruktionen und guten Ratschlägen versorgt hatte, schickte sie den noch nicht 12-Jährigen allein auf den Weg von Prag nach Fehmarn. Vier Monate später ist Heider, den die Besatzungsmächte etappenweise mitnahmen und mitleidige Menschen verpflegten, tatsächlich bei seinen Großeltern in Schleswig-Holstein angelangt. Das traumatische Erlebnis dieser schrecklichen Odyssee hat ihn durch sein weiteres Leben begleitet.[117]

Nach der Trennung von ihrem Sohn ist Lina Heydrich in einem von ihren »Häftlingen« zum komfortablen Wohnwagen umgebauten Lastwagenanhänger mit ihrer Tochter, deren Lehrerin und einem Fahrer nach dem Westen aufgebrochen. Vorläufiges Ziel war der Tegernsee, wo die Flüchtlinge in Rottach-Egern bei Frieda Wolff, der geschiedenen Ehefrau des SS-Obergruppenführers Karl Wolff, Unterschlupf fanden. Dort übergab Lina ihre Tochter einem vertrauenswürdigen Ex-Hitlerjugendführer, der sie zu ihren Großeltern auf Fehmarn brachte. Durch Zufall hatte die Witwe eine junge, soeben aus dem Lager Aibling entlassene Frau namens Lisa Hunger getroffen und pflegte die Bekanntschaft – im Hinblick auf die gleichen Initialen. Lina nutzte ohne Zögern die Gelegenheit, fälschte sich – mittels hartgekochtem Ei als Stempelträger – ein Entlassungsdokument des Internierungslagers Aibling und entzog sich damit der Verhaftung. Dann brach sie per Fahrrad, Anhalter und Zug gegen Norden auf. Ein halbes Jahr nach dem Aufbruch in Breschan endet auch Linas Odyssee im heimatlichen Fehmarn. Ihre Erleichterung ist allerdings kurz, denn sie muss bald feststellen, dass alte Bekannte ihr auf der Straße ausweichen, den gegenüberliegenden Gehsteig benutzen und von Reinhard Heydrich nur als Massenmörder gesprochen wird. Lina reagiert empört. »Wie Papiere gefälscht werden, weiß ich nicht erst seit gestern. Ich mache das nach meiner Ankunft auf Fehmarn natürlich weiterhin. Da ist zum Beispiel ein Mann, der aus dem Elsass kommt, wo er in Abwesenheit zum Tod verurteilt worden ist. Die Suchkommandos haben ihn nicht gefunden. Ich mache aus ihm kurzerhand einen anderen Mann. Er bleibt frei und überlebt. Mir hat das schließlich sogar Spaß gemacht. Es war für mich eine Reaktion auf all das, was uns nach unserer Meinung völlig zu Unrecht widerfahren ist.«[118]

Das »Unrecht« reißt jedoch nicht ab und Lina kann nicht, wie geplant, ein neues Leben als unbekannte Privatperson beginnen. Entnazifizierungsverfahren werden eingeleitet und auch gegen sie beginnt »eine systematische Räuberei«: »Den Leuten wurde ihre Habe genommen. Ich gehöre zu denen, die alles verloren«, beschwerte sich die als Nutznießerin des nationalsozialistischen Regimes eingestufte Witwe Reinhard Heydrichs. Sie fühlte sich als Kriegerwitwe und Heimatvertriebene, reichte unermüdlich Gesuche um Unterstützung ein, wurde regelmäßig abgewiesen und klagte über die Feindseligkeit der Behörden: »So war das Gesetz 131, das die Versorgung der ehemaligen Soldaten regelte, kein Gesetz, das die deutsche Staatsbürgerin Lina Heydrich, die Witwe eines während des Krieges infolge eines Attentats verstorbenen Generals der Polizei, für sich in Anspruch nehmen durfte ... ich rutschte immer zwischen den Paragrafen hindurch ...« Ihren Lebensunterhalt verdiente sie durch Schwarzhandel und – kurzfristig – als Magd in Österreich, wohin sie sich in der Hoffnung auf eine neue Ehe begeben hatte. Als die Tschechoslowakei die Witwe beschuldigte, nach Heydrichs Tod den Mord an Tschechen veranlasst zu haben, und die Auslieferung verlangte, zog Linas Verlobter Leopold von Zanetti im April 1946 sein Heiratsversprechen zurück. 1947 wurde Lina Heydrich in Prag in Abwesenheit zu lebenslangem Zuchthaus verurteilt.[119]

1953 erhielt Lina Heydrich ihr Haus auf Fehmarn zurück und gewann auch – in erster Instanz – einen Prozess um eine Witwenrente, nachdem das Oberversicherungsamt annahm, dass Heydrich in Prag »als Soldat gefallen« sei.

Lina Heydrich mit ihrer Tochter Marte als Zeugin vor der Berliner Spruchkammer (1960).

Das Bundesarbeitsministerium legte sofort Berufung ein und der von zahlreichen Gutachten unterstützte Streit zog sich Jahre hin.[120] Schließlich gewann Frau Heydrich in der Kanzlei des Rechtsanwaltes Dr. Robert Kempner, des ehemaligen Chefanklägers beim Nürnberger Kriegsverbrecherprozess, einen kompeteten Rechtsbeistand. Er erreichte, dass die – inzwischen mit dem finnischen Theaterdirektor Mauno Manninen verheiratete – Lina als Witwe eines Oberleutnants der Marine eine kleine Rente nach dem Versorgungsgesetz bekam.[121]

1960, 15 Jahre nach Kriegsende und 18 Jahre nach Heydrichs Tod, eröffnete die Spruchkammer Berlin-Wilmersdorf ein Sühneverfahren zur Regelung des Heydrich-Nachlasses und verfügte die Einziehung des Vermögens auf den Konten der Deutschen Reichsbank.[122] 1964 stellte auch die Lübecker Oberstaatsanwaltschaft das Ermittlungsverfahren wegen Anstiftung oder Beihilfe zum Mord ein und entkräftete damit die Vorwürfe des »Zentralkomitees des Verbandes der antifaschistischen Widerstandskämpfer« in Prag, dass Frau Heydrich nach dem Anschlag auf ihren Mann den Mord vieler tschechischer Personen veranlasst hätte.[123]

1965 hat Lina Heydrich, nunmehr Inhaberin der Pension »Imbria Parva« in Burg auf Fehmarn, ihr Haus ausgebaut und mit einer finnischen Gemäldeausstellung eröffnet. Als Gast begrüßte sie damals Winifred Wagner. 1976 ging die nunmehr 65-Jährige daran, die Geschichte ihres Lebens mit Heydrich aufzuschreiben. Dem Verlag, der sich dafür interessierte, schien es allerdings ratsam, der – von nationalsozialistischer Überzeugung strotzenden – Autorin den renommierten Historiker Werner Maser zur Seite zu stellen.

Man vereinbarte auch, dass Maser Linas Werk durch erläuternde Kommentare ergänzen würde. Die Memoiren erschienen unter dem Titel »Leben mit einem Kriegsverbrecher«, nachdem Lina Heydrich vergeblich versucht hatte, Masers kritische Anmerkungen zu unterdrücken. Sie löste dann das Problem, indem sie in den Exemplaren, die sie für Freunde und Bekannte bestimmt hatte, den ungewünschten Anhang herausschnitt.[124]

Am 14. August 1985 ist Lina Heydrich-Manninen im 75. Lebensjahr verstorben.[125]

Unity Valkyrie Mitford

Hitlers englische Walküre

8. August 1914–28. Mai 1948

Wie mir Frau Hoffmann liebevoll und ebenso taktlos mitteilte, hat er jetzt einen Ersatz für mich. Er heißt Walküre und sieht so aus, die Beine mit eingeschlossen. Aber diese Dimensionen hat er ja gerne, d.h., wenn das stimmt, wird er sie bald mager geärgert haben, wenn sie nicht das Talent hat, durch Kummer dick zu werden ...«, notierte sich Eva Braun am 10. Mai 1935 verbittert in ihr Tagebuch.[1]

Die Furcht der Geliebten Hitlers war nur allzu berechtigt. Tatsächlich stellte die 21-jährige blonde, schöne und üppige Unity Valkyrie Mitford, die Tochter von Lord Redesdale, eine höchst gefährliche Rivalin in dem Ringen um die Gunst des »Führers« dar. Zwischen Eva Braun, dem »Hascherl«, die als Verkäuferin bei Foto Hoffmann arbeitete, und der englischen Aristokratin, entbrannte ein stiller und zäher Kampf. Zu einer persönlichen Begegnung ist es nur ein einziges Mal gekommen.[2] Auch die Chancen waren ungleich verteilt. Während Lady Unity in den höchsten englischen und deutschen Gesellschaftskreisen verkehrte, musste Eva Braun im Hintergrund agieren und ertragen, dass man in Parteikreisen die Engländerin schon als »First Lady« an der Seite Hitlers sah.[3] Es war erst der Tod, der zwischen den Kontrahentinnen ein gemeinsames Band schuf – beide Mädchen begingen Selbstmord.

Unity Valkyrie wurde am 8. August 1914 als viertes von insgesamt sieben Kindern – sechs davon waren Mädchen – des David Bertram Freeman-Mitford, Lord Redesdale (1878–1958) und seiner Gattin Sidney geboren. Den kurz nach Ausbruch des Ersten Weltkriegs unpopulären Namen Valkyrie verdankte sie dem Großvater, Algernon Bertram Freeman-Mitford, erster Baron von Redesdale (1837–1916), der ein besonderer Verehrer der Musik Richard Wagners und Freund der Wagner-Dynastie gewesen war. Die Familie lebte nach Unitys Geburt auf dem ererbten Besitz in Batsford, Gloucestershire, einem Tudorschloss mit Ländereien im Ausmaß von 9000 Hektar. Als Batsford Park verkauft werden musste, zog man nach Asthall Manor und übersiedelte schließlich 1926 in das nach den ausgefallenen Plänen von Unitys Vater errichtete Swinbrook House. »Man vermutet eine Kaserne, ein Internat oder ein Irrenhaus ...«, schrieb Jessica Mitford über ihr Elternhaus[4], in dem spartanische Bräuche herrschten. So blieben die weiß getünchten Kinderzimmer auch im kältesten Winter ungeheizt und das Wasser fror in den altmodischen Waschschüsseln zu Eis.

Lady Redesdale hat ihre Sprösslinge bis zum achten Lebensjahr selbst unterrichtet. Dann wurden die Mädchen – Nancy (geb. 1904), Pamela (geb. 1907), Diana (geb. 1910), Unity Valkyrie (geb. 1914), Jessica Lucy (geb. 1917) und Deborah Vivien (geb. 1920) Gouvernanten überlassen. Keines der Mädchen besuchte längere Zeit hindurch eine Schule. Dies blieb Thomas, dem einzigen Sohn des Ehepaares, vorbehalten. Die Erziehung der Töchter durfte nach dem Willen der Mutter nicht mehr kosten als die von ihr persönlich betreute Hühnerfarm. Bei Unity wären die Eltern allerdings gern von ihren Grundsätzen abgewichen. Sie brachten ihre wildeste Tochter in den verschiedensten Instituten unter, man behielt sie jedoch nirgends. Doch wurde Unity – wie ihre loyale Mutter stets betonte – nicht hinausgeworfen, sondern stets nach kürzester Zeit gebeten, die Schule zu verlassen. Lady Redesdale wurde von Kindern und erwachsenen Zeitgenossen gleichermaßen als kalt, streng und unnahbar empfunden. Sie sprach stets mit beißender Ironie und ihr Sarkasmus war ebenso gefürchtet wie die rasch wechselnden Launen ihres Mannes. Lord Mitfords tobende, brüllende und zähneknischende Wutausbrüche waren legendär und kosteten ihn – nach Aussage der Töchter – pro Jahr zwei zermalmte Gebissprothesen. Das gut aussehende Ehepaar – die Kinder nannten den Vater Farve und die Mutter Muve – galt selbst für englische Adelige als extrem exzentrisch. So überquerten Lord und Lady Redesdale bis zum Ausbruch des Ersten Weltkriegs alle zwei Jahre den Atlantik, um in der kanadischen Provinz Ontario auf einem zu diesem Zweck erworbenen Grundstück monatelang nach Gold zu schürfen. Außer Geröll fand sich nichts und das Projekt wurde – wie eine Reihe anderer Unternehmungen – ein Misserfolg. Im Winter 1913/14, dem letzten Aufenthalt der Redesdale in Kanada, wurde Unity in der Goldgräbersiedlung mit dem – für die Zukunft des Kindes beziehungsvollen – Namen »Swastika« [Hakenkreuz] gezeugt.

Im heimatlichen England liebte Lord Redesdale strenge Abgeschiedenheit. Er verachtete alle so genannten Außenseiter, zu denen er »Hunnen« (Deutsche), »Frogs« (Franzosen), Amerikaner, Schwarze, Katholiken und Juden zählte. Nur den amerikanischen Schriftsteller Jack London hat der leicht erregbare Adelige aufrichtig bewundert. Londons Buch »Wolfsblut« war für Lord Redesdale nicht nur Lieblings-, sondern sogar Lebenslektüre. Er brüstete sich, niemals etwas anderes gelesen zu haben. Seinen Umgang beschränkte der Lord im Allgemeinen auf einige wenige »rotgesichtige und tweedverpackte« Nachbarn. Manchmal sah man Verwandte, darunter die Churchills, denn Lord Redesdale war ein Cousin von Clementine Hozier, die 1908 Winston Churchill geheiratet hatte. Ungebetene Gäste oder solche, die seinen Jähzorn herausforderten, wozu vor allem die Freunde der Töchter gehörten, bedrohte Lord Redesdale mit der Reitpeitsche und jagte sie aus dem Haus. Der starrsinnige Peer meinte auch, dass der eigene Besitz für die Bedürfnisse seiner Familie vollkommen ausreiche. »Swinbrook hatte viel von einer mittelalterlichen Festung, die aus der Sicht ihrer Bewohner insofern eine selbstgenügsame Unabhängigkeit besaß, als es weder nötig noch im Allgemeinen möglich war, ihr Gelände zu verlassen; alles, was den Alltag ausmachte, fand innerhalb von Swinbrook statt. Für Bildungszwecke gab es ein Schulzimmer mit Hauslehrerin, es gab Reitställe und einen Tennisplatz. Wir sieben Kinder sorgten selbst für gegenseitige menschliche Beziehungen, unsere Schlafzimmer dienten im Notfall als Krankenstation, wo sogar Operationen stattfanden und die Dorfkirche bot geistliche Tröstung – es war für alles gesorgt, entweder im Hause selbst oder ein paar Schritte entfernt«, erinnert sich Jessica Mitford.[5] Manchmal vergnügte sich die Familie zum Erstaunen der Dorfbewohner mit »child hunt« (Kinderjagd), wobei die Töchter Fährten legten und dann vom Vater mit Bluthunden über die Äcker gejagt wurden.[6] Viele Familienfotos – mit einem gereizten Lord Redesdale, einer grimmigen Mutter und Kindern, von denen keines lächelte – geben einen realistischen Eindruck von der häuslichen Atmosphäre bei den Mitfords.

Die Kinder lebten von den Eltern getrennt und von Personal betreut im Obergeschoss von Swinbrook, wo sie einen eigenen Clan mit einer grausamen Hackordnung bildeten. »To tease and to annoy« war das Motto der lebhaften Mitford-Mädchen, die überzeugt waren, dass viele Schwestern den besten Schutz vor den Widrigkeiten des Lebens abgaben.[7] Unity, genannt »Boud«, die schon als Zwölfjährige sehr groß war und als Erwachsene ein Gardemaß erreichte, terrorisierte zusammen mit der älteren Nancy die anderen Geschwister. »Mit ihren großen, blauen Augen, dem starren Blick, den langen unbeholfenen Gliedmaßen, ihrem völlig glatten, flachsfarbenen Haar ... sah sie aus wie eine zottelige Wikingerin. Sie war der Albtraum der Hauslehrerinnen, von denen nur wenige ihrem erbarmungslos schlimmen Betragen gewachsen waren, sodass keine von ihnen es längere Zeit bei uns aushielt ...«, erinnerte sich Nancy Mitford.

Die Erzählungen der – literarisch sehr begabten – Mitford-Schwestern, in denen sie voll Eloquenz ihre Kinder- und Jugendjahre schildern, variieren beträchtlich. Was Nancy und Jessica als Martyrium empfanden, hat Diana romantisch verklärt. Die Wahrheit dürfte nach der Darstellung eines Außenstehenden in der Mitte zu suchen sein: »... zugegebenermaßen war Lord Redesdale eine gespaltene

Persönlichkeit. Ich glaube aber nicht, dass sich seine Kinder beklagen müssen. Ihnen gegenüber spielte er den Dr. Jekyll, war nachsichtig und sogar gefügig. Er erlaubte ihnen zu sagen, was immer sie wollten ... für Fremde hingegen war er Mr. Hyde ...«[8] Auf jeden Fall konnten die schrulligen Erziehungsmethoden die willensstarken Mitford-Sisters weder dämpfen noch entmutigen. Manchmal litten sie, meist aber genossen sie das Ungewöhnliche der friktionsreichen Beziehung zu Muve und Farve. Sehr früh traten die Teenager aus gutem Haus in die Fußstapfen ihrer Eltern. Diese stöhnten bald unter den wilden Töchtern, deren Skandal-Chroniken die Zeitungen füllten. »Wenn ich lese ›gewisse Töchter eines Lords‹, genügt mir das«, meinte die Mutter. »Es seid immer ihr.«

Kein Lächeln auf den Zügen – Unity Mitford (vorne links) mit ihren Eltern Lord und Lady Redesdale und Geschwistern (1921).

Am 30. Januar 1929 war die 15-jährige Unity zusammen mit elf anderen Mädchen – darunter Winston Churchills Tochter – Brautjungfer bei der englischen »Hochzeit des Jahres« in St. Margaret's, nahe der Westminster Abbey. Ihre schöne Schwester Diana heiratete damals Bryan Guinness aus dem Bier- und Whiskyimperium, dessen Großvater die ungeheure Erbschaft von 13,5 Millionen Pfund hinterlassen hatte. Der 24-jährige gut aussehende Bryan, Absolvent von Eton und Oxford, ein Jurist mit literarischen Neigungen, galt in den Adelskreisen Englands als die beste Partie auf dem Heiratsmarkt. Sein Vater, Walter Guinness, der erste Lord Moyne, war Landwirtschaftsminister und behielt gleichzeitig die Interessen seines Konzerns im Auge. In der Zeit der großen Wirtschaftsdepression war es ihm möglich, das junge Paar – abgesehen von einer großzügigen Apanage – mit einem Stadthaus im Londoner Westend, einem schlossartigen, kostbar dekorierten Landsitz mit Swimmingpool sowie einem cremefarbigen Bentley auszustatten.[9] Lord Redesdale mit seiner grundsätzlichen Abneigung jungen Männern gegenüber war von der Heirat seiner Tochter nicht angetan. Ihm missfiel auch, wie Diana und Bryan Guinness in der mondänen Londoner Highsociety den Ton angaben, auch dass die Boulevardpresse über Dianas Maskenfeste, viktorianische, griechische, römische und Wildwestpartys, Zirkuspartys, fast nackte Feste und Schatzsuchen berichtete. Angewidert musste er hören, dass die Gäste zu Dianas frivolen Babypartys in Strampelanzügen und in Kinderwägen erschienen.[10] Im April 1932 übersiedelte das elegante Paar nach Chelsea, in ein großes Haus an der Themse, mit einem riesigen Park, der sich bis zur Themse erstreckte. Dort gab das Ehepaar im Juli 1932 einen Ball zur Einführung der knapp 18-jährigen Unity in die Londoner Gesellschaft.

»Es war eine warme Nacht und der Park mit den von unten angestrahlten Bäumen wirkte riesengroß. Ich weiß noch, wie Winston Churchill ein großes Gemälde von Stanley Spencer schmähte ... ich trug ein hellgraues Kleid aus Chiffon und Tüll und sämtliche Diamanten, die ich hatte. Wir tanzten, bis ein rosa- und orangefarbener Sonnenaufgang den Fluss vergoldete ...«, notierte sich Diana.[11]

Unity war damals zu einer Debütantin von alarmierenden Maßen herangewachsen. Über 1 Meter 80 groß und mit einer üppigen blonden Haarmähne ausgestattet, überragte sie auf Dianas Ball und auch auf den diversen Veranstaltungen für Debütantinnen ihre Altersgefährtinnen »wie ein gewaltiger Weihnachtsmann die Spielzeugpuppen«. – »Ihrer Körpergröße entsprach eine übermächtige Persönlichkeit. Von uns Schwestern hielt sie mühelos den Rekord als jene, die am schwersten zu bändigen und kaum zu kontrollieren war ... wie ein riesiger Pfau glänzte sie in üppigen Brokat-Abendkleidern und falschen Juwelen. Zur Bestürzung meiner Mutter kaufte sie bei einem Theaterausstatter eine Tiara, besetzt mit unechten Perlen und falschen Diamanten. Sie war grundsätzlich darauf aus, zu schockieren ... sie stahl [bei ihrer Präsentation] im Buckingham-Palast Briefpapier und benutzte es, um ihren Freunden zu schreiben ... sie nahm eine zahme Ratte zu Tanzabenden mit ...«, schrieb Jessica voll Bewunderung über ihre Schwester.[12] Trotz aller Eskapaden wurde Unity von den vornehmsten Familien eingeladen, tanzte auf Bällen der Lords Rothschild, Salisbury und Waldorf Astor, nahm an Diners bei »Cousin« Winston Churchill teil und wurde oft in den Gesellschaftsspalten der Zeitungen erwähnt.

Im Sommer 1932 gaben Diana und Bryan auf ihrem Landgut Biddesden jenen Maskenball, der das Leben aller Mitfords nachhaltig und radikal verändern würde. Unter den zahlreichen Gästen befand sich nämlich der Millionär Sir Oswald Mosley, ein Politprofi, der damals schon auf eine wechselvolle politische Laufbahn zurückblicken konnte.[13] Nachdem er konservative und liberale Interessen vertreten hatte, war der reiche Playboy Sozialist geworden und schließlich 1929 Minister einer Labour- Regierung. 1931 kehrte Mosley – nach der Ablehnung seines Wirtschaftsprogramms, des so genannten »Mosley Memorandums« – auch der Labour Party den Rücken und gründete eine eigene Partei. Mit der nach dem Vorbild der deutschen NSDAP organisierten »New Party« und einer dazugehörenden Schlägertruppe »Active Force« trat er zu den Unterhauswahlen an. Er bekam nur 0,2 Prozent der Stimmen und löste die Partei noch am Wahltag auf. Mosleys Leitbilder waren Julius Cäsar und Benito Mussolini. Letzteren konnte er in Rom besuchen, wobei er den Rat erhielt, sich zum Faschismus zu bekehren. Das tat Mosley auch. Seine schöne Frau Cynthia, die Tochter von Lord Curzon, dem ehemaligen Vizekönig von Indien, bestärkte ihn dabei. Sie war ihrem Mann in allen Stadien seiner politischen Karriere loyal zur Seite gestanden – bis er sie schließlich verließ. Auf dem Kostümfest der Guinness im Stil des 18. Jahrhunderts in Biddesden traf Mosley – schon ganz in faschistisches Schwarz gekleidet – nämlich Diana Guinness.

»Er hatte alles«, schwärmte Diana noch 44 Jahre später in ihrer Autobiografie mit dem passenden Titel »A Life of Con-

Lady Unity Mitford in britischer Faschistenuniform.

trasts« (Ein Leben voller Kontraste). »Er war gut aussehend, generös, intelligent und voll Lebensfreude. Natürlich verliebte ich mich in ihn und ich beschloss mein Leben mit ihm zu teilen.«[14] Sie verließ den Ehemann und bezog mit ihren zwei Kindern ein elegantes kleines Haus auf dem Londoner

Eaton Square. Sie schmiedete auch Pläne für ihr künftiges Leben als Freundin Mosleys und allein stehende Frau, denn für den englischen Faschistenführer kam Scheidung nicht in Betracht. Diana nahm daran keinen Anstoß. An den neuen Verhältnissen irritierte sie nur, dass ihr Esszimmer im Haus am Eaton Square für die gewohnten großen Feste wenig Raum bot. Die Eltern Redesdale jedoch reagierten mit Entsetzen, als sie hörten, dass ihre Tochter die Geliebte eines verheirateten, um 15 Jahre älteren Mannes geworden war. Ein von Lord Redesdale und Bryans Vater gemeinsam unternommener Bittgang blieb wirkungslos. Das Liebespaar war zu keiner Diskussion bereit und fürchtete auch den von der Boulevardpresse gierig aufgegriffenen Skandal nicht.

Im Juni 1933 wurde Unity Mitford mit dem Freund ihrer Schwester bekannt gemacht, dessen Gruß »Hail the Fascist!« ihr sofortiges Interesse weckte. Wie Diana, so schloss sich auch Unity begeistert der neu gegründeten (1. 10. 1932) British Union of Fascists (BUF) an. Die von sämtlichen Zeitungen des Medienzaren Lord Rothermere[15] unterstützte BUF war in allem und jedem ein Plagiat. Die Schwarzhemden kamen von der »Partito Nazionale Fascista«, die Fahne – mit kurzerhand halbiertem Emblem – von der deutschen SS. Das »Hail Mosley« der Blackshirts war eine exakte Kopie des »deutschen Grußes«. Mosley selbst ließ sich nach dem Vorbild Hitlers mit »Leader« anreden. Das Parteiprogramm erschöpfte sich in Mosleys Forderung nach absolutem Gehorsam. In der Parteizentrale, dem »Black House«, verzichtete man daher auf die Erstellung von Programmen und Statuten, orientierte sich ganz nach dem deutschen NS-Regime und hielt sich die »Fascist Defense Force« als Schlägertruppe. Die BUF-Führung war von einer baldigen faschistischen Machtübernahme überzeugt und dachte dabei optimistisch an den Sommer 1934: »Wir britische Faschisten glauben, dass unser Führer Sir Oswald Mosley genug Charakter, Intelligenz und Entschlossenheit besitzt, um unser Land aus dem Sumpf ... herauszuholen, in welchem es sich zu lange gewälzt hat. Bald werden die Straßen unter dem Tritt der schwarzen Bataillone hallen, bald werden wir der Welt zeigen, dass der Geist unserer Vorfahren noch in uns lebendig ist ...«[16]

Die »Blackshirts« zählten jedoch nie mehr als ca. 30 000 Mitglieder und blieben ebenso bedeutungslos wie die »Blueshirts«, ihre faschistischen Gesinnungsgenossen in Irland. Als Lord Rothermere merkte, dass die BUF nicht, wie er es erwartet hatte, mit den Konservativen gegen die Sozialisten agierte, distanzierte er sich bereits 1934 von Mosley und seiner radikalen Anhängerschaft. Mit dem Argument, dass Großbritannien nicht mit Deutschland zu vergleichen sei, zog er seine Unterstützung zurück – Hitler sah dahinter jüdischen Einfluss. Die Begeisterung der Unity Mitford für den Faschismus britischer Prägung blieb jedoch ungebrochen. So verkaufte die junge Aristokratin, die bis dahin jegliche Tätigkeit gelangweilt zurückgewiesen hatte, auf der Straße das BUF-Blatt »The Blackshirt« und nahm begierig alles auf, was Mosley von sich gab. Mit einer Freundin ging sie in das Londoner Kaufhaus »Selfridges« und ließ von ihrer Stimme eine Tonbandaufnahme machen. Sie schrie darauf den Slogan der BUF: »The Yids, the Yids, we gotta get rid of the Yids.« (Die Juden, die Juden, wir müssen die Juden loswerden.)

Während Lady Redesdale ihre Tochter in Kunstausstellungen oder bei Freunden wähnte, nahm Unity im schwarzen Kampfanzug – unter Anleitung von Sir Oswalds 60-jähriger Mutter, der Leiterin des Blackshirt-Frauenverbandes – an den Propagandamärschen der BUF im Londoner Eastend teil. Dort, in den Slums, erhoffte sich der »Leader« durch seine Angriffe auf Juden Unterstützung durch die Bevölkerung. Auch im ländlichen Swinbrook trat Unity im Blackshirt samt Gummiknüppel und Faschistenabzeichen auf. Ihr Zimmer dekorierte sie mit Hakenkreuzfahnen, Bildern von Hitler, Mussolini und Mosley. Zum Ärger der Eltern entbot sie bei jeder Gelegenheit den »deutschen Gruß« und verkündete lautstark ihre faschistischen Parolen. Lord Redesdale protestierte dagegen ebenso vergeblich wie gegen die Aufstellung der vielen Lenin-Büsten in seinem Haus. Sie stammten von Jessica Mitford, die ganz plötzlich ihre Liebe zum Kommunismus entdeckt hatte und das »rote Schaf« der Familie werden sollte.

Bei den BUF-Demonstrationen war Gewalt an der Tagesordnug. So mietete Mosley am 7. Juni 1934 die Olympia-Hall, die 13 000 Plätze fasste. Dort trat der von blonden Jünglingen flankierte Führer auf, gefolgt von fahnenschwenkenden Blackshirts. Den Daumen der linken Hand in seinen Ledergürtel gehakt, das Kinn hochgereckt und den rechten Arm ausgestreckt, imitierte er bis ins kleinste Detail sein großes Vorbild Adolf Hitler. Auch die Ausschreitungen erinnerten an die gewalttätige Atmosphäre der frühen NSDAP in München, denn Zwischenrufer wurden niedergeschlagen und malträtiert.

Die Theorien von Faschismus und Nationalsozialismus interessierten Unity kaum. Hingegen gefiel ihr die dröhnende Marschmusik, faszinierten sie die lärmenden Umzüge mit Standarten, Totenköpfen, Heil und Kampfrufen und der gemeinsame Gesang. Dies alles gab ihr das Gefühl, den prosaischen langweiligen Alltag durch turbulente Aktionen dramatisch zu beleben und das Establishment zu provozieren. Sie liebte auch ihre maßgeschneiderte Parteiadjustierung und litt sehr, als die britische Regierung 1936 ein Uniformverbot für politische Parteien erließ. Sehr bald wurde der englischen Aristokratin jedoch bewusst, dass die BUF nur einen schwachen Abklatsch der NSDAP darstellte und dass Mosley niemals an Hitler heranreichen würde. Frustriert wandte sie ihr Augenmerk Deutschland zu. Bei dem unter den Mitford-Schwestern beliebten Fragespiel »Was werden wir einmal tun?« hat sich Unity dann folgerichtig geäußert: »Ich gehe nach München, um Hitler kennen zu lernen!«[17], worauf Jessica konterte: »Ich laufe weg und werde Kommunistin!«, und Deborah verkündete: »Ich werde einen Herzog heiraten!«[18]

1933, kurz vor dem Parteitag der NSDAP im »Jahr der Machtergreifung«, fuhr die 19-jährige Unity in Begleitung ihrer Schwester Diana zum ersten Mal nach Deutschland und versuchte über den Auslandschef der NSDAP, Ernst »Putzi« Hanfstaengl, Kontakt zu Hitler aufzunehmen. Der hünenhafte »Putzi« war für die Schwestern kein Unbekannter. Sie hatten ihn als begabten Hobby-Pianisten auf einer Londoner Gesellschaft kennen gelernt: »Er stand vom Piano auf und schwärmte in fehlerfreiem Englisch von seinem Idol – für uns war kein Zweifel, dass ihm Hitler einfach alles bedeutete – als Freund und als Führer«.[19]

Hanfstaengl schreibt über das Wiedersehen mit den Mitford-Schwestern: »... jetzt kamen sie mit einem Empfehlungsschreiben des jungen Otto von Bismarck[20] nach Nürnberg, und zwar zu mir. Sie waren sehr hübsch, aber bis über die Augenbrauen derart zurechtgemacht, dass sie zu den neuerdings verkündeten Idealen deutschen Frauentums in krassem Widerspruch standen. Sie hatten die feste Absicht, bis zu Hitler vorzudringen. Auf dem Weg zu seinem Hotel ›Deutscher Hof‹ gab es so viele Kommentare von Vorübergehenden, dass ich mit den beiden Schwestern hinter einer Wurstbude in Deckung ging. Ich zog mein großes Taschentuch heraus und sagte: ›Meine Lieben, so geht es auf keinen Fall. Sie haben nicht die geringste Aussicht, ihn zu sprechen, wenn Sie sich nicht das Zeug vom Gesicht wischen.‹ ... Als ich die beiden angemeldet hatte ... wurden wir von Heß [Sekretär und Stellvertreter Hitlers] abgespeist ...«[21] Unity und Diana bedauerten sehr, dass sie Hitler zwar dreimal bei öffentlichen Auftritten bewundern, ihn aber nicht persönlich sprechen konnten.

Unitys Schwester Diana mit dem Auslandspressechef der NSDAP Ernst Hanfstaengel beim Nürnberger Parteitag 1934.

Als Mitglieder der offiziellen BUF-Delegation wohnten die Schwestern jedoch im September 1933 dem »Ersten Parteitag der NSDAP im Jahr des Sieges« (31. August bis 3. September 1933) bei.[22] Ein Foto zeigt sie in Blackshirts neben William Joyce.[23] Die perfekte Inszenierung der endlos vorbeiziehenden Kolonnen, vor allem der Arbeitsdienst mit den »glänzenden Spaten«, berauschte die beiden Mädchen: »Als jedoch Hitler erschien, ging es wie ein Schlag durch die Menge!«, schrieb Diana und Unity sagte zu einem Reporter des »Evening Standard«: »Als ich Adolf Hitler zum ersten Mal sah, wusste ich sofort, dass ich niemanden anderen lieber treffen würde!«[24] Ein empörter Brief der Eltern erreichte die Mädchen zu spät: »Wir brauchen dir wahrscheinlich nicht zu sagen, wie absolut entsetzt deine Mutter und ich darüber sind, dass du gemeinsam mit Boud die Gastfreundschaft von Leuten akzeptierst, die wir als eine mörderische Bande von Ungeziefern betrachten ...«[25]

Den Winter 1933/34 verbrachte Unity in Swinbrook unter anderem damit, ihre vielen Hitler-Fotos zu sortieren sowie in endloser Wiederholung und in dröhnender Lautstärke eine Schallplatte mit dem Horst-Wessel-Lied abzuspielen. Daneben verwandte sie große Energie darauf, die Eltern von den Vorteilen eines Sprachstudiums in Deutschland zu überzeugen. In der irrigen Annahme, dass ihre wilde und faule Tochter ehrliches Interesse an Weiterbildung bekunde, willigten Lord und Lady Redesdale schließlich zögernd ein und so reiste Unity in Begleitung von Rebell, ihrer großen schwarzen Dogge, sowie einer Menge weißer Mäuse im Frühjahr 1934 abermals nach München.[26] Dort trat sie in das vornehme Mädchenpensionat für höhere Töchter der Baronin Laroche in der Königinstraße ein. Das Institut war eine Kombination aus Sprachschule und Internat. An der Universität konnte Unity nicht inskribieren, da ihr die schulischen Voraussetzungen fehlten. Sofort nach der Ankunft schrieb sie an Hitler, bekam jedoch keine Antwort. Sie machte unter großen Mühen seine Privatnummer ausfindig, aber er war nie zu sprechen. Schließlich erfuhr Unity von ihrem Friseur[27], dass Hitler samt Gefolge mittags in der »Osteria Bavaria« zu speisen pflege. Das an der Pforte Schwabings, Ecke Schelling- und Schraudolphstraße gelegene Münchener Traditionslokal erfreute sich vor allem in der Künstlerwelt großer Beliebtheit. Hitler kam, weil dort eine österreichische Köchin ihre beachtlichen Fähigkeiten entfaltete. Unity brauchte sich jedoch nicht unter die hysterische Anhängerschaft des »Führers« zu mischen, die oft stundenlang vor dem Restaurant wartete, um ihr Idol sehen zu können. Eine großzügige väterliche Apanage – 100 Pfund im Jahr – erlaubte ihr nämlich, dort zweimal täglich ihre Mahlzeiten einzunehmen.[28]

Henriette von Schirach erinnerte sich: »Ich habe sie so in Erinnerung: groß, hellblond, hellblauer Pullover, weißer Faltenrock. Sie nahm an einem der Tische im Gärtchen der Osteria Platz, aber genau so, dass Hitler sie sehen musste.« David Pryce-Jones, der Unitys Leben genau recherchierte, hat es drastischer ausgedrückt: »Hitler war das einzige Ziel ihres Lebens ... mit der Dreistigkeit der englischen Oberschicht schaffte sie es schließlich. Sie ließ sich nicht abbringen, wo andere Hemmungen empfunden hätten ... sie war die Lady-Version einer Hure, die darauf wartet, angesprochen zu werden ...«[29] Auf jeden Fall saß Unity, neben sich die Deutsch-Lehrbücher[30], so lange in der Nähe von Hitlers Stammtisch, bis sich dieser schließlich am 9. Februar 1935 erkundigte: »Wer ist denn dieses Urbild einer Germanin?« Schließlich bat Hitler das Mädchen an seinen Tisch.

Unity hat die folgende Szene ihrer Schwester Diana geschildert: »... Ich stand auf und ging zu seinem Tisch. Er stand auf, schüttelte mir die Hand, grüßte ... wir sprachen mindestens eine halbe Stunde miteinander. Mona, die Kellnerin beugte sich zu mir und flüsterte: ›Soll ich Ihnen eine Fotopostkarte bringen?‹ ... Er ließ mich meinen Namen auf einen Zettel schreiben, was ich, wie du mir glauben kannst, mit zitternder Hand tat, und schrieb dann selber ›Fräulein Unity Mitford, zur freundlichen Erinnerung an Deutschland und Adolf Hitler‹. Ich kann dir nicht alles schreiben, worüber wir sprachen ... er habe das Gefühl, London durch seine Architekturstudien gut zu kennen, und aus dem, was er gehört und gelesen habe ... sei London die beste Stadt der Welt ... nie wieder dürfe es dem internationalen Judentum erlaubt werden, zwei nordische Rassen gegeneinander zu hetzen ... schließlich musste er gehen. Den Zettel mit meiner Adresse steckte er ein ... meinen Lunch ließ er auf seine Rechnung setzen. Du kannst dir vorstellen, wie ich mich fühle. Ich bin so glücklich, dass ich am liebsten sterben möchte. Ich glaube, dass ich das glücklichste Mädchen der Welt bin. Und ich habe nichts geleistet, wodurch ich diese Ehre verdient hätte.«[31]

Auch Hitler fühlte sich geschmeichelt, dass eine Angehörige der von ihm bewunderten britischen Oberschicht nur seinetwegen nach Deutschland gereist war.[32] Sein Interesse an der jungen und schönen Engländerin mit dem bezeichnenden Namen vertiefte sich, als er überrascht feststellte, dass Unity Valkyrie Mitford seine Lieblingsidee, ein Bündnis der englisch-deutschen Herrenvölker, vertrat. Nach Hitlers Auffassung lebte in England eine »wunderbare Menschenauslese, jedoch nur in den oberen, aristokratischen Schichten«.[33] Großbritannien selbst spielte in Hitlers politischen Plänen eine große, schon in »Mein Kampf« genau definierte Rolle.[34] Bis in die Mitte der Dreißigerjahre schwebte ihm eine Allianz vor, bei der in einer strengen Interessenaufteilung dem Deutschen Reich das europäische Festland und dem Empire die Weltmeere als Machtsphären zugewiesen werden sollten.[35]

Anfang April 1935 erhielt Unity zusammen mit zwei weiteren Damen mit englischem Hintergrund – der Herzogin von Brunswick, der einzigen Tochter von Kaiser Wilhelm II., und Winifred Wagner, der Herrin von Bayreuth – eine Einladung zum Essen in Hitlers Privatwohnung auf dem Münchner Prinzregentenplatz. Auch Sir Mosley wurde damals zum ersten Mal vom »Führer«, der ihn Unity gegenüber »als ganzen Kerl« lobte, empfangen.[36] Und bereits am 10. April sah man Unity an der Seite Hitlers bei dem großen gesellschaftlichen NS-Ereignis des Jahres: der Hochzeit von Hermann Göring mit der Schauspielerin Emmy Sonnemann.

Nach dieser Approbation durch den »Führer« öffneten sich die Häuser der besten Münchner und Berliner Gesellschaft für die englische Lady ganz automatisch. Unity wurde ein geschätzter Gast, in dem sich die ersehnte Anerkennung NS-Deutschlands im Ausland zu verkörpern schien. Sie verkehrte im prunkvollen, antiquitätengeschmückten Palais des reichen Verlegers Bruckmann und zählte Winifred Wagner und Helene Hanfstaengl, die Frau des NS-Auslandsprechers, zu ihren Freundinnen. Kam sie nach Berlin, dann wohnte sie in der Goebbelschen Privatresidenz auf der Halbinsel Schwanenwerder und segelte mit Magda Goebbels auf dem Wannsee. Meist jedoch wartete Unity wie auch ihre Rivalin Eva Braun in München auf einen Anruf von Hitlers Adjutanten, der sie in die Osteria rufen würde. Im Fall Evas sind die Telefonate damals ausgeblieben und das verzweifelte Mädchen nahm am 28. Mai 1935 eine Überdosis Schlaftabletten. Es war bereits ihr zweiter Selbstmordversuch.[37] Gut informierte, sensationslüsterne Parteifreunde haben Unity in Hinblick auf Hitlers Geliebte nicht lange im Unklaren gelassen. Dass ihr verehrter »Führer« mit einer Verkäuferin liiert sein sollte, schien der Adeligen jedoch vollkommen absurd. Von Zweifel und Neugier geplagt hat sie schließlich einen Film zum Entwickeln in das Fotogeschäft Hoffmann gebracht, um die Konkurrentin in Augenschein nehmen zu können. Der Anblick des schüchternen und einfach gekleideten Mädchens hatte Unity schon vollkommen beruhigt, als ihr Blick das Schuhwerk der Eva Braun streifte. Die sündteuren, in Deutschland nicht erhältlichen Kreationen von Ferragamo aus Florenz haben die luxusgewöhnte Engländerin jedoch sofort vom Wahrheitsgehalt aller Gerüchte überzeugt.[38]

Zur Festigung ihrer Position im NS-Staat schrieb Lady Unity jenen Brief an die ultraradikale Zeitschrift »Der Stürmer«, der internationales Aufsehen erregen sollte. »Lieber Stürmer!«, heißt es darin. »Ich spreche Ihnen als englische Faschistin meine Bewunderung aus. Seit einem Jahr lebe ich in München und lese den Stürmer jede Woche. Wenn wir doch solche Zeitungen auch in England hätten. Dort haben die meisten Leute keine Ahnung von der jüdischen Gefahr ... Da sie [die Juden] sich nicht herauswagen, können wir sie dem englischen Volk nicht in ihrer ganzen Entsetzlichkeit zeigen ... Wir sehen dem Tag entgegen, an dem wir mächtig genug sind, um zu erklären: England den Engländern! Weg mit den Juden! Mit deutschem Gruß! Heil Hitler! Unity Mitford!«

Der Brief erschien in der Juliausgabe 1935. Im Postskriptum stand, dass die Verfasserin keinen Wert auf Anonymität lege. Man möge ihren Namen vollständig zitieren, denn »alle sollen wissen, dass ich eine Judenhasserin bin«.[39] Es war ein Leserbrief ganz nach dem Wunsch des Herausgebers, des Gauleiters von Franken, Julius Streicher. Das von Unity geschätzte und in einer Auflage von bis zu 2 Millionen Exemplaren gedruckte Wochenblatt[40] enthielt Geschichten über jüdische Sexualverbrechen und Ritualmorde, verquickte Antisemitismus mit rassistischer Pornografie und war selbst linientreuen Genossen zuwider. In einflussreichen Parteikreisen forderte man die Einstellung des Machwerks.[41]

Erfreut über so viel Anerkennung vonseiten der englischen Aristokratin eilte Gauleiter Julius Streicher nach München, traf Unity Mitford und erkannte, dass die schöne Engländerin Hitler und der nationalsozialistischen Sache genau so willfährig dienen wollte wie viele ihrer deutschen Geschlechtsgenossinnen. Er lud die britische Faschistin daher zu der jährlich von ihm veranstalteten Sonnwendfeier auf dem Hesselberg, dem »heiligen Berg der Franken«[42], ein. Auf diesem nationalsozialistischen Brauchtumsfest feierte das »wiedererwachte Deutschland« sein Bauerntum, seine reichen Ernten, die Dörfer und die Unberührtheit von Gottes ureigenem Land. Dann hielt Unity vor über 25000 – die NS-Presse machte daraus 250000 – Menschen eine Rede zur englisch-deutschen Solidarität.

Mit Julius Streicher, dem glühendsten Antisemiten in der nationalsozialistischen Hierarchie, verband Unity Mitford bald eine enge und herzliche Freundschaft.[43] »Sie gehörte zu unserer Familie«, berichtete Elmar Streicher. »Sie konnte meinen Vater über eine direkte Telefonleitung anrufen ... in meinen Ferien traf ich Unity meist bei uns zu Hause ... übrigens war sie sehr groß, zwei Köpfe größer als mein Vater. Sexy war sie nicht. In der Redaktion des ›Stürmers‹ kannte Unity jeden, auch Fips [den Pornografie-Zeichner des Blattes]. Manchmal gingen mein Vater und Unity gemeinsam aus ... und einmal nahm er sie zur Inspizierung des Arbeitsdienstlagers in Ebermannstadt mit.«[44] In England erzählte Unity, dass der sadistische Antisemit eigentlich »lieb, wie ein Kätzchen sei«.

Es wirft ein bezeichnendes Licht auf den von skurrilen Subjekten ge-prägten Hofstaat Hitlers, dass man Unity mit offenen Armen aufnahm und sie sich dort innerhalb kurzer Zeit – als einzige Ausländerin – einen prominenten Platz in der NS-Gesellschaft erobern konnte. Mit ihrem forschen Auftreten erregte die junge Engländerin großes Aufsehen und überall verkündete sie unverdrossen ihre These von der englisch-deutschen Verbrüderung. In maßloser Selbstüberschätzung glaubte sie, dass der 1935 zwischen Deutschland und England geschlossene Flottenvertrag bereits ein Resultat ihrer Bemühungen zur Völkerverständigung sei. Das von dem späteren Botschafter in London Joachim von Ribbentrop ausgehandelte Abkommen gestattete Deutschland den Aufbau einer Kriegsmarine. Ihre Stärke durfte 35 Prozent der britischen Flotte ausmachen.[45] Der Vertrag wurde von Hitler sehr begrüßt. Er meinte, dass der »Beginn einer neuen Zeit« angebrochen sei mit »weiterer Zusammenarbeit«.[46]

Im August 1935 konnte Unity Mitford ihren 20. Geburtstag bereits mit vielen nationalsozialistischen Freunden feiern. Auch Diana Mitford war nach München gezogen, nachdem ihre Ehe im Sommer 1935 wegen erwiesenen Ehebruchs – »begangen von Mr. Bryan Guinness mit Miss Isolde Field im März 1935 in einem Hotel in Brighton« – rechtskräftig geschieden worden war. Der Ehemann hatte – ganz Gentleman – nicht nur alle Schuld auf sich genommen, sondern seine Exfrau mit der Bezahlung einer riesigen Abfindungssumme zur Millionärin gemacht. Sie konnte daher standesgemäß in einer schönen Münchner Biedermeierwohnung residieren, Besuche von Mosley empfangen und mit Unity – eher halbherzig – an der Universität einen Deutschkurs für ausländische Studenten belegen.

Ihren ersten Eindruck von Hitler hat Diana – an Stelle von Unity, wie sie sich ausdrückte – später beschrieben: »Hitler war zu dieser Zeit 45 Jahre alt, ca. 1 m 75 groß, weder dick noch dünn. Er hatte dunkelblaue Augen, eine helle Haut und feine, braune – stets gut gebürstete – Haare ... Er bot einen derart sauberen und ordentlichen Anblick, dass fast jeder neben ihm ungepflegt wirkte. In der Osteria war er in Zivilkleidung, trug einen grauen Anzug und einen weichen Hut, den er ›meinen Tschako‹[47] nannte. ... In dem kleinen Gasthaus konnte er sich entspannen ... Neben seinem Adjutanten, meist Brückner oder Schaub, waren oft ein paar alte Freunde, meist Männer, aber auch einige Frauen anwesend ... häufig Hoffmann, der Fotograf, und Herr Werlin von Mercedes-Benz. Es ging uns auf die Nerven, wenn sich die Konversation Autos zuwandte. Der Führer war höchst interessiert an Motoren und besaß augenscheinlich profunde Kenntnisse, wir aber langweilten uns. Wie viele Politiker liebte er es über Politik zu reden ... eine seiner Hauptinteressen galt der Architektur ... Albert Speer war oft an Hitlers Tisch ... Sein [Hitlers] Essen war karg. Als Vegetarier aß er Eier und Mayonnaise, Gemüse und Nudeln und trank Fachinger-Wasser. In der Osteria wussten sie genau, was er wollte. Zu Frauen war er außergewöhnlich höflich. Er verbeugte sich und küsste die Hand, wie das in Deutschland und Frankreich üblich ist. Solche Trivialitäten wären weiter nicht erwähnenswert, wenn es nicht die Menge von Publikationen gäbe, die Hitlers Unhöflichkeit und schlechte Manieren herausstreichen ... dass er die Konversation an sich riss, niemanden zu Wort kommen ließ, keinen Humor hatte und Torten verschlang ... es ist wert, diese kleinen Dinge zu korrigieren, soweit ich sie aus eigener Beobachtung her kenne.«[48]

1935 reisten Lord und Lady Redesdale nach Deutschland, um sich selbst ein Bild vom Treiben ihrer Tochter zu machen. Lady Phipps, die Gattin des britischen Botschafters, erinnerte sich: »Sie waren verzweifelt und konnten die Vorstellung nicht ertragen, dass ihnen Unity ganz entglitt ...«[49] Die Verzweiflung schwand bald, denn Unitys Eltern kamen, sahen und – wurden besiegt. Hitler bat sie in seiner Münchner Privatwohnung zum Tee. Lord Redesdale gewann er mit dem Lob der von ihm als paramilitärische Institutionen aufgefassten »Public Schools«, der »wundervollen Ausbildung« der englischen Söldnerheere, der Tapferkeit der britischen Soldaten und der englischen Rechtsauffassung.[50] Lady Redesdale fand in dem Vegetarier einen Gesinnungsfreund und erläuterte ihm genau, wie sie ihren Weizen mahlte und ihr Brot backte. Hitler lauschte aufmerksam. Sein großes Interesse schmeichelte der sonst so kühlen und unnahbaren Lady Redesdale. Sie fand ihn »nett und sehr gut erzogen«, wurde eine glühende Verehrerin des »Führers«, und da sie von einer einmal gefassten Meinung nie mehr abging, blieb sie es bis zu ihrem Tod. Die Gäste bekamen einen Mercedes zur Verfügung gestellt, man hofierte und umwarb sie. Den Nürnberger Parteitag erlebten sie auf der Ehrentribüne.

»Papa fühlt sich herrlich wohl unter den SS-Sturmführern«, schrieb Unity ihrer Schwester Diana. Als Unity Mitford auf dem »Reichsparteitag der Freiheit« (10. bis 16. September 1935) neben Hitler stand, war sie den deutschen Illustriertenlesern und den Kinogängern aus den Wochenschauen bereits ein Begriff, während man von Eva Braun – auch nach ihrem Selbstmordversuch nichts hörte.

Am 24. Oktober 1935 notierte sich der Propagandaminister Goebbels: »Bei ihm [Hitler] zum Tee. Mutter Mitford und Tochter, dann Magda, Maria und Helga [Frau Goebbels mit zwei Töchtern]. Der Führer spricht über das deutsch-englische Verhältnis. Seine Gedanken fassen innerlich Fuß.«[51]

Ins heimatliche England zurückgekehrt hielt der bis dahin als Deutschenhasser bekannte Lord Redesdale Reden im Oberhaus, in denen er von Hitlers Friedensliebe, seinen großen Erfolgen bei der Bekämpfung der Arbeitslosigkeit und dem sozialen Fortschritt im Dritten Reich berichtete. Damals konnte Unity ihren Vater überzeugen, dass sie für ihre Arbeit im Sinn der englisch-deutschen Freundschaft ein Auto brauche. Lord Redesdale schenkte ihr daraufhin einen MG-Sportwagen, den Unity mit dem Union Jack und einer von Hitler zur Verfügung gestellten Hakenkreuzfahne schmückte. Damit tourte sie als NS-Agitatorin im Kampfanzug der BUF durch Deutschland.

Bereits Ende 1935 wurde Lady Unity Mitford in die NSDAP aufgenommen. Hitler persönlich überreichte ihr ein spezielles Parteiabzeichen – mit seinem eingravierten Namenszug auf der Rückseite. Der »Führer« schenkte der englischen Mitarbeiterin auch sein Porträt mit persönlicher Widmung im Silberrahmen, das Unity wie einen Schatz hütete.[52]

In den folgenden Jahren diente Unity Mitford, die häufig zwischen England und Deutschland pendelte, dem »Führer« als kleine, jedoch nützliche Schachfigur seiner Politik und als persönliches Sprachrohr. Die willige Helferin konnte jederzeit eingesetzt werden. Ihr großes Engagement für das NS-Regime war nicht nur selbst-, sondern auch kostenlos. Bei Partei- und Propagandaveranstaltungen diente sie als Staffage und Aufputz. Über die Lady konnte man aber auch gezielte Indiskretionen in Englands höchste und einflussreiche Gesellschaftsschicht einschleusen, denn das Mädchen hatte Verwandte in allen großen Adelshäusern. Mit der Aufnahme Unitys in seinen innersten Kreis wusste Hitler den Wert seiner Informantin und die Wirkung seiner – zur Weiterleitung bestimmten – Äußerungen noch zu erhöhen. Militärische Geheimnisse erfuhr Unity allerdings nicht. Sie wurde vom »Anschluss« Österreichs ebenso überrascht wie von der Besetzung der Tschechoslowakei.

Das naive und hochmütige Mädchen hat die ihr zugedachte Rolle – als Täterin und Opfer zugleich – nie begriffen. Unity fühlte sich nämlich als bedeutende, geviefte, faschistische Politikerin und sonnte sich im Scheinwerferlicht der internationalen Presse, die alle ihre Meldungen vom Hof Hitlers in großer Aufmachung publizierte. Hitler betonte gern, dass ihm »politisierende Frauenzimmer« ein Gräuel seien. Im Fall der Unity Mitford schloss er jedoch einen Kompromiss mit seiner Vorstellung von der idealen NS-Frau. So konnte die Engländerin im März 1936 im offenen Mercedes des Generalfeldmarschalls von Blomberg den Einmarsch der deutschen Truppen in das entmilitarisierte Rheinland erleben. Danach verbreitete die Augenzeugin – wie erwartet – ihre positiven Eindrücke vom Jubel der Zivilbevölkerung in Großbritannien.

Als Mitglied der englischen »Highsociety« pflegte Unity ihr Klassenbewusstsein auch in Deutschland. Die im Umgang mit Parteigenossen notwendigen gesellschaftlichen Konzessionen machte sie in ihrem Privatleben nicht. Den Kontakt mit den »Lower classes« mied sie tunlichst. Standesgemäßen Umgang suchte und fand sie dann bei einem Freund ihres Bruders, den sie in München kennen lernte. Der damals 42-jährige Janos von Almasy stammte aus österreichisch-ungarischem Adel. Als großer Liebhaber der Astrologie, des Okkulten und Obskuren sowie der NSDAP war er ein Mann ganz nach Unitys Geschmack.[53] Almasy wiederum – ein großer Frauenheld – war erfreut, der jungen Engländerin das »imperiale« Österreich zeigen zu können und sie mit seinen vielen adeligen Freunden bekannt zu machen. Auf dem romantischen Landsitz der Almasys, Schloss Bernstein im Burgenland, wurde Unity bald Stammgast. Dort lernte sie auch Almasys gelähmte Frau Maria, eine geborene Prinzessin Esterházy, kennen. Nächtelang saß sie in dem skurril dekorierten Rittersaal – über dem offenen Kamin prangte die Aufschrift »Dracula« –, diskutierte mit dem Hausherrn über die Vorzüge des Nationalsozialismus und erzählte wichtigtuerisch NS-Anekdoten.

In Bernstein machte Unity auch die Bekanntschaft von Laszlo, Janos´ weit gereistem jüngerem Bruder, einem Mitglied der Royal Geographic Society, der sich als Flug- und Autopionier, Abenteurer und Saharaforscher internationalen Ruf erworben hatte. Seine Expeditionen hatten ihn unter anderem in die Libysche Wüste geführt, wo er die verschollene Oase Zarzura und eine Höhle mit prähistorischen Zeichnungen schwimmender Menschen entdeckte.[54] Im Sommer 1936 führte Laszlo, genannt »Teddy«, der englischen Besucherin seine Segelflugkünste in Gödöllö vor. Mit ihm und einer fröhlichen Aristokratenrunde, darunter Esterházys, Auerspergs und Erdödys, lernte Unity Budapest kennen, speiste im Kis Royale, lauschte im Café Ostende der Zigeunermusik und trank Whisky in der Arizona Bar. Nicht alle fanden die Engländerin sympathisch. »Sie war einfach und nett, solange man nicht mit ihr über die Nazis sprach«, erinnerte sich Tima Auersperg noch Jahre später, während ihre Schwester Hannah Mikes meinte: »Wir nannten sie die dänische Kuh, weil sie groß, stark und dumm war.«[55]

Laszlo von Almasy gehörte wie sein Bruder zu den überzeugten Anhängern des NS-Regimes. 1941 trat er Rommels Afrikakorps bei, wo er seine ausgezeichneten topographischen Kenntnisse dazu verwendete, Spione durch die Wüste nach Ägypten einzuschleusen. 1949 stellte er mit einem einmotorigen Flugzeug einen Weiterekord auf. 1951 starb der Abenteurer an einer nicht ausgeheilten Amöbenruhr in Salzburg. 50 Jahre nach seinem Tod sollte Laszlo von Almasy als Vorbild für den »Grafen Almasy« in dem Film »The English Patient« dienen und Weltruhm erlangen.

Von 1935 bis 1939 ist es zwischen Hitler und Lady Unity Mitford zu insgesamt 140 Begegnungen gekommen, die das Mädchen gewissenhaft mit roter Tinte in ihr Tagebuch eingetragen hat. Jede einzelne gab Anlass zu Spekulationen privater Natur. Am Liebesleben des »Führers« herrschte nicht nur in NS-Kreisen Deutschlands, sondern auch in Großbritannien großes Interesse. Bald zirkulierten heftige Gerüchte über ein intimes Verhältnis zwischen dem »Führer« und seiner englischen Freundin. Man fragte: »Is Unity in love with Hitler?«, und sprach von ihr als der zukünftigen Mrs. Adolf Hitler. Periodisch auftauchende Heiratsgerüchte wurden zwar von Lord Redesdale – wie es der Presse schien, eher halbherzig – dementiert: »Von einer Verlobung meiner Tochter Unity mit Herrn Hitler kann keine Rede sein« – um dann in NS-Manier die Schlagworte Goebbels' zu gebrauchen: »Der Führer lebt nur für sein Volk und hat für eine Ehe keine Zeit.«[56]

Doch selbst von den Mitford-Schwestern glaubten einige, dass Unity beabsichtige, den »Führer« zu heiraten.[57] Albert Speer, Hitlers Architekt und Rüstungsminister, äußerte dazu: »... Man konnte leicht erkennen, dass sie in Hitler total verliebt war. Sie strahlte ihn an, hemmungslos und ununterbrochen. Heldenverehrung. Absolut phänomenal. Und wahrscheinlich liebte es Hitler, von einer jungen Frau bewundert zu werden, denn sie war ziemlich attraktiv ... für Hitlers Umgebung war sie ein Ärgernis. Schaub wütete, weil er sie immer einladen musste. Und alle waren maßlos erstaunt, weil eine Ausländerin neben Hitler saß und Details über die Partei und die Außenpolitik erfuhr. Hitler kalkulierte seine Aussagen genau ... natürlich wäre sie mit ihm ein Verhältnis eingegangen, sie war mehr als bereit dazu ... aber ich zweifle, ob er mehr tat als ihre Hand halten.«[58]

Hitlers Heeresadjutant Gerhard Engel meinte hingegen: »Sie war niemals Hitlers Geliebte. Ich wüsste nicht, dass sie je mit ihm allein war.«[59] Unity selbst hat sich zu den Heiratsgerüchten nie geäußert. Ihrem schwärmerischen Verhalten nach zu schließen, hätte sie eine ernsthafte Werbung Hitlers – schon im Interesse der gemeinsamen Sache – kaum zurückgewiesen. Unitys Schwester Diana trat zur Ehrenrettung der Schwester an: »Meiner Meinung nach – und niemand kannte sie besser – war sie nicht in Hitler verliebt. Ihre Bewunderung und Zuneigung waren grenzenlos, aber sie war nicht verliebt. Was ihn betrifft, hatte er sie gern und sie amüsierte ihn. Die meisten Frauen waren in seiner Gegenwart überwältigt und schüchtern ... keine sprach mehr als ›Ja, mein Führer‹ oder ›Selbstverständlich, mein Führer‹ ... Unity war ihr ganzes Leben nie schüchtern. Sie sagte, was ihr in den Sinn kam ...«[60] Diana erwähnt außerdem, dass ihre Schwester einen ständigen Freund namens Erich bei der SS gehabt hätte und viele andere Männerbekanntschaften – alle in SS-Kreisen ... Das Verhältnis zu Hitler sei jedoch rein platonisch gewesen und Unity hätte auch Eva Brauns Rolle gekannt. Elmar Streicher vertrat die Ansicht, dass die Engländerin nicht mit Eva Braun zu vergleichen wäre, da sie »mit Hitler als Frau nichts zu tun hatte«.

Auf jeden Fall lud Hitler, unberührt von allen Gerüchten, seine englische Freundin für ein Wochenende[61] in sein privates Domizil auf dem Obersalzberg, wo Eva Braun als geheime Hausherrin galt, und machte die voneinander gut unterrichteten Damen auch persönlich bekannt. Beim abendlichen Berghof-Diner nahmen die beiden ihren »Führer« in die Mitte. Laut Tischordnung saß Eva, wie gewohnt, an seiner linken Seite, während »Ehrengast« Unity der Platz zu seiner Rechten angewiesen wurde.[62]

Mit ihrem großen Interesse für NS-Deutschland bildete die Familie von Lord Redesdale keinen Ausnahmefall, denn die überwiegende Mehrzahl der ausländischen Besucher Hitlers stammte aus Großbritannien.[63] Die so genannten »Pilgerreisen« der Engländer nach Berlin und auf den Obersalzberg setzten 1934 ein, wurden Jahr für Jahr mehr und erreichten 1937/38 den Höhepunkt. In Gesprächen mit britischen Politikern, Adeligen, Journalisten und Industriellen warb Hitler unermüdlich um die Gunst Englands und seine Bündnisidee, wobei er bei seinen Gesprächspartnern einen höchst positiven Eindruck hinterließ.[64] Die Liste der britischen Gäste umfasste unter anderen den Pressezaren Lord Rothermere, den Historiker Toynbee, den Luftfahrtminister Lord Londonderry, den Unterstaatssekretär Sir Vansittart, den ehemaligen Premier Lloyd George und den späteren Außenminister Eden. Sie alle fanden den Weg nach Deutschland um zu sondieren, aber auch um Hitler zu ermutigen. Viele dachten wie jener konservative Unterhaus-Abgeordnete, der in einem Leserbrief schrieb: »Warum dieses Misstrauen gegen Hitler? Warum diese Anstrengung, um irgendein finsteres Motiv in seinen Worten zu entdecken? ... Jede Hilfe, die Großbritannien geben kann, wird eine lebendige und dauernde Wirkung auf den Frieden haben und deshalb sage ich: Gebt Hitler eine Chance!«[65]

David Lloyd George, der ehemalige englische Premierminister, besuchte Hitler 1936 auf dem Obersalzberg und teilte danach Reportern mit: »Wir Fremde werden überwältigt, wenn wir dort hinkommen und uns umsehen. Nein, ich habe niemals gedacht, so etwas in irgendeinem Land Europas zu sehen ... in früheren Tagen sprach man von Amerika als dem Land der Wunderwerke – nun ist es Deutschland. Auch ich sage jetzt ›Heil Hitler!‹«[66]

Lord Londonderry, der britische Luftfahrtminister von 1931 bis 1935, reiste mit Gattin im Privatflugzeug allein 1936 viermal nach Deutschland. Er feierte Görings Geburtstag ebenso wie – an der Seite Hitlers – den Jahrestag der nationalsozialistischen Machtergreifung.[67] Schließlich erregte der Prince of Wales, der kurzfristige König Edward VIII., Unmut, als er die Engländer aufforderte, den Deutschen doch die Hand zu Versöhnung zu reichen. Für Ribbentrop war er »ein aufrichtiger und echter Freund Deutschlands«.[68] In England hofften damals viele, das NS-Regime könnte als Wellenbrecher gegen die kommunistische Bedrohung wirken, und außerdem fragte man sich: »Who after Hitler?« (Wer kommt nach Hitler?). Auf jeden Fall gab es – außer dem erfolgreichen Abschluss des Flottenabkommens – die vielfältigsten Ermunterungen von englischer Seite. Sie waren geeignet, die kühnsten Erwartungen Hitlers zu rechtfertigen, der in einem Brief an Lord Rothermere eindringlich die Vorteile eines deutsch-englischen Zusammenwirkens pries.[69]

Obwohl Lady Cynthia Mosley, die Gattin des Faschistenführers Sir Oswald Mosley, 1933 ganz plötzlich verstorben war, verzichteten Diana und ihr Liebhaber lange auf die Legalisierung ihrer Verbindung. Vor einer Heirat in England schreckte selbst das unkonventionelle Paar zurück, da die prunkvolle Hochzeit Mosleys mit Lady Cynthia in Beisein von König Georg V. und Queen Mary, dem belgischen Königspaar, und dem Premierminister in Carlton House Terrace noch in allgemeiner Erinnerung haftete. Dr. Joseph Goebbels, Propagandaminister des Dritten Reichs und Meister im Arrangieren von Festen und Feiern, hatte auch in diesem Fall eine Lösung parat. Am 6. Oktober 1936 schrieb er in sein Tagebuch: »Lady Mitford da. Ihre Schwester heiratet heute bei uns zu Hause Sir Oswald Mosley. Das ist eine Sache, die ganz geheim bleiben muss.«[70]

Hitler setzte für diesen Fall die Vorschrift des öffentlichen Aufgebots außer Kraft und die Trauung des englischen Faschistenführers mit Lady Diana, geschiedene Guinness, fand unter strengster Geheimhaltung in einem Salon des Propagandaministeriums statt. Diana erinnerte sich an den Tag: »Ich trug eine goldfarbene Tunika, die Sonne schien und die Bäume färbten sich gelb ... Das Ganze war kurz. Der Standesbeamte sagte ein paar Worte, wir tauschten Ringe und alles war vorüber. Hitlers Geschenk war sein Foto im Silberrahmen ...«[71] Unity fungierte als Trauzeugin. Danach beschwor Mosley die Anwesenden in pathetischer Weise bis zum Tod Stillschweigen zu bewahren. Tatsächlich erfuhr auch die Presse nichts von der Geheimtrauung, obwohl Reporter das Paar meist auf Schritt und Tritt bedrängten.[72] Nach den Aussagen von Diana soll dabei niemand hartnäckiger gewesen sein als Randolph Churchill, der journalistisch tätige Sohn von »Cousin« Winston Churchill.[73] Zwei Jahre später hat Mosley selbst das Geheimnis enthüllt.

Nach der Trauung fuhr die kleine Gesellschaft zum Goebbelschen Besitz auf der Halbinsel Schwanenwerder, wo die Kinder des Ministers Blumen überreichten und die

Hochzeitstafel arrangiert war. Im Anschluss an das Festmahl zogen sich Hitler und Mosley, nur von einem Dolmetscher begleitet, zu einer Aussprache zurück. Der »Führer« gab sich reserviert, denn er wollte den Anschein wahren, dass die nationalsozialistische Staatsform auf das Deutsche Reich beschränkt bleiben sollte.[74] Tags darauf speiste das Ehepaar Mosley in der Reichskanzlei und anschließend begab sich die Gesellschaft in den Berliner Sportpalast, um den Ansichten ihres Gastgebers über die verrotteten westlichen Demokratien zu lauschen. Die dabei anwesenden Korrespondeten des »Daily Telegraph« konnten beobachten, wie das Ehepaar Mosley sowie Unity Mitford zu wiederholten Malen aufsprangen, den deutschen Gruß entboten und »Heil!« riefen.

Damals gehörte Unity schon längst zur Highsociety des NS-Regimes und wurde zu allen großen öffentlichen Ereignissen geladen. Auf mehreren »Führer-Reisen« war sie sogar ein Teil der Eskorte, sodass Hitlers Adjutanten sie statt Mitford nur die »Mitfahrt« nannten.

Hitler schmückte sich gerne mit der jungen, hünenhaften, etwas maskulinen Walküre, in der er den weiblichen Idealtypus der deutsch-englischen Herrenrasse verkörpert sah. Das einzigartig Skurrile an Unity Mitford ist ihm nicht entgangen. Er schätzte sie als ein nützliches, unterhaltsames Unikum und wies ihr in seinem Hofstaat die ihr gemäße Rolle zu, die eines Hofnarren. Wie dieser einst im Umkreis mittelalterlicher Herrscher, so genoss auch Unity – geschützt durch ihre englische Staatsbürgerschaft – Redefreiheit und konnte sich wie niemand sonst in Hitlers Gegenwart ungehemmt äußern. So berichtete Goebbels verwundert: »Beim Mittagessen ist die Mitford da. Sie schimpft ganz ungeniert auf Mussolini ... ich kann nicht verstehen, dass der Führer sich das gefallen lässt ...«[75] Hitler jedoch ließ sie reden, lächelte freundlich und erzählte Unity dann von den sagenhaften Angelsachsen Hengist und Hossa, die sich Germanien und Großbritannien teilten.

Die Erinnerungen der Fürstin zu Solms-Braunsfeld, die Unity in Bayreuth kennen lernte, werfen ein gutes Licht auf die Beziehung Hitlers zu der englischen Adeligen: »Unitys ›Heil Hitler!‹ klang sehr anmutig. Sie war gelassen und selbstsicher. Sie kannte offenbar ihren Wert. Später traf ich sie in Berlin auf offiziellen Empfängen oder im Adlon und Kaiserhof, aber auch oft im Münchener Hotel Vier Jahreszeiten. In dessen Weinkeller saßen wir eines Tages, als eine große Rede Hitlers aus dem Hofbräuhaus übertragen wurde. ›Schnell, kommt mit‹, rief Unity, ›wir können ihn an der Straße gegenüber sehen.‹ Sie raste nach oben. Wir folgten ihr und sahen die Autokolonne näher kommen. Unity schrie gellend: ›Mein Führer!‹ Er ließ direkt neben ihr halten und fragte: ›Unity, wie geht es Ihnen?‹ Sie antwortete: ›Ich fahre nach Berlin.‹ Und er: ›Melden Sie sich doch bitte gleich.‹ Und sie nahm sofort den Nachtschnellzug.«[76]

Unitys »Cousin« Winston Churchill, der in den frühen Dreißigerjahren noch Hitlers Tatkraft beim Wiederaufbau Deutschlands bewundert hatte[77], gehörte 1937 schon längst zu den Befürwortern einer antideutschen Bündnispolitik. Die Familie Redesdale jedoch bestand, nachdem sich auch Thomas Mitford unter dem Eindruck des exakten Drills der Parteitagsparaden zum NSDAP-Sympathisanten bekannte, überwiegend aus Nationalsozialisten und BUF-Anhängern.[78]

Nur das »rote Schaf« der Familie, die Kommunistin Jessica Mitford, war eine Ausnahme. Sie las »The brown book of Hitler terror«, verachtete Unity und Diana, die bei ihren heimatlichen Besuchen die allmählich durchsickernden NS-Verbrechen als kommunistische Propaganda abtaten, und hegte Mordgedanken: »Eine Möglichkeit kam mir immer wieder in den Sinn: Ich könnte meine plötzliche Bekehrung zum Faschismus vortäuschen, Unity nach Deutschland begleiten und dem Führer von Angesicht zu Angesicht gegenübertreten. In diesem Augenblick würde ich eine Pistole ziehen und ihn erschießen. Natürlich wäre ich sofort von seiner Leibwache niedergestreckt worden, aber hätte sich das nicht gelohnt? Schlimm wäre nur gewesen, wenn ich ihn verfehlen und dennoch sterben würde. Unglücklicherweise liebte ich das Leben zu sehr, um diesen Plan auszuführen, der völlig vernünftig war und den Gang der Geschichte hätte ändern können. Als Jahre später die entsetzliche Wahrheit über Hitler und sein Regime vor aller Welt offenbar wurde und Europa halb vernichtet war, habe ich meinen Mangel an Mut oft bereut ...«[79]

Jessicas Pläne bezüglich eines Attentats auf Hitler hätten größere Erfolgschancen gehabt als viele andere Versuche, den Diktator zu beseitigen. Tatsächlich zählte »die Unity« zu Hitlers engsten Freunden, wurde zwar beschattet, konnte aber – wie auch Diana – unkontrolliert zwischen Deutschland und England hin und her reisen. Als Adelige und Schwester von »Hitlers englischer Freundin« hätte man wohl auch Jessica in NS-Kreisen einen herzlichen, von jedem Protokoll ungestörten Empfang bereitet.

Jessica jedoch blieb dem Kommunismus treu, verlobte sich heimlich mit Esmond Romilly, einem adeligen Gesinnungsgenossen und Verwandten Churchills, und brach mit ihm nach Spanien auf, um im Spanischen Bürgerkrieg auf

Unity Mitford (links außen) auf dem Nürnberger Parteitag 1937.

Seite der Republikaner gegen Franco zu kämpfen. »Jüngste Tochter Lord Redesdales mit Churchills rotem Neffen nach Spanien durchgebrannt! Eltern untröstlich! Befürchten kommunistische Verschwörung!«, konnte man am 1. März 1937 im »Daily Express« lesen. Unity schrieb damals in ihr Tagebuch: »Decca ist mit Esmond in Spanien. Ich weine und weine.«[80] Dann suchte sie Hitler auf und der Diktator versprach, im Notfall – zu dem es jedoch nicht kam – für Jessica Mitford zu intervenieren.

Seit ihrer ersten Begegnung mit dem Deutschen Reichskanzler und »Führer« in der Osteria Bavaria stand Unity Mitford im Visier der Geheimdienste ihrer beiden »Vaterländer«. Die deutsche Abwehr unter Admiral Canaris[81] überlegte ebenso wie der britische Secret Service, ob die Hitlerverehrung von Miss Mitford vielleicht tiefere politische Hintergründe hätte. Hitlers Heeresadjutant Gerhard Engel meinte dazu: »Was wollte Miss Mitford? Hatte sie einen Auftrag des britischen Geheimdienstes? Oder von Winston Churchill, mit dem sie verwandt war? Wir waren uns sicher, dass sie als Agentin arbeitete, und blieben auf ihrer Spur ...«[82]

Tatsächlich hatte Unity nicht das Format zur Spionin und erfuhr auch keine militärischen Geheimnisse. Ihr Metier war der persönliche Bereich: Hitler ließ sich von ihr über ihren »Cousin« Winston Churchill berichten, der seinerseits von Hitler hören wollte.[83] Als Unity kurz nach der Besetzung Österreichs Churchill bei einem privaten Treffen in Chartwell vorschwärmte, wie erfreut die Bevölkerung über den »Anschluss« sei, zog sie sich den Zorn des späteren Premierministers zu, der die Eingliederung Österreichs an NS-Deutschland schärfstens verurteilte.[84]

Auch die Parteispitze des Dritten Reichs stellte sich die Frage, ob Unity Mitford Hitlers Politik beeinflusse und in welchem Ausmaß sie seine Englandpolitik bestimme. Als unberechenbarer Störfaktor nahm die Engländerin in den Köpfen der obersten Parteiführung derart breiten Raum ein, dass Rudolf Heß, der Stellvertreter des »Führers«, noch Jahrzehnte später im Gefängnis von Spandau mit Albert Speer das Thema »Unity« erörterte.[85] Der Adjutant des »Führers« Fritz Wiedemann weist in seinen Erinnerungen darauf hin, dass Unity durch ständige abfällige Bemerkungen über ihre Landsleute Hitlers Englandbild verfälschte, während sie gleichzeitig für ein deutsch-englisches Bündnis eintrat.[86] Ernst Hanfstaengl, der Auslandspressechef der

NSDAP, kam in seinen Memoiren sogar zu dem Schluss, dass seine langjährige Bekannte eine skrupellose Agentin mit großem politischen Einfluss und Mordabsichten gewesen sei. Als Beweis für diese kühne Vermutung führt Hanfstaengl eine gemeinsame Segelpartie auf dem Starnberger See an. Damals hätte er, als vollkommen Ahnungsloser, über die NSDAP geschimpft. Unity soll erzürnt gesagt haben: »Wenn das Ihre Auffassung ist, haben Sie kein Recht weiter Auslandspressechef zu sein …« Als Hanfstaengl später hastig Deutschland verließ, weil er einen Anschlag auf sein Leben befürchtete, glaubte er an Unitys Rache.[87]

Der »Klavierspieler des Führers« hat dabei die Möglichkeiten der Engländerin überschätzt. Tatsächlich handelte es sich bei dem »Mordkomplott« um einen von den NS-Granden ausgeheckten üblen Scherz, mit dem die Tapferkeit des Pressechefs auf die Probe gestellt werden sollte[88] Hitler selbst hat Aussprüche Unitys noch Jahre nach ihrer Abreise aus Deutschland zitiert: »Churchill und Genossen haben in ein paar Schlössern einige Jahre vor 1939 den Krieg gegen uns beschlossen! Meine Quelle: die Lady Mitford. Sie und die Schwestern wussten vieles aufgrund ihrer Verwandtschaft mit maßgebenden Leuten …«[89]

Ab der Mitte der Dreißigerjahre begann sich Hitlers Englandpolitik langsam zu ändern. Das britisch-deutsche Flottenabkommen, die Untätigkeit der Briten im Abessinienkrieg und beim Einmarsch deutscher Truppen ins Rheinland, vielleicht aber auch die Aussagen der Lady Mitford, verliehen Hitler neues Selbstbewusstsein. Er glaubte, die Stärke Großbritanniens überschätzt zu haben[90], und äußerte sich dementsprechend: »… die englischen Gouvernanten müssen sich daran gewöhnen, mit uns nur auf gleichberechtigtem Fuß zu verhandeln ...«[91] In einer außenpolitischen Grundsatzrede vom 5. November 1937 bezeichnete er England als »Hassgegner« und wollte seine politischen Zielvorstellungen nicht mehr mit England, wie er es seit den Zwanzigerjahren immer wieder propagiert hatte, verwirklichen. Hitler stellte sich unter dem Einfluss seines englandfeindlichen Botschafters Ribbentrop darauf ein, ohne, aber nicht gegen die Briten zu agieren.[92]

Als Hitler das Unternehmen »Otto«, die Besetzung Österreichs, im März 1938 durchführte, hielt sich Unity Mitford, wie so oft, bei den Almasys auf Schloss Bernstein auf. Als sie die Nachricht vom Einmarsch der deutschen Truppen erreichte, eilte Unity nach Wien. Der gut informierte englische »Evening Standard« schrieb darüber: »Wenn Hitler heute Abend in Wien eintrifft, wird seine glühendste Bewunderin da sein, ihn zu begrüßen: Miss Unity Mitford.«[93] Diese gab eine Woche später in London ein Interview, in dem es heißt: »Es hat mir das Herz gebrochen, dass ich ihn nicht sah, wie er seinen Geburtsort bei Linz besuchte. Aber ich sah seinen Einzug in Wien ... und dann sah ich ihn für ein paar Minuten in seinem Hotel ... es war wunderbar.«[94]

Am 10. April 1938 veranstaltete die Labour Party im Londoner Hydepark unter dem Motto »Save Peace! Save Spain!« eine Demonstration gegen Franco und den Spanischen Bürgerkrieg. Unity Mitford war unter jenen Faschisten, die sich Fahnen schwenkend in der Nähe der Rednertribüne postiert hatten, um die Versammlung zu stören. Von der anschließenden Schlägerei berichtete sie: »... plötzlich riss mir jemand mein Hakenkreuzzeichen herunter ... ein Mann beschimpfte mich. Ich schlug ihm ins Gesicht und war sofort von einer wütenden Masse umgeben, die mich bedrohte ... Eine Frau beleidigte Hitler. Dafür bekam sie auch einen Schlag. Es flogen Steine ... Ein Mann half mir und die Polizei machte Platz, dass ich zum Autobus gehen konnte. Hinter mir riefen sie: ›Geh zurück nach Deutschland.‹«[95] Über diesen Vorfall berichteten zahlreiche Zeitungen, manche wie der »Daily Express« versehen mit einer Karikatur der Fanatikerin. Dort las man auch, dass die Honourable Unity Mitford daran denke, sich um die deutsche Staatsbürgerschaft zu bewerben. Aus Deutschland signalisierte der SA-Chef Franz von Pfeffer, ein Kenner von Massenkrawallen, Zustimmung: »Ich hörte von Ihrem Kampf im Hydepark, und da ich sehe, dass Sie sich, wie zu erwarten, tapfer geschlagen haben, wünsche ich Ihnen alles Gute. Heil Hitler!«[96]

Auch in ihrem »zweiten Vaterland« erregte Unity den Unmut der Bevölkerung, aber aus ganz anderen Gründen. »Wir wohnten im Kaiserhof [Berliner Nobelhotel]«, erinnerte sich Diana. »Unity trug ihr – ganz spezielles – Parteiabzeichen. In unserer Nähe standen ein paar lästige, sauber geschrubbte, fanatische Frauen. Sie zeigten auf meine Schwester und schrien: ›Dazu haben Sie kein Recht!‹ Und: ›Schämen Sie sich nicht, so geschminkt vor dem Haus des Führers zu stehen!‹«[97]

Nachdem Hitler »vor der Geschichte die Heimkehr Österreichs ins Reich« vermelden konnte, ging er an die Realisierung seiner weiteren Expansionspläne. In seiner Rede am 28. Mai 1938 erhob er Anspruch auf die Sudetengebiete, in denen 3,5 Millionen Deutsche lebten, die 1918/19 gegen ihren Willen in den tschechoslowakischen Staat einbezogen worden waren.[98] Die emsige Politagitatorin Mitford nahm dies als Startsignal. Sie fuhr in ihrem NSdekorierten Wagen, nur von einem englischen Faschisten begleitet, provozierend durch das geängstigte Land, zeigte sich demonstrativ mit Sudetendeutschen und trug stolz ihr von Himmler geliehenes SS-Abzeichen zur Schau. Auf dem Weg nach Prag stoppten tschechoslowakische Sicherheitskräfte ihre Weiterfahrt und nahmen Hitlers englische Walküre in Haft. Unter ihrem konfiszierten Gepäck fanden sich Nazi-Embleme, ein SS-Dolch, Hitlers Porträt, ein Fotoapparat und NS-Werbematerial.[99] »Unity Mitford ist in der Tschechei insultiert und bis auf die Haut ausgezogen worden. Na, das gibt einen Lärm. Der Führer begrüßt das. Die Unity wird sich vollgesogen haben mit Hass«, notierte sich Minister Goebbels zufrieden im Tagebuch.[100]

Die NS-Propaganda heuchelte Mitleid für die Engländerin: Die tschechischen Untermenschen quälten offensichtlich harmlose Touristinnen genauso wie die unter dem tschechischen Joch stehenden armen Sudetendeutschen. Unity selbst gab Interviews, in denen sie von ihrem grauenvollen Erlebnis detailliert berichtete.[101] Trotzdem kritisierte Hitler die deutsche Presse scharf. »Der Führer hat Dr. Dietrich [Dr. Otto Dietrich, Pressechef der Reichsregierung] eine Zigarre verpasst, weil die Zustände in der Tschechei nicht groß aufgemacht sind ... dieser Dreckstaat muss weg«, schrieb Goebbels.[102]

Unity Mitford aber stieg in Hitlers Gunst und er belohnte seine treue Anhängerin mit einer neuen Leica-Kamera und erhöhter Zuwendung. Im Sommer 1938 sah man sie als offizielle ständige Begleiterin an der Seite des »Führers«. In den Jahren 1937 bis 1939 veranstaltete München als »Hauptstadt der Deutschen Kunst« jährlich Festzüge.[103] Im Juli 1938 lud Hitler die Engländerin zu den dreitägigen Feiern zum »Tag der Deutschen Kunst«. – »Zu Walzermusik wurde auf dem Marienplatz getanzt, bei Freibier und Gulaschsuppe. Im Nymphenburger Park ritten die Tänzerinnen des Staatsopernballetts nackt durch den mit Fackeln erhellten Park, es war die Nacht der Amazonen ...«, berichtete Henriette von Schirach über den Festzug.[104]

Am 15. Juli speisten Adolf Hitler und Unity Mitford gemeinsam in der Osteria Bavaria und am 19. Juli trug Martin Bormann, der Leiter der Parteikanzlei, in seinen Terminkalender ein: »Lady Mitford zum Tee 16.30 Uhr.[105] An diesem Nachmittag unternahmen der »Führer« und Unity einen langen, gemeinsamen Spaziergang auf dem Obersalzberg, der sie vom Berghof zum Plattnerhof führte. Am 23. Juli traf Unity mit Hitler zu den Wagner-Festspielen in Bayreuth ein, hörte »Tristan«, »Parsifal«, »Rheingold« und »Walküre« und wurde am Abend des 25. Juli zu einem großen Diner geladen. Am Abend des 29. Juli reiste sie dann im »Führerzug« nach Schlesien und erlebte an der Seite Hitlers das Deutsche Turnfest. Anschließend flog sie im Gefolge des »Führers« nach Nürnberg und kehrte nach Bayreuth zurück. Dort wurde ihr eine spezielle Auszeichnung zuteil: Winifred Wagner lud sie – allerdings nur widerstrebend – in ihr Haus Wahnfried.

Als Unity wenig später an Lungenentzündung erkrankte, übernahm Hitler die Kosten des Krankenhausaufenthalts in der Luxusklasse und rief seinen persönlichen Leibarzt Dr. Morell nach Bayreuth. Als die Fiebernde den voluminösen Mann an ihrem Krankenbett erblickte, verwechselte sie ihn mit dem Aga Khan, denn der Auftritt des Oberhauptes der Ismaeliten am 20. Oktober 1937 auf dem Obersalzberg war ihr noch in lebhafter Erinnerung. »Sie denkt eben weltweit!«, amüsierte sich Hitler. Ende August 1938 erschienen Lord und Lady Redesdale in Bayreuth zu einem Krankenbesuch, vor allem aber um Hitler neuerlich ihre Aufwartung zu machen. Hitler lud die willigen und kostenlosen Werbeträger des NS-Regimes dann zum Reichsparteitag (5. bis 12. September 1938) in Nürnberg, wo er die Lösung der Sudetenfrage »so oder so« ankündigte. Lord Redesdale registrierte jedoch voll Freude, welche Wertschätzung Unity in der Gesellschaft von Göring, Himmler und Heydrich genoss. Er traute kaum seinen Ohren, als der prominente Reporter G.Ward Price über seine Tochter, die er als Vater oft der Unfähigkeit bezichtigt hatte, meinte: »In ihren Händen liegt jetzt das Schicksal Europas!«[106] Auf die Frage, ob es nun Krieg geben werde, reagierte Unity damals mit einem überlegenen Lächeln und den naiven Worten: »Ich glaube nicht. Der Führer will nicht, dass seine neuen Bauten zerbombt werden.«

Hitlers aggressive Parteitagsrede löste im Sudetengebiet Unruhen aus, die Prager Regierung sah sich zur Mobilmachung gezwungen und der Ausbruch des Krieges schien unvermeidlich. Seiner Politagitatorin Mitford riet der Diktator zur Abreise aus Deutschland. Sie berichtete davon sofort dem Britischen Generalkonsul in München und verlieh dadurch Hitlers Drohungen zusätzliches Gewicht. In dieser Situation ergriff der britische Premier Chamberlain die Initiative und reiste zu Hitler, der verärgert zur Kenntnis nahm, dass man seinen Konfrontationskurs vorübergehend stoppte.[107] Während die Regierungschefs von Deutschland, Italien, Großbritannien und Frankreich unter Ausschluss der Tschechoslowakei verhandelten, kam es zu Menschenansammlungen, die in banger Erwartung der Entscheidung über Krieg oder Frieden harrten. In den Kirchen Münchens fanden Bittgottesdienste statt.

In Großbritannien hingegen wurde 1938 die Produktion von Gasmasken aufgenommen und viele Hausbesitzer errichteten in ihren Gärten private Luftschutzkeller. Der Diktator jedoch brachte seine Geringschätzung der internationalen Bemühungen dadurch zum Ausdruck, dass er sich am 15. September 1938 – mitten in den Beratungen – damit vergnügte, auf dem Obersalzberg sein neues »Teehaus« auf dem Kehlstein zu besichtigen. Am 30. September 1938 unterzeichneten Chamberlain, Daladier, Hitler und Mussolini das Münchener Abkommen. Es erlaubte Hitler die Besetzung des Sudetengebietes (Sudetengau) und garantierte den Bestand der restlichen Tschechoslowakei.

Den ganzen Herbst über setzte der »Führer« die Besichtigungstouren auf dem Kehlstein fort. Am 23. Oktober 1938 waren dabei Magda Goebbels, Unity Mitford und ihr Bruder Tom seine Gäste. Die 30 Millionen RM teure Attraktion in 1700 Meter Höhe konnte nur auf einer sieben Kilometer langen Zufahrt mit mehreren Felstunnels und einer Haarnadelkurve erreicht werden. Dann stand man vor einem in die Felswand eingelassenen Bronzetor und betrat einen langen, hell erleuchteten Stollen, der vor einem Lift endete. Dieser trug die Gäste zu dem 130 Meter höher gelegenen Teehaus, eine kreisrunde Kaminhalle mit einem großartigen Blick auf die Bergwelt.[108]

Den Winter verbrachte Unity Mitford zurückgezogen in London. Angesichts des Umschwungs der Volksmeinung kam sie ihrem »Führer« am 18. März 1939 – drei Tage nach Hitlers Einmarsch in der Tschechoslowakei – mit einem flammenden Appell an ihre Landsleute zu Hilfe. Der »Daily

Mirror« druckte ihr Plädoyer für eine deutsch-englische Freundschaft und ihre angesichts der Realität absurden Beteuerungen von Hitlers Friedensliebe. Die Zeitung brachte ein Bild des Diktators, worunter stand: »Sie will, dass wir Freunde dieses Mannes sind, der gerade ein unschuldiges Land überfallen hat.«[109] 1200 Leser äußerten sich zu Unitys Artikel, nur 96 teilten ihre Meinung.

Chamberlains Politik war gescheitert und ein Krieg schien unabwendbar. Ende April 1939 wurde in Großbritannien die allgemeine Wehrpflicht erlassen.

Als Unity Mitford einsehen musste, dass es keine deutsch-englische Verbrüderung geben würde, brach eine Welt für sie zusammen. Bei einem Treffen Ende Mai spielte sich Hitler als einfühlsamer Tröster auf und gewährte der Überglücklichen das Privileg, ihn mit »Wolf« zu titulieren, einer Anrede, die nur wenigen auserwählten Verehrerinnen zustand. Die höchste Stufe in der Skala der Gunstbezeugung des »Führers«, das Du-Wort, blieb der Engländerin allerdings auch weiterhin versagt. »Die meiste Zeit hielt er meine Hand, sah mich liebevoll an und sagte: ›Kind!‹ Er war so traurig, dass England und Deutschland nun Feinde sind ... Ich habe mit Wolf am Donnerstag und Freitag gegessen und bin glücklich ...«[110] Wenige Tage später schrieb Unity an ihre Schwester Diana: »Wolf nahm meine Hand und sagte mit seiner wunderbaren Stimme: ›Das arme Kind ist unglücklich.‹ Dann wandte er sich zu mir, mit dem süßesten Blick seiner Augen. Mein Kummer war verschwunden und zählte nicht mehr; ich empfand nur mehr Mordlust gegen Chamberlain.«[111]

Geschmeichelt durch Hitlers außergewöhnliche Gunstbezeugungen und verärgert über die schon im Juni 1938 eingeführte britische Visumspflicht für Deutschland beschloss Unity England für immer den Rücken zu kehren und ganz nach München zu ziehen. Hitlers Privatkanzlei beauftragte die Münchener Gauleitung der englische Parteigenossin bei der Suche nach einer geeigneten Wohnung behilflich zu sein. Man bot Unity vier sehr unterschiedliche Objekte an, denen eines gemeinsam war: Alle waren erst kürzlich arisiert worden. Unitys Wahl fiel auf eine schöne Dreizimmerwohnung in Schwabing[112], in der die verängstigten jüdischen Besitzer noch nicht ausgezogen waren. Vor den Augen des älteren Ehepaares hat die Lady mithilfe einer Freundin die Räume ausgemessen und Pläne für die Einrichtung entworfen. Die Möbel, ein Geschenk Hitlers, kamen aus den renommierten Deutschen Werkstätten.

Ende Juli 1939 besuchten Unity und Diana, verehelichte Mosley, wie jedes Jahr die Wagner-Festspiele in Bayreuth. Am letzten Tag wurden sie von Hitler in das Haus Wahnfried gebeten, wo er zu wohnen pflegte. Dort teilte er ihnen – nach Angaben Dianas – am 2. August mit, dass »England zum Krieg entschlossen sei und dieser daher unausweichlich«. Am selben Abend gab Unity während der Aufführung von Wagners »Götterdämmerung« ihrer Schwester zu verstehen, dass sie die heraufziehende Tragödie nicht erleben wolle.[113]

In der Osteria Bavaria, dort wo sie ihn kennen gelernt hatte, traf Unity Mitford am 5. August 1939 den nun »Wolf« genannten Hitler das letzte Mal vor Kriegsbeginn. Bis zuletzt hoffte sie, dass ein Konflikt ihrer beiden Vaterländer vermieden werden könnte. »Ich habe Wolf drei Wochen nicht gesehen und wünschte, er würde kommen«, heißt es in ihrem letzten Brief an Diana.

Am 3. September 1939, zwei Tage nach dem Einfall deutscher Truppen in Polen, überreichte der Botschafter Großbritanniens Neville Henderson dem deutschen Reichsaußenminister Joachim von Ribbentrop die britische Kriegserklärung.[114] Zur Wirkung der Note auf Hitler schrieb der Chefdolmetscher Paul Schmidt: »... ich blieb in einiger Entfernung vor Hitlers Tisch stehen und übersetzte ihm dann langsam das Ultimatum der britischen Regierung. Als ich geendet hatte, herrschte völlige Stille ... wie versteinert saß Hitler da und blickte vor sich hin ... nach einer Weile, die mir wie eine Ewigkeit vorkam, wandte er sich Ribbentrop zu, der wie erstarrt am Fenster stehen geblieben war: ›Was nun?‹«[115] Später, als monatelang kein Angriff folgte, spekulierte der »Führer« darauf, dass die Westmächte den Übergang von formaler Kriegsbereitschaft zu aktiver Kampfführung nicht vollziehen würden.

Diana Mosley erlebte den Ausbruch des Zweiten Weltkrieges in London: »... wir hörten die Rede Chamberlains im Radio, dass England und Deutschland im Kriegszustand wären ... eine Minute später heulten die Luftschutzsirenen ... ich konnte nur an Unity denken, aber als keine Nachricht eintraf, begann ich zu hoffen. Todesmeldungen werden rasch verbreitet und es gab neutrale Journalisten in Deutschland ... es schien möglich, dass sie nichts unternommen hatte ...«[116]

Wie sich später herausstellte, hatte Unity Mitford am Nachmittag des 3. September 1939 den Gauleiter von München-Oberbayern, Adolf Wagner, aufgesucht und ihm einen dicken Umschlag überreicht. Dieser glaubte, dass sie als englische Staatsbürgerin um ihre Zukunft besorgt sei und ihre wichtigsten Unterlagen bei ihm deponieren wolle. Er tröstete sie mit dem Hinweis, dass er persönlich für ihre Sicherheit in München bürge. Ihr Päckchen öffnete er erst Stunden später. Es enthielt ein signiertes Hitler-Porträt, Unitys Parteiabzeichen und einen Abschiedsbrief: Sie könne einen Krieg zwischen England und Deutschland nicht ertragen und werde sich das Leben nehmen. Wagner alarmierte den Sicherheitsdienst. Zu diesem Zeitpunkt hatte sich Unity bereits auf einer Parkbank im Englischen Garten in die Schläfe geschossen. Ein Polizist entdeckte das Mädchen, konnte es auf Grund fehlender Ausweispapiere nicht identifizieren und brachte die Bewusstlose in die chirurgische Abteilung der Münchener Universitätsklinik. Von dem Oberarzt Dr. Jaeger unter der Aufsicht von Professor Magnus durchgeführte Untersuchungen ergaben, dass die durch die rechte Schläfe eingedrungene Kugel noch immer im Hinterkopf steckte. Als Unity nach tagelanger Bewusstlosigkeit zu sich kam, war ihr Gesicht stark angeschwollen und ihr Sprachzentrum gestört. Sie litt auch unter Gleichgewichtsstörungen und einer vollständigen Lähmung der Gliedmaßen. Sie musste gefüttert werden und schien geistesgestört.

Hitler überwachte den Polenfeldzug, besichtigte Warschau und kam erst am 8. November 1939 anlässlich der großen Feiern zum Gedenken an den NS-Putschversuch des Jahres 1923 nach München. »11 Uhr Ankunft in München. Der Führer besucht Frl. Mitford in der Klinik«, schrieb der Leiter der Parteikanzlei in sein Tagebuch.[117] Professor Magnus erwartete den »Führer« am Eingang des Krankenhauses und teilte ihm mit, dass der Zustand der Patientin kritisch sei. Sie hätte auch die Sprache verloren. Von einer Operation zur Entfernung des Geschosses riet er im Hinblick auf das damit verbundene enorme Risiko dringend ab. Hitler überreichte Blumen, brachte Unity ihr Parteiabzeichen zurück und blieb nur kurz. Beim Anblick des verehrten »Führers« sprach Unity das erste Mal seit ihrem Selbstmordversuch und äußerte dabei den Wunsch auf Rückkehr nach England. Dann verschluckte sie vor den Augen ihres Besuchers das Parteiabzeichen.

Der schreckliche Anblick und das traurige Schicksal der Parteigenossin und Mitstreiterin stimmten Hitler zwar nachdenklich, entlockten ihm aber keine Äußerung des Mitleids. Durch diese Tat hätte Unity wohl alle Gerüchte entkräftet, meinte er zufrieden. Er hätte immer gewusst, dass sie nicht die Spionin sei, als die sie verdächtigt worden sei. Wenig später sagte er zu seinem Fotografen: »Hoffmann, ich beginne mich zu fürchten! Wenn ich einmal nur etwas persönlich werde – schon wird es mir falsch ausgelegt. Ich bringe den Frauen kein Glück. Das war in meinem ganzen Leben so!«[118]

Der 8. November wurde als einer der großen Gedenktage im NS-Jahresablauf feierlich begangen, denn der nationalsozialistische Putschversuch des Jahres 1923 galt als Meilenstein in der Geschichte der Bewegung.[119] Zur Erinnerung an die in eine heroische Tat umgedeutete Niederlage zelebrierte man Kulthandlungen wie den »Marsch des 9. November« mit vorangetragener Blutfahne, Ehrungen der zu »Märtyrern« stilisierten Opfer des Putsches und eine Kranzniederlegung beim »Mahnmal« an der Feldherrenhalle. Den Höhepunkt des Tages bildete jedoch die abendliche Versammlung im Bürgerbräukeller, bei der Hitler zu den »alten Kämpfern« sprach.

Der Krankenbesuch bei Lady Mitford an dem mit Terminen vollen Festtag störte den geplanten Programmablauf.

Erst am Nachmittag fand der durch den Zeitdruck bereits irritierte Hitler endlich Gelegenheit, sich für den Auftritt am Abend vorzubereiten. Er schien auch nervös, als sich der Beginn seiner für 20 Uhr geplanten Rede im Bürgerbräukeller durch die stürmischen Ovationen seiner Anhänger um volle zehn Minuten verzögerte. Um 21.07 Uhr beendete Hitler abrupt seine – hauptsächlich gegen England gerichteten – Tiraden. Er verzichtete dann im Gegensatz zu dem langjährigen Brauch auf das gesellige Beisammensein im Kreise seiner Mitstreiter. Acht Minuten, nachdem Hitler hastig das Lokal verlassen hatte, detonierte die bei einem Pfeiler angebrachte Zeitbombe des Georg Elser. Bei dem missglückten Attentat gab es sieben Tote und 63 Verletzte.

In der Münchener Universitätsklinik führte man auch später keine Operation an der prominenten Patientin durch, da man – bei einem etwaigen tödlichen Ausgang – nicht den Vorwurf riskieren wollte, die Angehörige einer Nation, mit der sich Deutschland im Kriegszustand befand, hinterhältig ermordet zu haben. Unitys Verehrer und guter Freund Janos von Almasy, der durch eine gemeinsame Bekannte von der Tragödie erfahren hatte, eilte nach München. Er war es auch, der die bis dahin ahnungslosen Eltern des Mädchens informierte und ihre sämtlichen Papiere sicherstellte.[120]

Als das Bayerische Innenministerium die Vorbereitungen für die Überstellung von Unity Mitford in ihre Heimat traf, stellte sich Almasy als Begleiter zur Verfügung. »Die Fahrt begann auf dem Münchener Hauptbahnhof, wohin Unity liegend befördert wurde«, schrieb Dr. Jaeger, der den Krankentransport beaufsichtigte. »Wir hatten einen ganzen D-Zug-Wagen nur für uns. Er enthielt ein speziell konstruiertes Bett für Unity ... daneben saß die Krankenschwester ... der Graf und ich gingen in den Speisewagen ... für seine und meine Ausgaben führte ich die Kassa ... am Bahnhof von Bern wartete ein Krankenwagen und brachte uns in die Klinik von Professor Matti, wo ich die englischen Kollegen treffen sollte. Aber die kamen nicht ... ich wartete in Bern bis am 24. Dezember 1939 ... schließlich reiste ich ab ... die Rechnung der Münchener Universitätsklinik allein betrug über 4000 Reichsmark. Bezahlt wurde sie von der Adjutantur des Führers ...«[121]

In der Berner Klinik besserte sich Unitys Zustand so weit, dass sie NS-Gesänge und Lobpreisungen auf den »Führer« von sich geben konnte. Zwischen Weihnachten und Neujahr trafen Unitys Mutter und ihre Schwester Deborah ein, die der Anblick der Schwerverletzten entsetzte: »... ihr Gesicht war eingesunken und fast unkenntlich. Sie konnte es nicht ertragen, wenn man ihren Kopf berührte ... ihre eingefallenen Wangen ließen ihre Zähne groß und gelb erscheinen, auch ihre Haut war trocken und gelb. Sie hatte ein eigenartiges, leeres Lächeln. Sie freute sich uns zu sehen, aber der Schock, eine vollkommen andere Person vorzufinden, war groß – es war wie ein Wiedersehen mit einem Kind, das man lange nicht gesehen hatte.«[122]

Lady Redesdale mietete für den Weitertransport um die horrende Summe von 1600 Pfund einen Salonwagen mit Ambulanzausstattung von der Schweizer Bundesbahn. Unterdessen verhandelte Lord Redesdale in London mit dem Kriegsminister Oliver Stanley und erreichte die Zusage, dass seine kranke Tochter vom englischen Geheimdienst nicht zu ihren »Feindkontakten« verhört werden würde. In Deutschland hatte Propagandaminister Goebbels über den

»Fall Mitford« eine totale Nachrichtensperre verhängt, sodass die deutsche Presse nicht berichten durfte. Nach England gelangten nur vage Gerüchte, genug aber um zu bewirken, dass viele zudringliche Reporter den kleinen Konvoi bereits in Calais erwarteten. Sie waren auch dabei, als man die fast Bewusstlose auf einer Tragbahre zur Fähre brachte, und vermerkten höhnisch, dass die Faschistin diesmal nicht – wie üblich – ihr NSDAP-Abzeichen trug. Als das Schiff am 3. Januar 1940, begleitet von Jagdflugzeugen der Royal Air Force und einem Hubschrauber, in Folkestone einlief, lauerte eine weitere Schar von Presse- und Rundfunkvertretern am Kai. Man bereitete der jungen Faschistin in England einen Empfang, wie er im Allgemeinen nur Staatsoberhäuptern zuteil wird. Die enormen Sicherheitsmaßnahmen glichen Manöverübungen, dienten jedoch nur als Ventil zur Entladung der im »Sitzkrieg« zwischen England und Deutschland aufgestauten Nervosiät. Hitler hatte völlig ungestört seinen Polenfeldzug führen können, denn eine gleichzeitige kriegerische Auseinandersetzung mit dem Westen fand nicht statt – Anfang Januar 1940 war es noch zu keiner einzigen Kampfhandlung zwischen dem Deutschen Reich und den westlichen Alliierten gekommen.[123]

Die Zeitung »Daily Mail« berichtete am 4. Januar 1940: »... Militärposten mit aufgepflanztem Bajonett bewachten alle Zugänge zum Hafen, bildeten einen Kordon und patrouillierten sogar am Strand. Zivilbeamte von Scotland Yard mischten sich unter die Zuschauer. Es erging die strenge Anweisung, dass sich niemand Miss Mitford nähern dürfe. Für die Einhaltung dieses Befehls sorgten Militärstreifen sowie die Feld- und Bahnpolizei ...« Die für die eng-

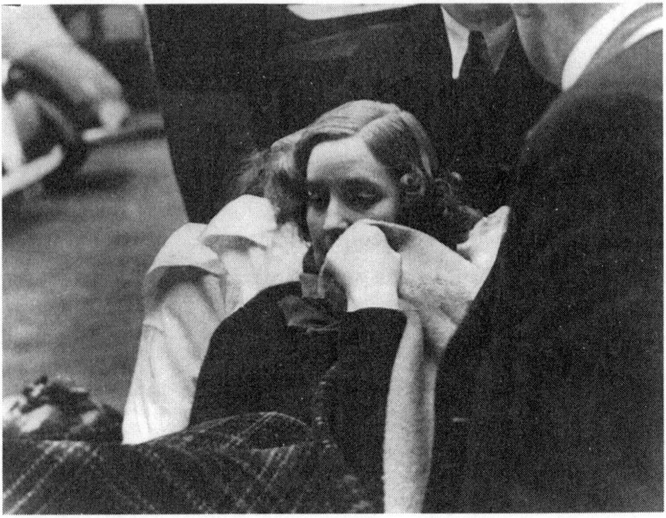

Nach dem Selbstmordversuch – Unity Mitford mit der Kugel im Kopf auf dem Transport nach England.

lische Wochenschau kommentarlos[124] gefilmte Ankunft der Unity Mitford in England wurde zum großen Medienereignis. Zahlreiche Reporter verfolgten den Krankentransport auf dem Weg nach High Wycombe in der Nähe Londons, wo die Redesdales ein kleines Haus, »Old Mill Cottage«, gemietet hatten. Schaulustige Dorfbewohner empfingen die Gelähmte mit »Heil Hitler!« und die »Daily Mail« bot für ein kurzes Exklusiv-Interview mit der Freundin des »Führers« die enorme Summe von 5000 Pfund. Unitys Vater, der damals vor dem finanziellen Ruin stand und bereits Swinbrook House und das Londoner Stadthaus, Rutland Gate, Kensington, hatte verkaufen müssen, lehnte ab und forderte Polizeischutz an.[125] Schließlich brachte man Unity in das Oxforder Nuffield Hospital, wo der berühmte Gehirnchirurg Professor Sir Hugh Cairns nach einer Reihe von Untersuchungen die Diagnose seiner deutschen Kollegen bestätigte: Auch er, stellte er fest, könne die Kugel nicht entfernen.

Wenige Stunden nachdem Hitler am 10. Mai 1940 seine Westoffensive begann, entzog das britische Unterhaus dem amtierenden Premierminister Arthur Neville Chamberlain das Vertrauen. Chef der neuen Regierung wurde Winston Churchill, der Erste Lord der Admiralität und Mitglied der konservativen Partei. Als vehementer Gegner der von Chamberlain lange praktizierten Appeasement-Politik (Beschwichtigungspolitik) bildete er ein Kriegskabinett aller Parteien, kündigte ein Ende des »Sitzkrieges« an und forderte die Briten in seiner berühmt gewordenen Antrittsrede auf, dem Großmachtstreben Hitlers ein Ende zu bereiten: »Ich habe nichts zu bieten als Blut, Mühsal, Tränen und Schweiß. Uns steht eine Prüfung von allerschwerster Art bevor ...«[126]

Am 22. Mai 1940 erließ die Regierung die Notstandsverordnung 18 B. Sie erlaubte die Inhaftierung aller Nazi-Kollaborateure ohne Verfahren und Gerichtsurteil. Am darauf folgenden Tag wurde Sir Oswald Mosley arretiert und in das Gefängnis von Brixton eingeliefert. Wenig später beschlagnahmte das Kriegsministerium seine Wohnsitze. Am 30. Juni wurde auch Diana Mosley – damals Mutter eines elf Wochen alten Kindes – verhaftet und in das Frauengefängnis von Holloway gebracht. Der »Sunday Express« schrieb dazu in großer Aufmachung: »Lady Mosley endlich verhaftet!«[127] Ihre Schwester Nancy, die ihr eigenes Engagement bei den »Blackshirts« gern vergaß, meinte dazu: »Wie wird es in

Holloway sein? Wahrscheinlich sitzt sie auf ihrer Pritsche, wenn um 17.30 Uhr das Licht ausgeschaltet wird, und denkt an Adolf.«[128] Das Ehepaar Mosley blieb bis 1943 inhaftiert – obwohl Lady Redesdale bei ihrer Verwandten Clementine Churchill vorsprach. Von 1943 bis 1945 standen die Mosleys unter Hausarrest, der Aufenthalt in London wurde ihnen ebenso verboten wie jede politische Betätigung.[129]

Unity lernte im Lauf des Jahres 1940 unter Anleitung der Mutter, die ganz in der Pflege für ihre Tochter aufging, allmählich gehen, blieb jedoch geistig und körperlich schwer behindert. Sie litt unter Gedächtnisstörungen, erinnerte sich nur vage an Hitler und wusste nichts vom Ausbruch des Zweiten Weltkriegs. Sie benötigte ständige Aufsicht und Betreuung.

Im Sommer 1940 konnte Hitler mit der Kapitulation von Belgien, Luxemburg, den Niederlanden und Frankreich den deutschen Westfeldzug in kurzer Zeit siegreich beenden. Die Niederlage eines britisch-französischen Expeditionsheeres mit der anschließenden, allerdings um ein Haar gescheiterten Evakuierung der britischen Soldaten aus dem Kessel von Dünkirchen führte der englischen Bevölkerung drastisch vor Augen, wie nahe der Krieg gerückt war. Truppen der deutschen Wehrmacht besetzten die britischen Kanalinseln und Hitler erklärte: »Da England trotz seiner hoffnungslosen militärischen Lage noch immer keine Zeichen dafür erkennen lässt, dass es bereit ist, mit uns zu verhandeln, habe ich befohlen, mit den Vorbereitungen für eine Landungsoperation zu beginnen ...« Die Operation »Seelöwe« lief an.

Lady Redesdale hat dies enthusiastisch begrüßt. Sie nannte Winston Churchill einen niederträchtigen Schuft,

Ein unheimlicher Gast – Unity Mitford bei der Hochzeit ihrer Schwester Deborah (1941).

machte aus ihrer ungebrochenen Zuneigung zu Hitler kein Hehl und versicherte jedem, der es hören wollte, dass der »Führer« ein Freund Großbritanniens sei und die Engländer sicher besser als die Polen behandeln werde. Lord Redesdale, der sich schon längst öffentlich von NS-Deutschland distanziert hatte, widersprach. Bei der rein hypothetischen Erörterung, ob Adolf Hitler ein guter Schwiegersohn geworden wäre, zerstritt sich das Paar endgültig und trennte sich nach 35 Ehejahren. Auch um Inch Kenneth – den letzten Grundbesitz – entbrannte eine heftige Kontroverse. Dieses kleine, schwer zu erreichende Inselchen der Inneren Hebriden an der schottischen Atlantikküste mit einem Durchmesser von bloß zwei Kilometern – man umrundet es zu Fuß in einer knappen Stunde – wird von keinem regulären Fährschiff angelaufen. Lord Redesdale hatte Inch Kenneth erst 1936, einer romantischen Laune folgend, erworben. 1940 verschlechterte sich die Finanzlage der Mitfords in drastischer Weise, sodass sie außer dem Inselchen mit dem darauf befindlichen uralten Gemäuer, einem ehemaligen Kloster, alles verkaufen mussten. Lord Redesdale entschied die strittige Besitzfrage, indem er sich auf Inch Kenneth niederließ.

Das einsame Dasein in mütterlicher Obhut behagte Unity nicht, die sich, obwohl zeitweise verwirrt und vergesslich, doch vage erinnerte, dass ihr Leben einmal aufregender gewesen war. Sie begrüßte die Hochzeit ihrer Schwester Deborah daher als willkommene Unterbrechung des monotonen Alltags. Mit einem strahlenden, aber leeren Lächeln und in ungewohntem Zivil sah man Unity am 19. April 1941 als einen etwas unheimlichen Gast bei der Aufsehen erregenden »Kriegshochzeit des Jahres«. Die 21-jährige Deborah Mitford heiratete damals den gleichaltrigen Lord Andrew Cavendish. Als dessen älterer Bruder im Krieg fiel, bewahrheitete sich Deborahs Prognose: Sie stieg zur Herzogin von Devonshire auf und residierte dann als Herrin auf Chatsworth, einem gewaltigen, 111 Zimmer umfassenden Schloss aus dem 16. Jahrhundert mit Orangerien und einer weltberühmten Gemäldegalerie inmitten eines riesigen Landschaftsparks. Durch ihre Heirat wurde Deborah mit

Harold Macmillan, dem späteren Premierminister, ebenso verwandt wie mit den amerikanischen Kennedys.

Zwei ihrer Schwestern versäumten die Hochzeit: Diana, weil sie im Gefängnis saß, und die Kommunistin Jessica, weil sie in Washington lebte, der U-Boot-Krieg die Überquerung des Atlantiks verhinderte und sie außerdem alle Familienbande abgebrochen hatte. Jessica verkehrte als Mitglied der Kommunistischen Partei in linksradikalen Zirkeln und hielt ihre Herkunft lange geheim. Erst als ihre kleine Tochter (aus der Ehe mit Esmond Romilly) erkrankte und man sie routinemäßig über Besonderheiten in ihrer Familie befragte, gab sie zögernd Auskunft. Missbilligend hörte die Ärztin dann für sie unglaubwürdige Geschichten von Unitys Freundschaft mit Hitler und ihrem Selbstmord, von Dianas Erkrankung in der Haft und von der robusten Gesundheit der Herzogin von Devonshire. Dann brach sie die Behandlung ab, da »die Mutter nicht willens und imstande ist, einfache Fragen wahrheitsgemäß zu beantworten«.[130]

Auf die Nachricht von der Landung der Alliierten in der Normandie im Juni 1944 reagierten die Mitfords in unterschiedlicher Weise. Die Kommunistin Jessica freute sich, die Faschistin Diana sorgte sich um das Schicksal ihrer guten Freundin Magda Goebbels. Der NS-Sympathisant Tom Mitford entschied, dass er nicht am bevorstehenden Angriff auf Deutschland teilnehmen wolle, und meldete sich freiwillig in den Fernen Osten.[131] Nur die offiziell als »Sicherheitsrisiko« eingestufte Unity zeigte keine Emotionen, da sie die dramatischen Ereignisse nicht mehr begriff. Lady Redesdale jedoch entschloss sich, mit ihrer kranken Tochter nach Inch Kenneth zu übersiedeln, da die bisher für Unity verbotene Insel damals aufhörte, militärisches

Sperrgebiet zu sein. Bei der Nachricht vom Herannahen von Lady Redesdale samt Unity hat Lord Redesdale freiwillig und fluchtartig sein selbst gewähltes Exil geräumt.

1945 hatte sich Unitys Zustand so weit gebessert, dass sie wieder Autofahren konnte. Kino- und Kirchenbesuche machten ihr große Freude. Das Bewusstsein ihrer schrecklichen Lage – die Kugel steckte weiterhin im Hinterkopf – weckte in ihr einen Hang zur Frömmigkeit. Sie suchte bei verschiedenen Sekten Trost und stellte überall ihren Beitritt in Aussicht.

Im Frühjahr 1948 häuften sich Unitys Kopfschmerzen und am 28. Mai 1948 starb die Honourable Unity Mitford im 34. Lebensjahr an den Spätfolgen ihres Selbstmordversuches. Ihre Schwester Nancy schrieb: »... Wir sind alle niedergeschlagen und traurig. Zuletzt schien es ihr viel besser zu gehen. Sie hatte abgenommen, sah schlank und hübsch aus und genoss das Leben. Aber ihr wirkliches Lebensglück war schon lange vorüber – sie war ein Opfer des Krieges, wie so viele andere auch.«[132]

Hanna Reitsch

Sie flog für das Dritte Reich

29. März 1912 – 24. August 1979

Ich melde mich hiemit zum Selbstopfer-Einsatz als Führer der bemannten Gleitbombe. Ich bin mir bewusst, dass dieser Einsatz mit dem Tod endet«, lautete jene Erklärung, die Hanna Reitsch zusammen mit 70 weiteren Freiwilligen unterschrieb.

Die berühmte Fliegerin zählte zu den glühenden Befürwortern des so genannten SO(Selbstopfer)-Plans, der Deutschland 1944 mittels bemannter V1-Flugkörper erretten sollte. Sie flog mit der V1 haarsträubend gefährliche Testeinsätze und schulte die 17-jährigen Segelflieger gewissenhaft für den Opfertod. Die Landung der Alliierten am 6. Juni 1944 in Frankreich stoppte das Wahnsinns-Projekt. »Es war zu spät!«, bedauerte Flugkapitän Reitsch. Von der Sinnhaftigkeit des Kamikaze-Einsatzes jedoch blieb die Pilotin, die dem Dritten Reich als fanatische Patriotin diente, bis an ihr Lebensende fest überzeugt. Noch 1972 meinte sie: »Eines jedoch muss festgestellt werden: die Männer des SO-Einsatzes lebten während der ganzen Zeit nur dem einen hohen Ziel.«[1]

Hanna Reitsch wurde am 29. März 1912 in der idyllischen schlesischen Kleinstadt Hirschberg (Jelenia Gora) am Fuß des Riesengebirges geboren. Ihr Vater stammte aus Preußen und die Mutter kam aus Tirol. Kennen gelernt hatte sich das Paar in Innsbruck, wo Dr. Wilhelm Reitsch sein Praktikum an der Universitäts-Augenklinik absolvierte. Als begeisterter Cellospieler suchte der Arzt Anschluss an musikalische Kreise und wurde mit Frau Helf-Hibler von Alpenheim bekannt gemacht, die als Witwe mit ihren drei Töchtern auf Schloss Rainegg lebte. Emy, die Älteste, verliebte sich in den Besucher aus dem Norden. 1908 wurde im Tiroler Stift Wilten geheiratet. Als man Dr. Reitsch die Leitung der Hirschberger Augenklinik anbot, zog Emy mit ihm nach Niederschlesien. Sie brach dabei alle ihre Vorsätze, die sie als junges Mädchen gefasst hatte: niemals das schöne Tirol zu verlassen, nie einen Protestanten und schon gar nicht einen Preußen zu heiraten. Die Ehe wurde sehr glücklich und die Kinder aus der harmonischen Verbindung – Kurt, Hanna und Heidi – behaupteten oft scherzhaft, dass sie »preußischen Charme und Tiroler Gründlichkeit« geerbt hätten.

»In meinem Leben gab es sehr früh ein Problem«, berichtete Hanna Reitsch in ihren Memoiren. »Die Sehnsucht meiner Tiroler Mutter, auf Berge zu steigen, schien sich bei mir in Flugsehnsucht verwandelt zu haben. Sonst wäre es für niemanden verständlich, warum ich, noch ehe ich wusste, was Fliegen heißt, mit weit ausgebreiteten Armen von jedem Fensterbrett und dem Balkongeländer hinunterfliegen wollte.«[2] Ermahnungen nutzten bei der erst Dreijährigen nichts und man durfte sie keinen Moment aus den Augen lassen. Die Eltern lebten in ständiger Sorge, die sie auch später nicht verließ, denn das tollkühne Mädchen entwickelte sich zur Symbolfigur »mannhafter Waghalsigkeit«, zur berühmtesten Testpilotin Deutschlands.[3]

Die Familie lebte in bürgerlich-komfortablen Verhältnissen, die – unterbrochen vom Ersten Weltkrieg, in dem Dr. Reitsch als Oberstabsarzt bei der Marine diente – auch in den Wirren der Nachkriegszeit aufrechterhalten werden konnten. Laut Hannas frühesten Erinnerungen war im Korridor der elterlichen 10-Zimmer-Wohnung Platz genug um Rad zu fahren, es gab Turngeräte und ein großer Garten ließ keinen Kinderwunsch offen. Sehr früh wurden den Kindern Begriffe wie Ehre, Treue und Vaterlandsliebe nahe gebracht. Sie sollten im Leben der Hanna Reitsch eine außergewöhnliche Rolle spielen. Wie die meisten deutschsprachigen Bewohner Schlesiens fühlten sich auch die Reitschs als preußisch-nationale Patrioten, eine Haltung, die sich unter dem Eindruck der Friedensverträge von Versailles noch verstärkte. Die willkürliche Grenzziehung hatte keine Rücksicht auf die Interessen der polnischen, tschechischen und deutschen Volksgruppen genommen und den Konflikt verschärft. Posen wurde dem neu geschaffenen polnischen Staat angegliedert, der mittels Weichselkorridor einen Zugang zur Ostsee erhielt. Dabei trennte man Ostpreußen vom restlichen Deutschland. In Oberschlesien gab es zwischen polnischen Aufständischen und deutschen Freikorpsverbänden blutige, von hasserfüllter Propaganda begleitete Kämpfe. Schließlich teilte man, ohne das Ergebnis einer Volksabstimmung zu berücksichtigen, das Gebiet zwischen Polen und Deutschland.[4] Die Reitschs entrüsteten sich über die neue Ostgrenze, beklagten die Ohnmacht der Weimarer Republik und wandten sich bald der nationalsozialistischen Partei zu. Hitlers aggressive revanchistische Reden sowie seine Parolen vom »Volk ohne Raum« haben sie zutiefst beeinflusst.[5]

Hannas Mutter war nach ihrer Verehelichung zum protestantischen Glauben übergetreten, suchte aber trotzdem täglich die katholische Kirche auf, um für ihre Familie zu beten. Hanna begleitete sie ab dem fünften Lebensjahr – ihre Gebete drehten sich allerdings meist um die Verwirklichung ihrer Flugpläne. »Es war ein Verlangen, eine Sehnsucht und schließlich ein tiefes Heimweh, das in mir saß und mich nicht mehr losließ«, schilderte Hanna Reitsch diese Gefühle.[6]

Die Familie lebte nach festen Regeln. So wanderte man in der schönen Jahreszeit jeden Sonntag nach Mitternacht ins Riesengebirge, um dort bei Morgengrauen den Sonnenaufgang beobachten zu können. Auf eine ausgiebige Rast folgte ein privater Gottesdienst, bei dem die Kinder mehrstimmige Choräle sangen und die Mutter Bibeltexte vorlas. Mit dem fünften Lebensjahr setzte eine regelmäßige Musikerziehung ein. Kurt lernte Geige, die beiden Mädchen spielten Klavier. Griffen die Kinder zu häufig daneben, erschien plötzlich der Vater in seinem weißen Arztkittel und gab ihnen Zusatzaufgaben: »Das wird jetzt zwanzigmal gespielt, ganz langsam.« Ab dem sechsten Lebensjahr hielt die Mutter ihre Sprösslinge zu regelmäßigen selbst erdachten Konzentrationsübungen an, von denen Hanna – wie sie später angab – als Fliegerin sehr profitierte. Hanna Reitsch hat ihre späteren Erfolge auf die Geborgenheit in ihrer Kindheit, den starken Rückhalt in der Familie und das enge Verhältnis zur gebildeten, liebevollen Mutter zurückgeführt: »Die tiefste Wurzel dieses Glücks liegt in meinem Elternhaus ...«

Schon als Kind beobachtete Hanna mit großer Freude und brennendem Interesse die Aktivitäten der Segelflieger auf dem Flugplatz Hartau bei Hirschberg. Es war ein Sport mit patriotischem Symbolcharakter, der nach dem Ersten Weltkrieg großen Zulauf hatte. Für flugbegeisterte Deutsche gab es keine Alternativen, denn aufgrund der Friedensverträge von Versailles musste Deutschland, das Land des Flugpioniers Otto von Lilienthal, alle Militärflugzeuge abliefern, 1920 seine Fliegertruppen auflösen und auch die Erzeugung von Flugzeugen einstellen.[7] Erst 1922 wurde der Bau von Zivilflugzeugen unter strengen Auflagen erlaubt. Militärflugzeuge blieben weiterhin verboten. Auf Segelflugzeuge hatten die alliierten Politiker aber vergessen. Die Segelflieger fühlten sich als Bewahrer der Tradition und als verschworene Kämpfer, in denen »der unbeugsame, trutzige Geist der alten Fliegertruppe fortlebte, während ringsum alles verhasst war, was an große Zeiten erinnerte«.[8] Nur beim Segelflugsport konnten die in andere Berufe abgedrängten Piloten und Techniker ihre Fachkenntnisse verwenden und erweitern. Slogans wie: »Die deutsche Jugend segelt durch Wind und Wolken« beflügelten die Bastler, die in monatelanger Kleinarbeit ihr zerbrechliches Fluggerät selbst fabrizierten. Es war eine verschworene Gemeinschaft, die im August 1920, am Todestag Lilienthals, auf dem »Heiligen Berg«, der Wasserkuppe auf der Röhn, den ersten Segelflug-Wettbewerb abhielt

»Papa, ich möchte Fliegerin werden«, bat die kaum zehnjährige Hanna und erntete ein nachsichtiges Lächeln. Als sie den Wunsch jedoch täglich äußerte, griffen die Eltern zu einer List, mit der sie dieser vermeintlichen Laune ein Ende setzen wollten. Sie schlossen mit ihrer Tochter einen Pakt: »Hannerl, wenn es dir gelingt, bis zum Abitur kein einziges Wort mehr über das Fliegen zu reden, darfst du anschließend einen Segelflugkursus machen.« Das überschwänglich mitteilsame Mädchen hielt sich akribisch an die Abmachung, studierte zum Training ihrer Willenskraft das Buch »Geistliche Übungen« des Ignatius von Loyola (Begründer des Jesuitenordens) und schwieg eisern zu dem sensiblen Thema – nicht kurze Zeit, sondern viele Jahre lang.

In der Schule zählte Hanna Reitsch durch ihre Kameradschaftlichkeit, ihr übersprühendes Temperament und ihre Heiterkeit zu den beliebtesten Schülerinnen. 1931 bestand sie mit gutem Erfolg die Matura. Die »Flugepisode« war im Familienkreis schon längst vergessen und der Vater wollte seiner Tochter eine alte goldene Armbanduhr schenken. Als ihn Hanna an sein Versprechen erinnerte, wurde er blass.

Fliegen galt 1930 als ein faszinierend-riskantes Wagnis, bei dem der Nimbus von Pioniergeist, Glamour und Abenteuer nicht fehlte. Die Überquerung des Atlantiks im 33-stündigen Alleinflug durch Charles Lindbergh lag erst drei Jahre zurück und beinahe täglich wurden Abstürze waghalsiger Piloten gemeldet. Das Wettrennen der nationalen Fluglinien um die Erschließung der Luftwege erforderte trotz aller Vorsichtsmaßnahmen viele Opfer. Ebenso galt der Segelflugsport – wie auch heute noch – als extrem gefährlich. Das fragile Fluggerät wurde mittels Gummiseil in die Höhe gezogen. In den einsitzigen Maschinen gab es keinen Platz für den Fluglehrer und der Schüler blieb von Anfang an sich selbst überlassen. Es waren vor allem waghalsige junge Männer, die in ihren »fliegenden Kisten« die Lüfte beherrschten. Segelflug war eine männliche Domäne.

Die Eltern Reitsch standen trotzdem zu ihrem Versprechen. Enthusiastisch meldete sich Hanna – als einzige weibliche Teilnehmerin – zu einem Grundlehrgang der Segelflugschule im benachbarten Grunau. Die Kollegen scherzten über das nur 1 Meter 50 große, zart gebaute Mädchen, rieten ihm, kochen zu lernen, und fühlten sich in ihren Vorurteilen bestätigt, als Hannas erster Flugversuch fehlschlug. Voll Ungeduld hatte sie den Steuerknüppel angezogen, obwohl sie nur »rutschen« sollte, war aus der Maschine geschleudert worden und bekam drei Tage lang Startverbot. Intern beschlossen die Lehrer: »Das Mädchen tun wir raus. Wir wollen keine Leich'!« Doch die von den praktischen Übungen ausgeschlossene Hanna entwickelte ihre eigene Methode, probte nächtelang »mentales Fliegen« und glänzte bei der A-Prüfung als Kursbeste. Sie erregte dadurch die Aufmerksamkeit von Wolf Hirth, dem berühmten Leiter der Grunauer Segelflugschule. Er sollte zu ihrem verehrten »Flugvater« und Mentor werden. Hanna plauderte auch gern mit einem gleichaltrigen Flugschüler. Während der Instruktionspausen lauschte sie hingerissen seinen außergewöhnlichen Zukunftsplänen. Raketen bauen und sie dann bemannt zum Mond schicken wollte der junge Mann, mit dem Hanna eine lebenslange Freundschaft verbinden sollte. Sein Name war Wernher von Braun.

Hannas eigene unmittelbare Zukunft gestaltete sich profaner. Der Vater sah die Fliegerei als Marotte und Freizeitbeschäftigung seiner Tochter und hoffte, dass Hanna als Medizinerin in seine Fußstapfen treten würde. Er brachte Schweinsaugen nach Hause und führte sie in die Grundbegriffe der Operationstechnik ein. In der – unausgesprochenen – Überzeugung, dass der Arztberuf in Afrika nur mittels Flugzeug auszuüben sei, äußerte Hanna ihren Berufswunsch: Missionsärztin auf dem Schwarzen Kontinent.

Die Eltern nahmen diesen Zukunftsplan ernst und schickten das Mädchen auf die Koloniale Frauenschule in Rendsburg, wo man sie ein Jahr lang für das harte Leben in Afrikas ehemaligen deutschen Kolonien trainierte. Der Lehrplan umfasste Kochen und Waschen ebenso wie Schustern, Glasern und das Schlachten von Vieh. Das alles ging an Hanna spurlos vorbei. Lieber nutzte sie ihr beachtliches Rednertalent und hielt den Freundinnen packende Vorträge über die Fliegerei, die sie nicht mehr aufzugeben gedachte und bei erster Gelegenheit in den Ferien fortsetzte.

Sie brillierte auch im C-Kurs und erhielt die Erlaubnis, das neue Schulflugzeug zu benutzen und so lange in der Luft zu bleiben, wie es die Thermik gestattete. Hanna war flügge geworden: »Zum ersten Mal flog ich nun, ohne an eine Einschränkung gebunden zu sein. Zum ersten Mal war ich frei wie der Vogel. Mit einem wahren Hochgefühl startete ich und segelte nun, solange der Wind blies, machte mein musikalisches Schatzkästlein auf und holte die schönsten Lieder hervor. Ich sang sie in den Himmel hinein, dem ich entgegenflog, und merkte kaum, dass es kalt wurde, teils regnete, teils schneite und es dort oben eigentlich höchst ungemütlich war. Nach mehr als fünf Stunden Flugzeit ließ der Wind nach und ich war zum Landen gezwungen ...«[9]

Hanna Reitsch wurde begeistert empfangen, denn ihr war auf Anhieb ein Weltrekord im Nonstop-Segelfliegen für Frauen gelungen. In den Ferien arbeitete die 20-jährige Fliegerin von früh bis spät und unentgeltlich in der Grunauer Segelwerkstätte, lernte dabei den Segelflugbau von der Pike auf und durfte sich bei geeignetem Wetter gratis in die Lüfte erheben. »Mal wurde daraus ein Frauenweltrekord von sechs Stunden, mal von elf Stunden«, berichtete sie darüber.

Ihr Medizinstudium begann Hanna Reitsch zu Ostern 1932 mit einem Motorflugkurs. Anstatt sich für das Knochenkolloquium vorzubereiten, lernte sie von Flugzeugmechanikern das Zerlegen von Motoren. »Ich sehe noch das Bild vor mir«, schrieb ein Fliegerkamerad, »wie sie zum ersten Mal am Startplatz auftauchte, ein kleines Persönchen mit sehr hellen Haaren, sehr hellen Augen und einer hellen Stimme, immer in Begeisterung. Sie trug ein großes, viereckiges Lederkissen, halb so hoch wie sie selber, das brauchte sie, um im Flugzeug darauf zu sitzen, sonst hätte sie nicht hinausschauen können. Es dauerte bloß ein paar Tage, dann hatte sie alle überholt und flog allein ... das waren harte Schläge für unseren männlichen Stolz ...«[10]

Erfolge im Medizinstudium blieben aus und die Eltern stellten bange Fragen nach der Zukunft ihrer Tochter. Deutschland steckte tief in der Wirtschaftskrise. Aufgrund der Deutschland auferlegten Restriktionen im Flugwesen herrschte ein Überangebot an arbeitslosen Piloten und die wenigen Pilotinnen galten als exzentrische Hobbyfliegerinnen, die es nicht nötig hatten, ihren Lebensunterhalt zu verdienen. Ihr Eintritt in die Berufslaufbahn war weder erwünscht noch gestattet, denn die Fluggesellschaften stellten – wenn überhaupt – nur Männer an. Es war die Zeit, in der die Lufthansa viele Piloten entließ und das Werkstättenpersonal auf die Hälfte reduzierte.

Die elterlichen Sorgen stürzten Hanna in einen Gewissenskonflikt. Nach der Flugzeugführerprüfung brachte sie ihre Überlegungen, die tiefe Einblicke in die Psyche des jungen Mädchens geben, zu Papier: »Vom Gedanken des Fliegens muss ich mich jetzt innerlich freimachen und das ist unsagbar schwer. Seit der Prüfung ist in mir ein harter Kampf zwischen Pflichtgefühl und durchgehender Leidenschaft. Ersteres muss siegen. Alles, was ich im Leben empfing, was ich an Fähigkeiten habe, gehört nicht mir, sondern ich muss es so verarbeiten, dass ich den anderen Menschen helfen und etwas geben kann. Mein Fliegen wäre nur egoistisch, ein Austoben, Genießen! Anders wäre es, wenn ich als verkappte Militärfliegerin mich fürs Vaterland einsetzen könnte. In der heutigen Zeit ein undurchführbarer, romantischer Gedanke.«[11]

Hannas Vorbild waren die Fliegerasse des Ersten Weltkriegs. Allen voran der legendäre »Rote Baron« Manfred von Richthofen, der wie Hanna aus Schlesien stammte und als der berühmteste deutsche Jagdflieger des Ersten Weltkriegs galt. Die junge Fliegerin wusste, dass ein ehemaliger Kommandant des Jagdgeschwaders »Baron von Richthofen«, der Pour-lé Mérite-Träger Hermann Göring, nach Kriegsende seinen Lebensunterhalt als Schauflieger und Fallschirmverkäufer in Schweden hatte verdienen müssen, und empfand dies als Schande. 1932 war Göring allerdings bereits zum Reichstagspräsidenten aufgestiegen und die junge Fliegerin registrierte mit Freude, dass die NSDAP, der Göring angehörte, für die Entwicklung des deutschen Flugwesens größtes Interesse zeigte. Hitler selbst charterte ab April 1932 für jeden Wahlkampf eine Rohrbach Roland oder Ju 52 und sein Propagandachef Goebbels setzte die »Deutschlandflüge« in ein heroisches Licht. Für konkrete Politik interessierte sich das Mädchen wenig, Hanna glaubte aber, dass Adolf Hitler der einzige Mann sei, der die Ehre ihrer Heimat retten könne.

Schon 1932 bot sich für Hanna ein unerwarteter Ausweg aus dem Dilemma zwischen Berufserwartung und Möglichkeiten. Wolf Hirth eröffnete eine neue Segelflugschule auf dem Hornberg bei Schwäbisch Gmünd, engagierte seine Starschülerin als Lehrerin und entschied damit ihr weiteres Schicksal.

Die von Hanna Reitsch und ihrer Familie freudig begrüßte Ernennung Hitlers zum Reichskanzler am 30. Januar 1933 wurde in Schlesien wie auch in Ostpreußen von antipolnischen Terrorakten der SA begleitet, welche die antideutsche Stimmung der Polen weiter anstachelten. Hermann Göring wurde zum Reichskommissar für die Luftfahrt ernannt. Wenig später übernahm er das neu gegründete Luftfahrtministerium. Die Antrittsrede des berühmten Fliegerkollegen erfüllte Hanna Reitsch mit Zuversicht: »Es geht um die Gleichberechtigung Deutschlands in der Luft. Ich werde diesen Kampf mit der Leidenschaftlichkeit und Zähigkeit führen, die man der NSDAP nachsagt.«[12]

In seiner Reichstagsrede vom 17. Mai 1933 forderte Hitler das Recht auf »qualitative Aufrüstung«. Obwohl die Siegermächte in Genf diesen Wunsch zurückwiesen, begann wenig später mit der Erstellung eines großen Wiederaufrüstungsprogramms der geheime Aufbau der Luftwaffe. Ab 1934 setzte die forcierte Entwicklung einer Flotte von Großbombern, Jagdfliegern und Sturzkampfbombern ein. Für die »Amateurflieger« war zwar weiterhin der Deutsche Luftverband zuständig, die Sportflieger erhielten jedoch eine neue Uniform – Fliegerblau mit einer Achselschnur, die sich in symbolhafter Weise kaum von jener der Militärflieger unterschied.

Der Rhönwettbewerb des Sommers 1933, bei dem Hanna Reitsch das moderne »Grunau-Baby« flog, brachte ihr Erfolg und Misserfolg zugleich. Sie landete auf dem letzten Platz und bekam unter dem schadenfrohen Gelächter der männlichen Mitbewerber eine Küchenwaage und einen Fleischwolf überreicht, simple Geschenke, die mehr ausdrückten als viele Worte. Im Anschluss daran lud sie jedoch der berühmte »Segelflugprofessor« Georgii, der Hannas vergebliche, aber unverdrossene Bemühungen eine Woche lang beobachtet hatte, zu einer aufregenden Expedition nach Südamerika ein. Nach der Rückkehr wurde Hanna Reitsch an die Deutsche Forschungsanstalt für Segelflug (DFS) in Darmstadt-Griesheim berufen, wo man sich mit der Entwicklung und Konstruktion neuer Segelflugtypen beschäftigte. Daneben wurden flugtechnische Untersuchungen, wie Funk-, Fernlenkungs- und Windkanalversuche durchgeführt. Hanna Reitsch gehörte der DFS, die zur Gänze der Deutschen Arbeitsfront (DAF) eingegliedert wurde, bis zum Ende des Dritten Reichs an. Mit

Flugpause –
Hanna Reitsch
bei der Einführung
des Segelflugs in
Finnland (1934).

der Aufstellung eines Frauenweltrekords im Streckenflug (über 160 km) führte sie sich nicht nur an ihrer neuen Dienststelle bestens ein, sondern wurde auch in der Öffentlichkeit bekannt. Nach einer geglückten Finnlandexpedition machte die Fliegerin – ihrem eigenen Wunsch entsprechend und anstelle einer Auszeichnung – eine Ausbildung an der Verkehrsfliegerschule von Stettin mit.

Dort kam die an freundschaftlichen, höflichen Umgang mit Flugenthusiasten gewöhnte junge Frau zum ersten

Mal mit rauem militärischem Drill und Jargon sowie offener Feindseligkeit in Berührung. Als störendes weibliches Element trat sie mit 150 männlichen Kollegen täglich zum morgendlichen Appell an. »Der Oberst erschien ... und erteilte Befehle ... Wie ich mich schnell, und wie ich glaubte ungesehen, umschaute, brüllte es mich auch schon von der Front an: ›Brust herein!‹ ... Hieß es: ›Augen rechts‹ oder ›Richt euch‹, wusste ich nicht, wohin mit Augen und Kopf.«[13] Hanna musste zur Strafe nachexerzieren. »Jeder kann sich vorstellen, was das vor dem Forum hieß.«

Gekleidet in eine viel zu große Fliegerkombination erregte die kleine Person anfangs die Heiterkeit der ganzen Schule, bis sie aufgrund ihres fliegerischen Talents und enormen Einsatzes beim Training – es umfasste auch Kunstfliegen mit Loopings, Turns und Rollen – uneingeschränkte Anerkennung fand. Doch die Fliegerin bekam die frauenfeindliche Atmosphäre des Dritten Reichs zu spüren. Obwohl sie zur deutschen Segelflugmannschaft gehörte und bei der Olympiade mit akrobatischen Kunstflügen brillierte, wies man sie beim Rhön-Flugwettbewerb 1936 zurück. »Frauen ist die Teilnahme am Wettbewerb nicht gestattet«, lautete die neue Vorschrift. Eine Ausnahmegenehmigung gab es erst nach einer Intervention von Göring.

Schon 1935 hatte Hanna Reitsch die gefährliche Tätigkeit des Einfliegens übernommen, bei der sie fabrikneue Flugzeuge auf Fehler aller Art zu untersuchen hatte. Ihre Testarbeit begann mit dem »Kranich«, bei dem sich bald eine Änderung der Bremsklappen als notwendig erwies. »Ich setze meine täglichen Erprobungsflüge fort. Stets lasse ich mich dabei auf viertausend, fünftausend Meter schleppen. Langsam taste ich mich mit meinen Versuchen immer weiter vor, bis endlich die letzte Phase – der senkrechte Sturz – vor mir liegt ... und so setze ich angespannt bis zum letzten Nerv an zum Sturz in die Tiefe. Tausend, zweitausend, dreitausend Meter geht es senkrecht nach unten ... die Erde kommt näher und näher ... etwa zweihundert Meter über dem Boden fange ich die Maschine ab ...«[14]

Für die todesmutigen Testversuche ernannte man sie 1937 ehrenhalber zum ersten weiblichen Flugkapitän der

Ein neuer Weltrekord – Hanna Reitsch vor dem Segelflugwettbewerb für Frauen auf der »Wasserkuppe« (1937).

Welt. Mit dieser Verlegenheitslösung verstieß man gegen alle Regeln, denn abgesehen vom Mutterkreuz hielt das Dritte Reich für Frauen keine Auszeichnungen bereit. Flugkapitäne wurden nur jene Lufthansapiloten, die eine sechsjährige Berufstätigkeit in der zivilen Luftfahrt und mindestens 2000 Motorflugstunden aufweisen konnten. Hanna Reitsch war ungeheuer stolz auf den Titel. Er brachte ihr Anerkennung im Kollegenkreis und schlug gleichzeitig eine Bresche in die Frauenfeindlichkeit des NS-Regimes. Die Aufnahme in das NS-Fliegerkorps schaffte die Star-Pilotin, deren Karriere abseits aller NS-Institutionen verlief, jedoch auch in Zukunft nicht. Im Allgemeinen ging die Ausbildung der Fliegerjugend im Dritten Reich nach strengen Regeln vor sich: »In enger Zusammenarbeit mit dem Reichsjugendführer wird die Flieger-HJ [Hitlerjugend] vorgebildet, um über die Ausbildung im NS-Fliegerkorps und den Arbeitsdienst den Weg in die Fliegertruppe zu nehmen. Die 14–17-jährige Fliegerjugend steht in diesen Einheiten der Flieger-HJ, um mit 18 Jahren in die aktiven Einheiten des NS-Fliegerkorps überführt zu werden.«[15]

Die begabte Hanna Reitsch blieb ein Sonderfall, für den das Dritte Reich Ausnahmen zuließ. Die Fliegerin lehnte eine Ehrenmitgliedschaft beim BdM (Bund deutscher Mädel) ab. In Anbetracht ihrer großen Verdienste sah man auch darüber hinweg, dass sie nicht der NSDAP beitrat.

Im September 1937 wurde Hanna Reitsch nach Rechlin am Müritzsee in Mecklenburg an die Teststelle für Militärmaschinen versetzt, wo sie den Einsatz neuer Sturzflugbremsen erproben sollte. Militärische Karrieren für Frauen waren im Dritten Reich nicht vorgesehen. Als erste Testpilotin der neuen deutschen Luftwaffe kam Hanna Reitsch jedoch ihrer Wunschvorstellung, als »verkappte Militärfliegerin dem Vaterland zu dienen«, recht nahe. Beim Anblick der Stukas, Bomber und Jagdmaschinen, die bei den großen Manövern im September 1937 vorgeführt wurden[16], machte sie sich ihre Gedanken: »Deutschland rüstete auf. Wir sahen es. Die Welt sah es. Doch wir sahen es mit anderen Augen als die Welt. Krieg? Wir jungen Menschen wollten den Frieden. Den Frieden, aber den gerechten, der uns leben ließ ... ein Volk, das in der Mitte zwischen anderen Völkern einen engen Wohnraum hat und jetzt, nach den Jahren der Armut und Unsicherheit, wieder Brot sah und den Aufstieg erlebte, wusste, dass in der Welt stets der Schwache bedroht sein wird ... welches andere Volk in der Welt hätte dabei nicht berechtigten Stolz empfunden?«[17]

Hanna Reitsch erlebte die großen Anstrengungen zum Aufbau einer schlagkräftigen Luftwaffe aus nächster Nähe. Da sich bei ihr technisch-wissenschaftliche Intelligenz mit naiver Gläubigkeit mischte, vertraute sie jedoch dem römischen Sprichwort: »Wenn du den Frieden willst, rüste für den Krieg.« Sie setzte auch auf die unablässigen Friedensbeteuerungen des »Führers« und glaubte an eine völkerverbindende Freundschaft der internationalen Fliegergemeinschaft, die sie bei Segelflug-Expeditionen und Aufenthalten in Brasilien, Argentinien, Finnland, Ungarn, Libyen, den USA und Großbritannien kennen gelernt hatte. Als man 1937 – dem ausdrücklichen Wunsch Hitlers zufolge – der britischen R.A.F. Deutschlands modernste Flugzeuge (He 111, Ju 86 und 87 sowie die Do 17) vorführte, fand sie ihre Auffassung bestätigt.[18]

Erster Hallenflug der Welt – die Pilotin Reitsch mit dem Fock-Hubschrauber in der Deutschlandhalle Berlin (1938).

Zu den wenigen weiblichen Fliegerinnen ihrer Zeit hielt Hanna Reitsch stets Distanz. Elly Beinhorn, die als 24-Jährige im Alleinflug die Welt umrundete, war ihr von einem gemeinsamen Motorflugkurs her flüchtig bekannt.[19] Melitta Schiller jedoch, die wie Hanna Reitsch auch in Hirschberg zur Schule gegangen war und kurze Zeit nach ihr ebenfalls zum Flugkapitän ernannt wurde, empfand sie als Rivalin.[20]

Im Berufsleben hatte der junge weibliche, respektvoll »Frau Hanna« genannte Flugkapitän Reitsch fast nur mit Männern zu tun. Vielen hat das hübsche, immer fröhliche

Mädchen gefallen. Hanna Reitsch zeigte sich als freundliche, hilfsbereite Kollegin, widerstand aber allen Avancen und hatte – wie es scheint – keine intimen Verhältnisse. Auf jeden Fall blieb sie unverheiratet. Die fehlenden Kontakte zu jungen Männern ersetzte Hanna Reitsch durch eine überaus starke Mutterbindung, die auch im zunehmenden Alter keine Änderung erfuhr. Die durch tägliche Briefe bestens informierte Emy Reitsch sah die gefährlichen Fliegeraktivitäten der Tochter als selbstverständliche Pflicht am Vaterland. Sie wusste auch vom streng geheimen Selbstopfereinsatz und hieß ihn gut. Manchmal telefonierte Hanna Reitsch vor Vortragsreisen mit ihrer Mutter: »Denk dir aus, was ich heut abends reden soll.« Die Mutter verfasste und lieferte dann umgehend eine zündende Rede.

Als der Flugzeugkonstrukteur Heinrich Focke mit dem Bau eines senkrecht startenden Flugzeugs eine Idee Leonardo da Vincis verwirklichte, war es Hanna Reitsch, die als Pilotin des ersten Hubschraubers fliegerisches Neuland betrat: »Langsam und zügig gab ich mehr und mehr Gas. Und erlebte wirklich das Wunder! Die Maschine hob sich ganz senkrecht vom Boden, als würde sie an einem unsichtbaren Seil hinaufgezogen.«[21] Charles Lindbergh, dem der Hubschrauber bei seinem Deutschlandbesuch gezeigt wurde, war beeindruckt. Viele Zuschauer jedoch, denen Hanna Reitsch das Wunderding anlässlich der internationalen Automobilausstellung des Jahres 1938 in der Berliner Deutschlandhalle vorführte, vermuteten einen üblen Trick. Drei Wochen lang stieg die Fliegerin täglich in dem Focke-Hubschrauber FW 61 »Deutschland« in der geschlossenen Halle, hoch über die Köpfe Tausender Zuschauer. Ihr Flug war der krönende Schlusspunkt eines Programms mit Clowns, Trapezkünstlern und Revuegirls. Die Fliegerkollegen wandten sich schaudernd ab, Hanna aber sah ihre Darbietung als hohen Dienst am Vaterland und erlangte damit weltweite Berühmtheit.

Am 3. Juli 1939 kam Hitler in Begleitung von Göring, Bormann sowie ranghoher Militärs nach Rechlin, wo man ihnen unter Mitwirkung von Flugkapitän Reitsch die modernsten Errungenschaften der Luftwaffe vorführte. Knapp vor Kriegsausbruch meinte Hitler: »Unsere Luftwaffe wird den Gegner zermürben, unsere technische Überlegenheit wird die Nerven der Polen zerreißen.«[22] Die eindrucksvollen Demonstrationen hatten allerdings – wie sich bei der Luftschlacht um England zeigen sollte – ein übertriebenes Bild von der Stärke der Streitkräfte vermittelt.[23]

Als die deutsche Luftwaffe im Morgengrauen des 1. September 1939 Polen angriff, bedauerte Hanna Reitsch den Kriegsausbruch, begrüßte jedoch die als »Wiedergutmachung« empfundene Vereinigung aller schlesischen Gebiete zu einem »Hort des Deutschtums im Rahmen Großdeutschlands«. Der Führererlass vom 8. Oktober 1939 gliederte Danzig, Westpreußen, Posen und Oberschlesien, aber auch ein ebenso umfangreiches Gebiet, das vor 1914 nicht zu Preußen gehört hatte, dem Deutschen Reich an.[24] Die Pilotin sah jedoch keinen Grund, dem untrennbar mit Hitler verbundenen Vaterland den Dienst aufzukündigen. Sie stellte sich dem Regime weiterhin für hochgefährliche Tests zur Verfügung, ja drängte sich geradezu auf und bedauerte sehr, dass sie nicht als Jagdfliegerin Verwendung fand.

»Eine mir besonders wertvolle Aufgabe waren die Ballonkappversuche. Es wird sich noch mancher daran erinnern, dass der Einsatz der Luftwaffe gegen England eine unvorhergesehene Störung durch die Ballonsperren vor allem über London erfuhr ... da die Seile, an denen die Ballone befestigt waren, beim Anfliegen die Flächen der Maschinen durchsägten ...«[25] Hanna Reitsch testete zuerst mit dem Bomber »Do 17« die zum Schutz der Flugzeuge entwickelten so genannten Abweiser, dann führte sie Ballonanflüge zum Kappen der Stahlseile durch. Es kam zu einem Unfall. »Das Seil hatte den unteren Teil zweier Propellerblätter abrasiert. Ich stellte den Motor ab und ... versuchte die Blätter des Propellers zum Stillstehen ... zu bringen. Würde ich das erreichen, bevor der Motor durch die Unwucht herausgerissen würde ... und abstürzte? Es war ein Wettlauf mit dem Tod.«[26] Hanna gewann den Wettlauf und erhielt dafür das Eiserne Kreuz II.

Der »Völkische Beobachter« berichtete dazu: »Der Führer und Oberste Befehlshaber der Wehrmacht hat der bekannten Fliegerin, Flugkapitän Hanna Reitsch, die sich unter fortwährendem Einsatz ihres Lebens besondere Verdienste um die Entwicklung von Luftwaffengerät erworben hat, das EK II. Klasse verliehen.«[27] Drei Tage davor hatte Reichsminister Göring einen Empfang gegeben, bei dem die Fliegerin das von ihm geschaffene Flugzeugführer- und Beobachterabzeichen in Gold mit Brillanten verliehen werden sollte.[28] Hanna wartete inmitten einiger Generäle, als der Reichsmarschall im Empfangsraum erschien. Sie spürte, wie sein Blick suchend über sie hinwegglitt. Schließlich bemerkte er die Fliegerin und gab seinem Erstaunen dröhnend Ausdruck: »Wie? Das soll unser berühmter Flugkapitän sein? Wie können Sie kleine Person überhaupt fliegen?« Die im Hinblick auf ihre geringe Größe empfindliche Hanna deutete in einer ausholenden Bewegung Görings enormen Leibesumfang an und meinte: »Ja, muss man denn dazu so aussehen?«

Die Verleihung des EK II fand in der Reichskanzlei in Berlin statt. Hanna Reitsch berichtete: »Hitler begrüßte mich freundlich und mit Wärme, während ihm zur Seite Göring stand, strahlend wie ein Vater, der sein wohlgeratenes Kind vorführen darf ... mich beeindruckte, dass Hitler auf diesem rein fliegerisch-technischen Gebiet über Kenntnisse verfügte, wie sie normalerweise nur derjenige haben kann, der sich speziell damit beschäftig. Erstaunlich war die Klarheit der Fragestellung, die stets das Wesentliche und den Kern der Sache traf ... Seine ungezwungene und einfache Art strömte eine Zuversicht aus, die sich jedem, der in seine Nähe kam, mitteilte ...«[29]

Am 4. April 1941 ehrte die Stadt Hirschberg ihre berühmte Bürgerin. Der Oberbürgermeister kam persönlich nach Berlin, um die Fliegerin nach Hause zu geleiten. Schon die Anreise wurde zu einer Triumphfahrt. Die Dörfer Niederschlesiens waren beflaggt, Menschen säumten die Straßen und warfen Hanna Blumen zu. In Hirschberg bildete die Jugend ein Spalier, Schüler der Segelfliegerschule Grunau hatten Aufstellung genommen und die Musik spielte, während die Heldin der Lüfte zum Rathaus fuhr. Dort überreichte man ihr den Ehrenbürgerbrief ihrer Heimatstadt und schenkte ihr außerdem ein Segelflugzeug vom Typ »Grunau-Baby«.

Hanna Reitsch war zum Idol geworden und das Regime nutzte die Popularität der Fliegerin. Wenn sie nicht im

Einsatz stand, arrangierte man für sie Vortragsreisen. Anfang 1942 sprach eine vor Begeisterung überströmende Hanna vor 2000 Hitlerjugend-Führern und BdM-Führerinnen, die sie auf fesselnde Art zum Einsatz für das Vaterland motivierte. Bei späteren Vorträgen berichtete die Fliegerin auch von ihrem heroischen Abenteuer als Testpilotin mit dem von der Firma Messerschmitt erzeugten Raketenflugzeug Me 163 (A und B), das in eineinhalb Minuten eine Höhe von 10 000 Metern erreichen konnte. Dann war der gesamte Treibstoff verbraucht und das Flugzeug segelte mit ungeheurer Geschwindigkeit zu Boden. Bei diesem rasanten Sturzflug sollte es feindliche Bomberformationen zerstreuen. Die Konstruktion der Me 163 B sah einen Abwurf des Fahrwerks kurz nach dem Start vor. Einmal verklemmte es sich jedoch. Hanna Reitsch berichtete: »Mit harten Abfangbewegungen versuchte ich das Fahrwerk abzuschütteln ... bald merkte ich, dass es nicht gelang ... der Steuerteil war durch das am Rumpf hängen gebliebene Fahrwerk gestört.« Ein Absprung mit dem Fallschirm kam für Hanna nicht in Frage, denn »kein Pilot lässt ein so kostbares Flugzeug, das ihm zur Erprobung anvertraut ist, im Stich, solange noch die geringste Aussicht besteht, es heil zu landen.« Sie spürte dann plötzlich, dass das Flugzeug durchsackte und auf kein Steuer mehr reagierte. »Ich krümmte mich so stark als möglich zusammen. Die Maschine schlug auf und überschlug sich krachend ... ich fühlte keinen Schmerz ...«[30] Obwohl ihr das Blut über das Gesicht rann, anstelle der Nase ein Loch gähnte und ihr bei jeder Bewegung schlecht wurde, notierte und skizzierte die Fliegerin noch Ursache und Verlauf des Sturzes. Um die Bergungsmannschaft nicht durch ihren Anblick zu erschrecken, band sie in zartfühlender Weise ein Taschentuch vor das Gesicht. Dann wurde sie ohnmächtig. Sie hatte einen vierfachen Schädelbasisbruch, zwei Gesichtsschädelbrüche, eine Gehirnquetschung und eine Nasenzertrümmerung erlitten. Nach einer monatelangen Rekonvaleszenz ehrte man Hanna Reitsch im März 1943 mit dem EK I, einer militärischen Auszeichnung, die im Allgemeinen für heldenhafte Fronteinsätze verliehen wurde. Sie wurde dadurch zur NS-Volksheldin.[31]

Hanna Reitsch teilte den Antisemitismus der Nationalsozialisten nicht. Sie verurteilte energisch die Ausschreitungen der »Reichskristallnacht« und weigerte sich in der DFA (Deutsche Forschungsanstalt) die Zusammenarbeit mit ihrem halbjüdischen Kollegen Dr. Joachim Küttner aufzugeben.[32] Als die Polizeiverordnung des Reichsministeriums des Inneren vom 1. September 1941 den Juden vorschrieb[33], sich »in der Öffentlichkeit nur mit sichtbar auf der linken Brustseite des äußersten Kleidungsstückes angebrachtem Judenstern zu zeigen«, meinten die Fliegerin und ihre Familie, dass »die Absonderung der Nichtarier gegen die christliche Nächstenliebe sei«, und unterstützten die auflehnende Haltung des evangelischen Konsistoriums der Kirchenprovinz Schlesien.[34]

Nach der Mitteilung des im Ausland tätigen Fliegerkollegen Peter Riedel, der an der deutschen Botschaft in Stockholm beschäftigt war, dass es in Deutschland Vernichtungslager gebe, suchte Hanna Reitsch ein Gespräch mit dem Reichsführer SS Heinrich Himmler. Dieser wusste alle Gerüchte als bösartige Verleumdungen abzutun und die oft als naiv beschriebene »Frau Hanna« glaubte ihm allzu gern. Als die Bewohner von Jamlitz einem Trup-

Hohe Auszeichnung – der »Führer« verleiht Flugkapitän Reitsch in Anwesenheit von Hermann Göring in der Berliner Reichskanzlei das Eiserne Kreuz II. Klasse (1941).

penübungsgelände (Dondangen) weichen sollten, setzte sich Hanna Reitsch mittels Rechtsanwalt für die Interessen der Betroffenen ein, bis ein Schreiben Himmlers sie zum Rückzug zwang.[35]

»Jetzt, nachdem ein endgültiger Befehl über die Unabänderlichkeit der Umsiedlung vom Reichsführer gegeben wurde, bleibt selbstverständlich nichts anderes als ... zu überzeugen, dass sie dieses persönliche große Opfer für das Wohl des Vaterlandes dem Führer zu bringen haben ...«[36] Mitte 1944 gehörte dann Hanna Reitschs Bewunderung nicht nur dem »Führer«, sondern auch Heinrich Himmler. Er beeindruckte sie dermaßen, dass sie ihm schrieb: »Lieber Reichsführer! Bevor ich weiterfliege, einen festen, dankbaren Gruß. Von Ihrer Rede am 26. Juli 44 bin ich begeistert und tief beeindruckt und hab die unbescheidene Bitte, um ein weiteres Exemplar, welches ich meinem Bruder, der Marineoffizier ist, zum Geburtstag schenken möchte ... Gott schütze Sie! In Treue herzlichst Ihre Hanna Reitsch«.[37]

Geschmeichelt ließ ihr Himmler zwei Exemplare senden.[38]

Die Popularität der Fliegerin war so groß, dass Generaloberst von Greim sie bat, der russischen Ostfront einen Besuch abzustatten, denn eine Frau, die – wie Hanna Reitsch sich ausdrückte – das »Ehrenzeichen des Soldaten« trug, könne die Moral der kämpfenden Truppen erhöhen. Die Frau Flugkapitän entsprach diesem Wunsch im Spätherbst 1943. Dabei verstärkte sich jedoch in ihr der Eindruck, den sie schon nach der Niederlage von Stalingrad gewonnen hatte: dass der Krieg verloren sei und sich bereits »Schatten über Deutschland senkten«. Als die

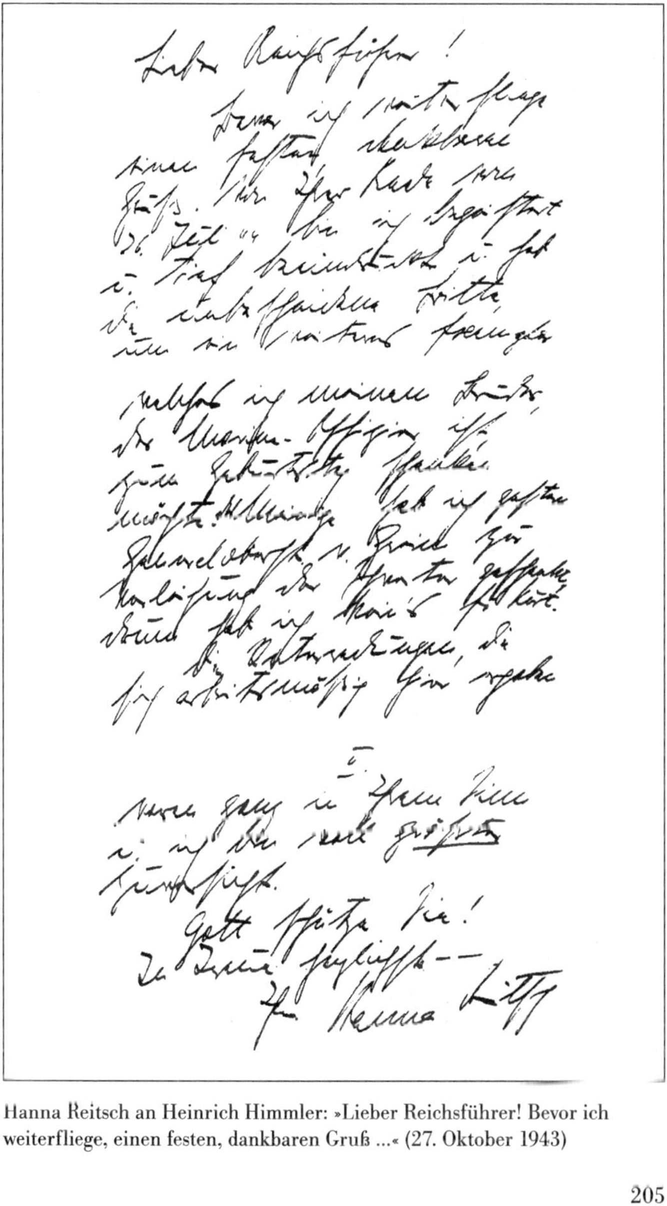

Lieber Reichsführer!
Bevor ich weiterfliege einen festen dankbaren Gruß. [illegible]

Gott schütze Sie!
In Treue herzlichst – –
Ihre Hanna Reitsch

Hanna Reitsch an Heinrich Himmler: »Lieber Reichsführer! Bevor ich weiterfliege, einen festen, dankbaren Gruß …« (27. Oktober 1943)

Luftstreitkräfte der Alliierten dann eine Stadt nach der anderen in Schutt legten, hoffte die Fliegerin – wie zahlreiche Militärs – auf jene »unbekannten, einzig dastehenden Waffen«, die Hitler häufig ankündigte.[39] Eine dieser geheimen Wunderwaffen war die V(ergeltungswaffe)1, ein ferngelenktes Geschoss, das ca. 1000 kg Sprengstoff enthielt.[40] Hanna Reitsch begrüßte den Einsatz, forderte jedoch vehement eine durch Menschen gelenkte Version der V1, um die Schlüsselpositionen des Gegners gezielt zerstören zu können. Als Hitler sie am 28. Februar 1944 auf dem Berghof empfing und ihr nachträglich zum EK I gratulierte, brachte sie ihre Kamikaze-Idee, die sie schon mit Fliegerkollegen diskutiert hatte, zur Sprache. Vorgesehen war ein »Selbstopfereinsatz von Menschen, die bereit waren, sich selbst zu opfern in der klaren Überzeugung, dass kein anderes Mittel mehr Rettung bringen konnte«.[41] Hitler reagierte ablehnend, ebenso die anderen Größen des Dritten Reichs: derartige Einsätze seien unsoldatisch und entsprächen nicht der deutschen Mentalität. Hanna Reitsch jedoch blieb hartnäckig und erlangte mit Hilfe von Otto Skorzeny, dem Befreier Mussolinis, die Genehmigung zu einer Testserie.[42]

Die Operation lief unter dem Decknamen »Reichenberg« und innerhalb von vierzehn Tagen standen vier Versionen der bemannten V1 zur Verfügung: Testmaschinen, deren Kufen eine Landung ermöglichten und solche für den Ernstfall – ohne Kufen. Trotz strengster Geheimhaltung sickerten Nachrichten über die geplante Kamikaze-Aktion an die Öffentlichkeit. Man glaubte allerdings, dass 1000 japanische Flieger daran teilnehmen würden.[43] Tatsächlich jedoch hatten sich 70 deutsche Todeskandidaten freiwillig gemeldet. Hanna Reitsch selbst flog Probeeinsätze und bereitete die durchschnittlich 17-Jährigen für ihre Opferung vor. Zu ihrem großen Ärger gab es dauernd Verzögerungen. Goebbels bestand auf einer Ehrung der »deutschen Kamikazes« und außerdem wurden die jungen Burschen – ganz unnötig, wie Hanna Reitsch meinte – in Körperertüchtigung und Pistolenschießen unterwiesen. Im Übrigen hielten die Ausbildner zwar patriotische Reden, meldeten sich jedoch – genau wie es bei den Japanern geschah – nicht selbst für den Kamikaze-Einsatz. Hanna Reitsch, die bereit war, ihr eigenes Leben zu opfern, verachtete dies zutiefst. In ihrer fanatischen Begeisterung für die Sache übertraf sie sogar den Reichsführer SS Heinrich Himmler. Seinen Vorschlag, nur »Lebensmüde, Kranke oder Verbrecher« zu verwenden, wies sie empört und beleidigt zurück: Himmler hätte die ehrenvolle vaterländische Mission nicht begriffen. Ihre eigene Überzeugung war, dass nur gesunde Männer, möglichst Familienväter, würdig wären, die »Reichenberg-Waffen« zu lenken. Die bemannte V1 gelangte nie zum Einsatz. Nach der alliierten Invasion in der Normandie verfügte Hitler ab Mitte Juni 1944 die Beschießung Englands mit unbemannten V-Waffen.[44]

Am 25. April 1945 erreichte Hanna Reitsch, die für die Verlegung eines Luftwaffenlazaretts Notlandeplätze im Raum Kitzbühel erkundete, ein dringender Appell. Generaloberst von Greim war von Hitler ohne Angabe von Gründen per Funkspruch nach Berlin befohlen worden. Die Rote Armee hatte damals Berlin bereits völlig eingekesselt, russische Truppen stießen gegen das Zentrum vor. Der Fall der Stadt war eine Frage von Stunden und die

Chancen, bis zum obersten Kriegsherrn vordringen zu können, betrugen fast null – seit Tagen konnten deutsche Maschinen nicht mehr in Berlin einfliegen! Selbst in diesem Endstation des Krieges zögerte der in der Nähe Münchens stationierte Generaloberst keinen Augenblick, Hitlers sinnlosem Befehl zu gehorchen. Er glaubte, dass er den belagerten Bunker der Reichskanzlei – wenn überhaupt – nur mehr mit einem Hubschrauber erreichen könne. Er bat daher Hanna Reitsch um Unterstützung bei dem gefährlichen »Sonderauftrag«. Die legendäre Fliegerin band kein militärischer Eid. Aus »selbstverständlicher Kameradschaft und Pflichtgefühl« stellte sie sich jedoch sofort zur Verfügung. Sie fragte nicht nach Sinn und Zweck der lebensgefährlichen Mission.

Am 26. April flogen Greim und Reitsch mit einer Ju 188 nach Rechlin. Von dort wurden sie mit einer FW 190 weiter nach Gatow, dem einzigen noch in deutscher Hand befindlichen Berliner Flughafen, gebracht. Da für Hanna Reitsch kein Platz in der zweisitzigen Maschine war, ließ sie sich durch eine Luke des hinteren Rumpfes einfädeln. »Zusammengekrümmt mit dem Kopf voran, lag ich in völliger Dunkelheit auf den scharfen Metallspanten ... ich wusste, dass ich ohne Hilfe nie mehr herauskommen würde.«[45] Zirka 30 Jagdflugzeuge gaben das Geleit. Kurz vor Berlin konnte der Pilot nur mittels Sturzflug den russischen Angreifern entkommen. In Gatow fiel der zum Weiterflug bereitstehende »Fieseler Storch« durch Artilleriebeschuss aus. Erst gegen Abend des 26. April konnte eine Ersatzmaschine, die letzte verfügbare, herangeschafft werden. Von einem Hubschraubereinsatz war keine Rede mehr, doch Hanna Reitsch harrte trotzdem bei Greim aus.

Dieser steuerte den »Storch« dann in die Stadt, die das Kampfgeschehen schon längst in eine brennende, gespenstische Ruinenlandschaft verwandelt hatte. Um feindlichen Jägern zu entgehen, flog er dabei möglichst tief, sodass die Gesichter der Russen an den Maschinenpistolen und Panzerwaffen klar zu erkennen waren. Das Flugzeug stand unter ständigem Beschuss. Als den Piloten eine Flakgranate traf und er bewusstlos zusammensackte, ergriff die hinter ihm stehende Hanna Reitsch Gashebel und Steuerknüppel. Sie setzte die Maschine dicht vor dem Brandenburger Tor sicher auf, wobei ihr die in zahllosen Übungsflügen erworbenen Ortskenntnisse zu Hilfe kamen. Hanna Reitsch berichtete darüber: »Ich zerrte Herrn v. Greim heraus, rings um uns war es wie ausgestorben und menschenleer ... es pfiffen und krachten die Einschläge, aber zu sehen war niemand. Auf der Straße kam Herr v. Greim zu sich. Ich hatte einen Ärmel meiner Bluse abgerissen und oberhalb seiner Fußverwundung fest ums Bein gebunden ... wir warteten eine Zeit ... Minuten wurden zu einer Ewigkeit ... da kam ein Militärauto, das uns aufnahm ...«[46] Gegen 19 Uhr trafen Greim und Reitsch im Luftschutzbunker der Reichskanzlei ein.

Ein Augenzeuge schrieb darüber: »... Der Generaloberst war verwundet und lag auf einer Tragbahre. In seiner Begleitung befand sich die Fliegerin Hanna Reitsch ... die Reitsch und Hitler kannten sich, die Begrüßung zwischen beiden war herzlich. Bescheiden hielt sie sich stets bei allen Besprechungen im Hintergrund. In ihrer frischen, lebensbejahenden Art verlangte diese zierliche Frau den hier im Bunker Versammelten uneingeschränkte Achtung ab ...« Auch der stark gealterte Hitler mit gläsernem Blick und unentwegt zitternden Armen sprach ein Lob aus: »Sie tapfere Frau! Es gibt doch Treue und Mut auf der Welt.«[47]

Noch während Greim auf dem Operationstisch lag, erklärte ihm Hitler wortreich und wutentbrannt, dass Göring Verrat begangen hätte: »Es bleibt mir nichts auf der Welt erspart, keine Enttäuschung, kein Treubruch ... Ich habe Göring sofort verhaften lassen, ihn aller Ämter enthoben und aus allen Organisationen ausgestoßen.«[48] Dann ernannte er Greim als Nachfolger Görings zum obersten Befehlshaber der Luftwaffe. Gleichzeitig beförderte er ihn zum Generalfeldmarschall. Hanna Reitsch übernahm die Pflege des Verwundeten und beide bezogen das im untersten Teil des Bunkers gelegene Arztzimmer.

Kontakte mit dem letzten Hofstaat Hitlers, der sich tief unter der Erde um den »Führer« scharte, beschränkten sich auf einen kleinen Personenkreis. In ihren Erinnerungen erwähnt Reitsch, dass sie in der unterirdischen, mehrgeschossigen Anlage vor allem Martin Bormann, Botschafter Hevel, General Krebs, den Piloten Baur, Eva Braun, Hitlers Sekretärinnen, den SS-Gruppenführer Fegelein sowie das Ehepaar Goebbels getroffen habe. Soweit es der Krankendienst zuließ, hat sich die Fliegerin eng an Magda Goebbels und ihre sechs Kinder angeschlossen. »Als ich den Raum betrat, schaute ich in sechs schöne Kindergesichter im Alter von vier bis zwölf Jahren, die mir ... mit lebhafter Neugier entgegensahen. Dass ich fliegen konnte, schloss sofort das Tor ihrer Kinderfantasie weit auf ... sie plapperten und fragten in einem fort ... Ich lehrte sie mehrstimmige Lieder singen und auch echte Tiroler Jodler, die sie rasch lernten. Das Donnern und Krachen der Einschläge beunruhigte sie nicht; denn sie glaubten kindlich, wie man es ihnen vorgesagt hatte, dass der ›Onkel Führer‹ damit die Feinde besiege, und wenn einmal das Jüngste ängstlich wurde, ließ es sich von den älteren Geschwistern mit dieser Vorstellung schnell trösten …«[49] Zum Einschlafen sang sie den Kindern, deren Tod damals schon beschlossene Sache war, vor: »Morgen früh, wenn Gott will, wirst du wieder geweckt.« Hanna Reitsch hat selbst im Bunker ihre Fröhlichkeit nicht abgelegt, während die Stimmung der übrigen schon lange unter der Erde auf engstem Raum Lebenden gedrückt, aber ruhig war.

Die Reichskanzlei stand unter pausenlosem Beschuss. Das Getöse berstender Granaten mengte sich mit den dumpfen Detonationen von Fliegerbomben, ließ niemanden zur Ruhe kommen und rief außer Angst physische und psychische Erschöpfungszustände hervor. Die Wucht des sich von Stunde zu Stunde steigernden Beschusses durchschlug die obersten Betondecken. Selbst in den tiefsten Bunkerräumen rieselte der Mörtel von den Wänden. Setzten die Frischluftventilatoren aus, dann litten die Bunkerbewohner unter qualvoller Atemnot und Kopfschmerzen. Als sich herumsprach, dass keine entscheidende Hilfe mehr zu erwarten sei und Hitler einen Ausbruchsversuch ablehnte, brüteten die einen dumpf ergeben vor sich hin, während sich die anderen mit Alkohol betäubten. Die Telefonverbindung zur Außenwelt riss immer häufiger ab. Einzelne Melder kämpften sich zum Kommandanten von Berlin durch und kehrten mit immer schrecklicheren Nachrichten zurück. Weltuntergangsstimmung breitete sich aus. Hitler hielt jedoch weiterhin Lagebesprechungen ab. Auch als die russischen Panzer nur mehr 1000 Meter entfernt waren, diskutierte er noch über einen möglichen Entsatz durch die Armee von General Wenck. Gegen ein rasches Vordringen der Russen befahl Hitler, die Berliner U-Bahnschächte, in die sich Tausende Menschen geflüchtet hatten, zu fluten.

Am 28. April überreichte Hitler der Fliegerin – auf eine Bitte Greims hin – zwei Ampullen mit Gift, damit sie, wie er sich ausdrückte, nicht benachteiligt sei.[50] Den von Hanna Reitsch vorgeschlagenen Rettungsflug lehnte er als indiskutabel ab. Vielmehr kündigte er an, dass er beim Scheitern von Wencks Durchbruchsversuch gemeinsam mit Eva Braun aus dem Leben scheiden würde. Er wolle den Russen nicht in die Hände fallen.

Wie Greim, so schloss auch Hanna Reitsch damals mit ihrem Leben ab. Sie war überzeugt, den Bunker nicht mehr lebend verlassen zu können, und hatte beschlossen – in Pflichterfüllung bis zuletzt – mit dem »Führer« zu sterben. Später hat sie ihre damalige Haltung zusammengefasst: »Die deutschen Flieger haben in tapferster, ehrenhaftester und todesmutigster Weise ihr Leben eingesetzt in der Hoffnung, ihr Vaterland zu retten, im Glauben an den Führer, im Stolz auf ihre Luftwaffe und sein Oberhaupt. Es mag eine Führung richtig oder falsch gewesen sein – das zu beurteilen ist nicht an mir. Wenn man aber zu dieser Führung hauptverantwortlich gehört, muss man bereit sein, mit ihr unterzugehen.«[51]

Am Abend des 28. April traf die Nachricht ein[52], dass der Reichsführer SS Heinrich Himmler den westlichen Alliierten die bedingungslose Kapitulation sämtlicher gegen sie kämpfender Truppen angeboten hatte.[53] Hitler verfiel in einen Wutanfall und bezeichnete dies als den schamlosesten Verrat in der Geschichte Deutschlands. In den Nachtstunden des 28. April erschien er unvermutet in Greims Krankenzimmer und befahl dem Verwundeten, unverzüglich die Reichskanzlei und Berlin zu verlassen, Himmler aufzuspüren und – wenn möglich – sofort verhaften zu lassen. Die Bitten des Generalfeldmarschalls und der Fliegerin, doch beim »Führer« bleiben zu dürfen, ignorierte er. Hastig wurde Abschied genommen. Magda Goebbels zog einen Brillantring vom Finger und schenkte ihn ihrer neu gewonnenen Freundin als Andenken. Dann gab sie ihr zwei Abschiedsbriefe für ihren ältesten Sohn (Harald Quandt) mit. Eva Braun überreichte einen Brief zur Weiterleitung an ihre Schwester Gretl, deren Mann Hermann Fegelein kurz davor als Deserteur hingerichtet worden war. Greim bekam von Martin Bormann Schrift-

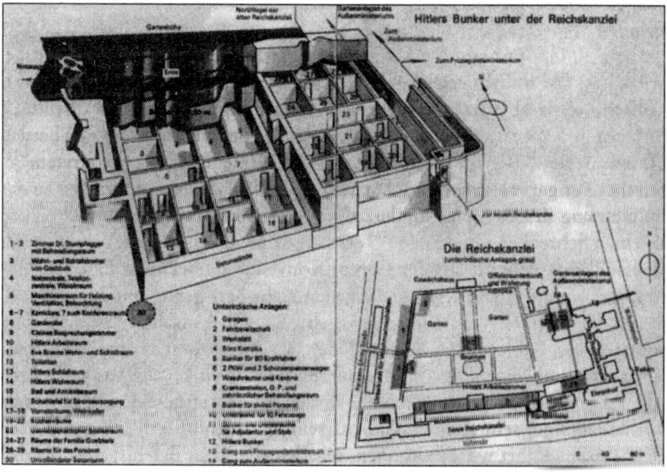

Die letzten Tage des Dritten Reichs – Hanna Reitsch verbrachte die Zeit vom 26. bis zum 28. April 1945 im Berliner Führerbunker.

stücke für die Parteikanzlei in Berchtesgaden. Dann stieg man in die von Brand- und Schwefelgeruch erfüllte Oberwelt auf.

In einer unheimlichen Fahrt begab sich der invalide Greim, gestützt von seiner treuen Helferin, zum Brandenburger Tor. Dort wartete in einer so genannten Splitterbox ein Schulflugzeug vom Typ »Arado«, dem – entgegen jeder Wahrscheinlichkeit – trotz dichtem russischem Flakbeschuss die Landung geglückt war. Während feindliche Scheinwerfer unablässig die Ost-West-Achse absuchten, gelang der risikoreiche Start. Um Mitternacht befanden sich Greim und Reitsch in der Luft und auf dem Weg nach Rechlin. Beide versäumten dadurch eine zu dieser Zeit im Führerbunker stattfindende Zeremonie, zu der man sie wohl geladen hätte: die Vermählung von Adolf Hitler mit Eva Braun, eine richtige Hochzeit mit Standesbeamten und Trauzeugen, lautem und deutlichem Ja von Braut und Bräutigam sowie der vorgeschriebenen Leistung von Unterschriften auf dem Trauschein. Für die anschließende Hochzeitstafel wurde mit weißem Tischtuch, das Hitlers Monogramm trug, und Silberleuchtern festlich gedeckt. Weine, Liköre und Lebensmittel kamen aus den großen Vorräten der Reichskanzlei. Nur Eva Hitler war überglücklich, ansonsten verdüsterten die Selbstmordgedanken des Ehepaares die Stimmung, die der eines Leichenschmauses glich. Der Bräutigam entfernte sich früh, um sein Testament zu diktieren.

Nach der Landung in Rechlin übernahm von Greim das Kommando über den Rest der deutschen Luftstreitkräfte, um dann in Begleitung von Hanna Reitsch, die gleichzeitig als Pilotin der Bücker 181 und als Krankenschwester fungierte, per Flugzeug und Auto eine hektische Odyssee durch Deutschland und Österreich anzutreten. Besprechungen mit den Spitzen von Marine und Heer standen auf dem Programm. »Ich vermied es, über Straßen und Bahngleise zu fliegen, die das ständige Ziel von Tieffliegern waren, schlich mehr, als ich flog, in niedrigster Höhe von Wald zu Wald, immer am Rand entlang, wo die Schatten uns schützend aufnehmen konnten, und sprang über Hecken und Zäune ... streckenweise mussten wir die Maschine mit einem Auto vertauschen ...«, erinnerte sich die Fliegerin.[54]

In Wismar hielt Greim auf Krücken und notdürftig verbunden, seine letzte Rede an die Luftwaffe. Hanna Reitsch hielt sich bescheiden im Hintergrund, gab jedoch ihren Fliegerkollegen einen Bericht von dem abenteuerlichen Flug zu Hitler.[55] Als am 1. Mai 1945 der Tod des »Führers« verlautbart wurde, brachte Reitsch den hoch fiebernden Greim unverzüglich nach Plön, wo Admiral Dönitz, Hitlers designierter Nachfolger, eine neue deutsche Regierung bildete. Dort wurde sie Zeugin, wie sich von Greim sieben Tage vor Ende des Dritten Reichs in seinem Amt als Chef der nicht mehr manövrierfähigen deutschen Luftwaffe bestätigen ließ. In der Admiralsbaracke in Plön traf sie auch den »Verräter« Himmler, der mit großem Gefolge von seinem letzten Hauptquartier (nahe Lübeck) angereist war, um Dönitz zu beglückwünschen und seine Dienste anzubieten. Von einer Verhaftung Himmlers war keine Rede mehr. Eigenen Angaben zufolge[56] hat Hanna Reitsch jedoch dem Reichsführer SS bitter vorgeworfen, Hochverrat an Hitler begangen zu haben, und das zu einer Zeit, wo sein Platz an der Seite des »Führers« im Bunker gewesen wäre. Himmler tat dies mit der Bemerkung ab, dass die Geschichte anders urteilen werde und er zum Wohle Deutschlands gehandelt habe.

Wenig später verschlechterte sich Greims Zustand. Die Fliegerin pflegte ihn vier Tage lang, bis sich erste Anzeichen von Besserung einstellten. Dann brachen die beiden erneut auf. In Deutschland herrschte unbeschreibliches Chaos. Millionen vertriebene und ausgebombte Menschen zogen durchs Land. Stündlich erwartete man die Kapitulation, doch Greim und Reitsch suchten unbeirrt nach Generalfeldmarschall Kesselring. Mit diesem sollte eine Strategie erörtert werden, die den Vormarsch der Roten Armee im Osten stoppen würde, um den riesigen Flüchtlingsströmen die Flucht zu den westlichen Alliierten zu ermöglichen. Die Suche blieb ergebnislos und die Zeitereignisse setzten ihr schließlich ein Ende.

Die Odyssee endete, wo sie sie vor weniger als zwei Wochen begonnen hatte. »Ein wunderbarer Flug ... trug uns über die Alpen. Als wir am 8. Mai in Zell am See landeten, erfuhren wir, dass bereits die bedingungslose Kapitulation unterzeichnet worden war«, erinnerte sich Hanna Reitsch.[57]

Die Fliegerin freute sich auf ein Wiedersehen mit ihrer Familie, die sie in Schloss Leopoldskron zurückgelassen hatte. Im Februar 1945 war Dr. Reitsch vor dem Einmarsch der Russen aus Schlesien nach Westen geflüchtet, hatte sich bis Salzburg durchgeschlagen und schließlich durch die Vermittlung von Freunden in Leopoldskron Unterkunft gefunden.

Als Hanna Reitsch mit dem kranken Oberkommandierenden der deutschen Luftstreitkräfte im Kitzbüheler Luftwaffennotlazarett erschien, wurden beide von amerikanischen Offizieren verhaftet. Es war eine milde Form der Internierung. Die Amerikaner machten sich sogar erbötig, Dr. Reitsch von der wohlbehaltenen Rückkehr seiner Tochter zu unterrichten. Umso größer war für Hanna der Schock, als wenige Tage später eine schreckliche Nachricht eintraf: Vater, Mutter und die jüngere Schwester Heidi mit ihren vier Kindern waren nicht mehr am Leben. Auf das Gerücht hin, dass der Oberkommandierende der amerikanischen Streitkräfte, General Eisenhower, beabsichtige, die aus dem Osten geflüchteten Frauen und Kinder in die von den Russen besetzte schlesische Heimat zurückzuschicken, hatten sie einen Tag vor dem Einmarsch der Amerikaner alle Selbstmord begangen. Hanna beschloss damals, mit Hilfe von Hitlers Zyankalikapsel ebenfalls aus dem Leben zu scheiden. Diesen Ausweg hat auch Generalfeldmarschall von Greim gewählt, als er erfuhr, dass er – wie die übrigen Spitzen der Luftwaffe – nach England zum Verhör gebracht werden sollte.[58] Vor ihrem Tod wollte die Fliegerin jedoch noch die Gräber ihrer Angehörigen besuchen und überredete drei ihrer amerikanischen Bewacher zu einer Fahrt nach Salzburg. Im Jeep fragten sie die jungen Männer, wie es denn möglich gewesen sei, dass sie diesem Verbrecherregime hätte dienen können. Man zeigte ihr schreckliche Fotos von Leichenbergen aus dem eben befreiten Konzentrationslager Dachau und erzählte von Gaskammern. Hanna Reitsch tat dies als Lügenmärchen und Gräuelpropaganda ab. An den Gräbern ihrer Familie beschloss sie weiterzuleben, denn sie wollte sich, wie sie es ausdrückte, »vor Millionen anständige Deutsche stellen und versuchen die Wahrheit ergründen zu helfen«.[59]

Als Kitzbühel französisches Besatzungsgebiet wurde, verlagerten die Amerikaner die gesamte Belegschaft und das Inventar des Lazaretts nach Deutschland. Im Trubel der Übersiedlung gelang Hanna Reitsch die Flucht nach Innsbruck, wo sie bei Verwandten Unterschlupf fand. Man hätte sie vermutlich lange nicht entdeckt, wenn sie nicht schon eine Woche danach zu einem neuerlichen Friedhofsbesuch nach Salzburg aufgebrochen wäre. Zwei Männer in amerikanischen Uniformen holten sie aus dem Zug. Einer der beiden, Colonel Work, erklärte ihr in gutem Deutsch, dass er sie vor dem Zugriff der Russen, die an ihren Ergebnissen als Testpilotin höchst interessiert wären, schützen wolle. Work stellte sich als Fliegerkollege der American United Force und als Chef der USA Air Corps Intelligence, einer Sektion des amerikanischen Geheimdienstes, vor.[60] Er brachte die Testpilotin zuerst in Schloss Leopoldskron und später in der Villa Glanzenbichl in Traunkirchen unter. Er behandelte sie, wie auch ihren ebenfalls internierten langjährigen Chef, Professor Georgii, sehr freundlich als hoch geschätzte Gäste. Die naive Hanna Reitsch glaubte sich bei einem Flieger geborgen und in Sicherheit. Die Verpflegung war ausgezeichnet, zum Essen kamen Works angebliche Freunde und führten interessante Tischgespräche. Die Wißbegierigkeit der Amerikaner schmeichelte der Fliegerin sehr. Sie hatte viel zu erzählen und gab bereitwilligst Auskunft: über ihre Arbeit als Testpilotin, den Kamikaze-Plan, die Tage bei Hitler im Bunker. Oft entschuldigte sich Work bei Tisch. Er eilte weg, um sich Hannas Aussagen auf dem WC zu notieren.[61]

Ihre Angaben waren unschätzbar wertvoll zu einer Zeit, in der über Hitlers Tod noch keine Gewissheit herrschte.

Robert Work erinnerte sich Jahrzehnte später: »Wir hatten für gewöhnlich eine kleine Gruppe hochrangiger Militär- und Zivilpersonen als ›Gäste‹, die uns Antworten auf die Fragen, die zu Kriegsende unbeantwortet blieben, lieferten. Dies geschah in der Form, dass die ›Gäste‹ Berichte schrieben oder bei Mahlzeiten erzählten. Sie wurden auch von meinen Leuten oder mir selbst einzeln befragt. In dieser Weise ging das Verhör der Hanna Reitsch vor sich ... Vielleicht der wichtigste Bericht, den wir von Hanna erhielten, war der, den ich ›Die letzten Tage in Hitlers Luftschutzbunker‹ nannte. Dieser Bericht erlangte, zusammen mit anderen, im Nürnberger Prozess gegen die Kriegsverbrecher dadurch Bedeutung, dass er das Gericht vom Tod Hitlers überzeugte ... Obwohl Hanna [später] mehrere Passagen in meinem Bericht leugnete, ist darinnen nichts enthalten, das ich nicht mit ihr diskutiert hätte und dessen Wahrheitsgehalt ich sie nicht bestätigen ließ. Mit eingeschlossen ihre Meinung, dass der Mann, der als der Retter Deutschlands begonnen hat, sein Leben mit der kriminellen Schuld von Millionen Toten beendete, besonders der bewussten Ermordung der Juden. Einmal in einem besonders dunklen Moment erzählte sie mir, dass sie froh wäre, nie Parteimitglied geworden zu sein ...«[62]

Works streng geheimer Bericht gelangte ohne sein Wissen an die Öffentlichkeit und wurde in »Stars and Stripes« gedruckt.[63] Man stellte ihn auch dem englischen Major Trevor-Roper zur Verfügung, der zahlreiche Zeugen aus Hitlers letzten Bunkertagen verhört hatte.

Gestützt auf diese lückenhaften Protokolle sowie auf die 1945 zugängliche, dubiose Hitler-Literatur[64] verfasste Trevor-Roper sein Buch »Hitlers letzte Tage«.[65] Dieser erste Rekonstruktionsversuch von Hitlers Ende gab zwar in groben Zügen die tatsächlichen Ereignisse wieder, enthielt jedoch viele kolportagehafte Kuriositäten, mit denen der Autor den damaligen kargen Wissensstand aufbesserte und die Lücken füllte. So glaubte Trevor-Roper jenen Zeugen, die ihm erzählten, dass »Hitler sich von seinem bescheidenen Mahl – Gemüseschnitzeln und destilliertem Wasser – erhob, um auf dem Tisch herumzutanzen«.[66] Auch Bormann habe getanzt. Weiters nahm Trevor-Roper auch die »widerwillige« Aussage Speers, dass er die gesamte politische Führung im Bunker durch Meuchelmord habe beseitigen wollen, für bare Münze.[67] Der karge Bericht über Hanna Reitsch jedoch schwoll in seiner Bearbeitung zu einer wahren Saga an. Von Hanna Reitsch selbst, die er nie sah, lieferte Trevor-Roper eine lange psychologische Studie: »Zuneigung wird zu religiöser Anbetung, Loslösung zu theologischem Hass.«[68] Er legt Hanna Reitsch bösartige Tiraden gegen Eva Braun in den Mund, erzählt von ihrem »Phrasengedresch« und ihrem »unreifen teutonischen Geist« sowie einer Konferenz im Bunker: »In diesem makabren Konklave probten alle ihre Selbstmordpläne ... mit sentimentalen Einzelheiten: Sie [Greim und Reitsch] hatten verabredet, das Gift zu schlucken ... die Dübel der schweren Handgranaten, die sie um den Körper geschnallt hatten ... zu ziehen. Nicht nur Hitler und Eva Braun wollten mit einem Knalleffekt aus der Welt scheiden.«[69] Auf den schwer verwundeten Greim habe laut Trevor-Roper die Atmosphäre wie ein »Jungbrunnen« gewirkt und die anderen Bewohner »drängten sich hysterisch um den Führer und bettelten am Sakrament seines Todes teilnehmen zu dürfen«.[70]

Als erste Schilderung der letzten Bunkertage – seriösere folgten erst später[71] – wurde Trevor-Ropers sensationsträchtiges Buch begierig von Zeitungen, Büchern und Filmen aufgegriffen. Hanna Reitsch jedoch klagte, dass man ihr Leben ruiniere: »Ich wurde und werde dadurch immer von neuem auf eine politische Bühne geholt, auf die ich niemals gehörte. Es werden bis zum heutigen Tag noch immer gefälschte, so genannte ›Augenzeugenberichte über die letzten Tage im Hitlerbunker‹ unter meinem Namen in der in- und ausländischen Presse sowie in Büchern angeführt wie etwa in Trevor-Ropers Buch ... Ich betone hier ausdrücklich, dass ich diese ›Augenzeugenberichte‹, die in Ichform verfasst sind, nie geschrieben, nie gesehen und nie unterzeichnet habe. Sie entsprechen zum größten Teil nicht der Wahrheit ...«[72] Besonders ärgerte die Fliegerin – die Hitler, außer im Bunker, nur dreimal begegnet war –, dass man sie als Freundin des »Führers« und Rivalin von Eva Braun bezeichnete. Hanna Reitsch, der Zeitzeugen ein »tadelloses, korrektes, fast aristokratisches« Benehmen attestieren[73], verwehrte sich auch gegen die Anschuldigung, das Briefgeheimnis missachtet, den ihr von Eva Braun anvertrauten Brief geöffnet, als »obszönes Gewäsch« abgetan und vernichtet zu haben.

Die Proteste von Hanna Reitsch bewirkten – abgesehen von minimalen Änderungen in späteren Auflagen von Trevor-Ropers Buch – nichts. Dem Wunsch der Fliegerin nach einer persönlichen Aussprache kam der Autor nicht nach. Als Professor in Oxford und Cambridge hat sich Trevor-Roper dann jahrelang mit der Geschichte des Dritten Reichs beschäftigt.[74] Nach dem sensationellen Auftauchen von Hitler-Tagebüchern im Jahre 1981 wurde er als Exper-

Hanna Reitsch mit ihrem langjährigen Freund und Kollegen Wernher von Braun in Huntsville, Alabama (1961).

te auf diesem Gebiet konsultiert. Nach genauer Prüfung bestätigte Professor Trevor-Roper die unzweifelhafte Echtheit des Manuskripts. Wenig später wurde es vom Berliner Bundesarchiv als plumpe Fälschung entlarvt. Konrad Kujau, ein Händler von NS-Devotionalien, hatte die 60 Tagebücher fabriziert und musste sich dafür im größten Fälschungsprozess der deutschen Geschichte verantworten.[75]

Hanna Reitsch verbrachte nach Kriegsende insgesamt 18 Monate in Internierungslagern (Salzburg, Freising und Oberursel). Das Angebot, zusammen mit Wernher von Braun und seinem Team in amerikanische Dienste zu treten, lehnte sie ab.[76] Die Gefangennahme der Dönitz-Regierung empfand die Fliegerin als ebensolche »Schändlichkeit« wie auch das Verbot, sich in der Öffentlichkeit mit dem Eisernen Kreuz mit Hakenkreuz zu zeigen, das sie jahrelang stolz getragen hatte. Am 15. Dezember 1947 erging ein Spruchkammerbescheid, der Hanna Reitsch nach dem Gesetz zur Befreiung von Nationalsozialismus und Militarismus unter die »Nichtbetroffenen« reihte, da sie selbst weder der NSDAP noch einer anderen NS-Organisation angehört hatte. Es war ein Urteil, dessen sich Hanna Reitsch vor allen »unschuldig belasteten Freunden« fast schämte: »... denn ich hatte wie sie alle und Millionen Deutsche nur auf meinem Platz meine Pflicht getan.«[77]

Im August 1949 berichtete der amerikanische Geheimdienst, dass die wohl bekannte Fliegerin Hanna Reitsch mit anderen Enthusiasten auf der Wasserkuppe den Geburtstag des Segelflugpioniers Lilienthal feiere, obwohl die Militärregierung derartige Zusammenkünfte verboten hatte. 1951 wurden die Restriktionen aufgehoben und Hanna Reitsch setzte ihre Karriere fort. Im selben Jahr schrieb sie »Fliegen – mein Leben«, in dem sie stolz ihr großes Engagement für den »Selbstopfereinsatz« enthüllte.[78] 1952 gewann sie als Mitglied der deutschen Segelflugmannschaft in Spanien die Bronzemedaille. 1955 wurde sie deutsche Segelflugmeisterin. 1957 stellte sie einen Höhenrekord auf. 1958 kam es zu einer Kontroverse, als ihr Polen ohne Angabe von Gründen die Teilnahme an einem internationalen Wettbewerb verweigerte. Die deutsche Mannschaft reiste ohne sie und spaltete dadurch den Aero-Club in zwei feindliche Lager. Die Anhänger von Hanna Reitsch warfen dem Club-Präsidenten Harald Quandt grobe Undankbarkeit vor: Lasse er doch jene Fliegerin im Stich, die ihm unter Einsatz ihres Lebens die letzten Briefe seiner Mutter gebracht hatte.

Die Diskussion um Hanna Reitsch und ihren Aufenthalt im Führerbunker ging jahrelang weiter und nahm skurrile Dimensionen an. Die Fliegerin reagierte mit hilfloser Gereiztheit und brachte zahlreiche Klagen ein. Auch einem Scherzbold, der behauptete, Hanna hätte damals einen Mischlingshund, eine Kreuzung von Hitlers Schäfer und Bormanns Boxer, ausgeflogen, schrieb sie eine Gegendarstellung. Ihre offensichtliche Naivität wurde belächelt und verspottet. Mit Empörung registrierte man jedoch jene Passagen in den Büchern der Fliegerin, in denen sie immer wieder gläubige Treuebekenntnisse zum Dritten Reich ablegte.

Während man in Deutschland zwischen der NS-Enthusiastin und der berühmten Pilotin nicht unterschied, wurde die Fliegerin Hanna Reitsch im Ausland geehrt. Als Zeichen der Wertschätzung unternahm der indische Premierminister Pandit Nehru mit ihr einen Segelflug und lauschte ihrer Version der Ereignisse vom April 1945. Er und seine Familie befreundeten sich herzlich mit der Fliegerin. 1961 lud sie ihr alter Freund Wernher von Braun in das amerikanische Raketenforschungszentrum nach Huntsville/Alabama. Sie erlebte dort nicht nur den Startversuch einer Saturn-Rakete, sondern feierte auch ein Wiedersehen mit vielen Fliegerkollegen – darunter Jochen Küttner, der als rechte Hand Wernher von Brauns das Mercury-Redstone-Projekt leitete. Von 1962 bis 1966 führte Hanna Reitsch eine Segelfliegerschule in Ghana, wo sie das Vertrauen des Premiers errang. Nach ihrer Vertreibung durch einen Militärputsch schrieb sie ihre Erlebnisse nieder: »Ich flog für Kwame Nkrumah.« 1972 wurde sie in den USA zum »Piloten des Jahres« ernannt, die »Society of Experimental Test Pilots« (SETP) machte sie zum Ehrenmitglied. 1975 sprach sie in Los Angeles vor 1200 Astronauten und Testpiloten und erhielt minutenlangen Applaus.

Der große Kontrast zu ihrer Heimat, wo man ihr Glorifizierung des NS-Regimes vorwarf, bewog Hanna Reitsch schon 1974 die deutsche Staatsbürgerschaft zugunsten der österreichischen aufzugeben. Noch 1979, als 67-Jährige, verteidigte und verbesserte sie den von ihr gehaltenen Segelflug-Weltrekord im Zielflug mit Rückkehr zum Startort.

Am 24. August 1979 ist Hanna Reitsch, die erste Hubschrauber-, Düsenflugzeug- und Raketenflugzeugpilotin der Welt, an einem Herzinfarkt verstorben.[79]

Winifred Wagner

Wolf und Winni

23. Juni 1897 – 5. März 1980

Die Musik von Richard Wagner leistete der Weltgeschichte Patendienste, denn sie hat sowohl Theodor Herzl als auch Adolf Hitler entscheidend geprägt. Es waren die betörenden Klänge von »Tannhäuser«, bei denen der Wiener Journalist Herzl die Vision eines »Gelobten Landes« als Heimstätte für die in aller Welt verstreuten Juden hatte.[1] »Rienzi« hingegen wurde für Adolf Hitler zum Wendepunkt seines Lebens. »Damals hat alles begonnen«, gestand er einem Jugendfreund. »Bei dieser gottbegnadeten Musik hatte ich als junger Mensch im Linzer Theater die Eingebung, dass es auch mir gelingen müsse, das deutsche Volk zu einen.«[2]

Hitlers schwärmerische Begeisterung blieb nicht ohne Auswirkungen auf das Dritte Reich. Richard Wagner wurde als »erhabener deutscher Meister« vereinnahmt und ideologisch genutzt. zur Eröffnung der Parteitage, bei Staatsbegräbnissen und beim jährlichen Ritual der Bayreuther Festspiele unter dem Patronat des »Führers«.[3] Der junge Staat Israel aber teilte den Enthusiasmus seines Gründervaters nicht. Im Hinblick auf die schmerzlichen Assoziationen zum NS-Regime hat man lange Zeit hindurch Richard Wagners gesamtes Werk geächtet.

In Bayreuth, dem Ort des Wagnerkultes, ist Hitler erstmals am 30. September 1923 erschienen. Er kam um am »Deutschen Tag« zu sprechen. Die NSDAP-Sympathisantin Winifred Wagner ergriff die Gelegenheit, den bewunderten Politiker kennen zu lernen: »Es wurde angefragt, ob wir eventuell nach der Versammlung bereit wären, ihn [Hitler] kennen zu lernen. Mein Mann ging nicht hin, ich bin hingegangen [in das Hotel Anker], ich habe ihn durch Herrn und Frau Bechstein kennen gelernt ... und ich muss gestehen, dass ich sofort einen sehr großen und tiefen Eindruck von dem Mann hatte. Als Persönlichkeit, das Auge war von allen Dingen ungeheuer anziehend, ganz blau und ein großes, ausdrucksvolles Auge, und ich forderte ihn auf, nach Wahnfried zu kommen, weil er sich natürlich ungeheuer dafür interessierte, für Wagners Wohnhaus [Wahnfried], für Wagners Ruhestätte, er wollte das sehen ...«[4]

Die junge Frau stellte den aufstrebenden Politiker dann dem Wagner-Clan vor. An diesem Abend begann zwischen Adolf Hitler und Winifred Wagner, die sich später als »Wolf« und »Winni« ansprachen, eine lebenslange Freundschaft.[5] Der »Führer« hat dies später oft lobend erwähnt: »Frau Wagner hat Bayreuth – das ist ihr großes historisches Verdienst – mit dem Nationalsozialismus zusammengebracht.«[6]

Winifred Wagner wurde am 23. Juni 1897 in Hastings an der englischen Kanalküste als Tochter des Journalisten John Williams und der Schauspielerin Emily Florence geboren. Von ihrer tristen frühen Kindheit, zu der auch ein Aufenthalt in einem Waisenhaus »à la Dickens« gehörte[7], hat Winifred selbst berichtet: »Leider habe ich meine beiden Eltern schon mit zwei Jahren verloren. Meinen Vater, wie ich ein Jahr alt war, die Mutter, wie ich zwei Jahre alt war. Ich war also Vollwaise, hatte keine Geschwister und sehr wenig Verwandte, die sich zwar bemühten ... aber immer wieder absprangen, sodass ich als Kind von einer Hand in die andere gereicht wurde, bis ich ... plötzlich nach Deutschland geschickt wurde, weil da entfernte Verwandte meines Großvaters väterlicherseits wohnten ...«[8]

Sie kam nach Berlin zu Karl Klindworth, einem Pianisten, Dirigenten, Lisztschüler und Wagnerianer von deutschnationaler, stark antisemitischer Prägung. Der bereits 78-jährige Klindworth und seine fast gleichaltrige Frau nahmen sich in rührender Weise um das Waisenkind an: »Nun haben wir in unserem hohen Alter auch noch eine Sorge übernommen – die Erziehung und Versorgung eines kleinen, lieblichen Mädchens von zehn Jahren, das gänzlich ohne Mittel, allein in der Welt steht ...«[9] Das Haus Klindworth war ein Hort der Musikpflege und man erzog Winifred »im Sinn Wagners und Bayreuths«. Jedes Jahr wurde ihr Pflegevater von Cosima Wagner, der Witwe Richard Wagners, zu den Generalproben der Bayreuther Festspiele geladen, die im kleinen exklusiven Kreis stattfanden. Er schätzte dies als hohe Ehre und weigerte sich lange, seinen jungen Schützling mitzunehmen. Erst mit 17 Jahren besaß Winifred in den Augen Klindworths dafür die nötige Reife. Es waren die letzten Festspiele vor dem Ausbruch des Ersten Weltkriegs. Die Aufführung des »Fliegenden Holländers«, inszeniert und geleitet von Siegfried

Wagner, Richard Wagners einzigem Sohn, fand am 22. Juli 1914 vor stark gelichteten Zuschauerreihen statt. Als die Kriegszustands-Erklärung des bayerischen Königs verlesen wurde, reisten die meisten Besucher überstürzt ab.

Die sich ausbreitende düstere Stimmung merkte Winifred kaum, denn sie hatte sich in Siegfried verliebt. Sie spazierte mit der Mutter des Angebeteten durch den Hofgarten von Bayreuth und durfte von sich selbst erzählen. Diskret sondierte die das Erbe ihres Mannes mit eiserner Hand verwaltende Cosima, ob die politischen Ansichten des jungen Mädchens mit ihren eigenen deutschnationalen und antisemitischen konform gingen. Dann ermunterte sie die scheue Werbung des jungen Mädchens um ihren Sohn, in der Hoffnung, dass der 45-Jährige endlich heiraten möge. Abgesehen von der politischen Einstellung waren die durch das lange Warten zermürbten mütterlichen Wünsche an eine Schwiegertochter denkbar bescheiden: »... und ich habe ihm erklärt, mir würde jede willkommen sein, aus welchem Stand, von welcher Nation, von welchen Eigentümlichkeiten sie sei, mein einziger Wunsch wäre Freundlichkeit.«[10]

Als Winifred mit ihrem Adoptivvater nach Berlin zurückkehrte, blieben – wie sie es selbst ausdrückte – »Herz und Hirn« in Bayreuth zurück. Sie besuchte weiterhin die Schule, meldete sich regelmäßig bei der Polizei – trotz Adoption galt sie als »feindliche Ausländerin« – und betrachtete in ihrem Zimmer sehnsüchtig ein sehr schmeichelndes Jugendbildnis von Siegfried Wagner aus dem Jahr 1892, das mit dem untersetzten Mitvierziger nur entfernte Ähnlichkeiten aufwies.[11] »Ja, der tiefste Eindruck meines ersten Bayreuth-Besuches war mein späterer Mann. Ich habe mich damals Hals über Kopf in Siegfried verliebt und merkwürdigerweise war es seine Stimme, die mich restlos einnahm«, bekannte sie später.[12]

Der 1869 geborene Siegfried Wagner war ein begehrter Dirigent und vielseitiger Komponist, den seine Konzerttourneen in alle europäischen Metropolen führten. Schon als 25-Jähriger hatte er mit großem Erfolg in der Londoner Queen's Hall dirigiert. 1899 wurde seine Oper »Der Bärenhäuter«[13] uraufgeführt. Mit unermüdlichem Fleiß schuf er von 1898 bis 1914 elf Opern und zwischen 1915 und 1930 weitere sieben (darunter drei vollendete). Der erwartete Erfolg stellte sich jedoch nicht ein. Siegfried Wagner blieb stets im Schatten seines Vaters und führte die negativen Kritiken – man hielt seine »Märchenopern« für nicht zeitgemäß – auf die bösartige Verschwörung einer feindlichen »Judenpresse« zurück.[14] An seinem Lebensende sollte der »Meistersohn« dann zu dem resignierenden Schluss kommen: »Seit 25 Jahren weiß ich, dass ich in Neu-Deutschland zu der Kategorie der Tot-zu-Schweigenden gehöre.«[15] Im Privatleben hatte sich Siegfried lange dem Diktat seiner Mutter zu beugen, die ihren Sohn auf Konzertreisen überwachen ließ: »... würden Sie bitte dafür Sorge tragen, dass er nach Tisch ausruht.« 1901 führte man in Bayreuth seine erste eigenständige Inszenierung auf. Nach dem gesundheitlichen Zusammenbruch der Mutter übernahm Siegfried 1908 die Gesamtleitung der Bayreuther Festspiele. Die Berufung war überaus ehrend, wirkte sich jedoch auf die eigene künstlerische Entfaltung lähmend aus.

Allen mütterlichen Heiratswünschen hatte sich der ansonsten eher gefügige Siegfried bisher widersetzt. Cosima befürchtete das Ende des Wagnerschen Einflusses in Bayreuth, denn weibliche Intendantinnen – ihre eigenen Töchter aus zwei Ehen – zog die Festspielchefin nicht im Entferntesten in Betracht und legte dies auch testamentarisch fest.[16] Auch der 1901 geborene uneheliche Stammhalter, den Siegfried mit der Frau des Bayreuther Pfarrers zeugte, löste das Problem der Nachfolge nicht.[17] Dabei hatte Illegitimität in den verworrenen Familienverhältnissen des Hauses Wahnfried große Tradition: Cosima selbst war unehelich (aus der Beziehung von Franz Liszt mit Gräfin Maria d'Agoult) geboren. Und auch Cosimas Nachkommen Isolde, Eva und Siegfried – aus der Verbindung zu Richard Wagner – waren »Kinder der Liebe«. Ungerührt von mütterlichen Ermahnungen pflegte Siegfried »Fidi« weiterhin seine weiblichen, mehr jedoch noch seine männlichen Liaisonen. Erpressern, die seinen intimen Umgang mit jungen Männern beobachtet hatten, zahlte er häufig und anstandslos große Summen.[18]

Nachdem Siegfried 1913 auch von seiner Schwester Eva mit »... bringe junges Leben in unser teures Wahnfried!« massiv zur Eheschließung gedrängt wurde, warb Siegfried um die 17-jährige Winifred, die überglücklich schrieb: »Verehrtester, teuerster Meister, wie darf ich Ihre beglückenden Zeilen auffassen? Darf ich sie ganz so verstehen, wie ich möchte, dann bin ich die glücklichste Seele unter Gottes herrlichem Himmelszelt! Meister, ich bin halt noch ein rechter Kindskopf, aber behalten Sie mich, so wie ich bin, ein bisschen lieb – Ihre Wünsche sind doch längst erfüllt, gelt? Und wenn's nach mir geht, sollen sie alle, alle erfüllt werden! Gute Nacht!«

Zwei Tage später, am 7. Juli 1915, hatte sich alles entschieden: »Siegfried, Geliebter, Wie glücklich ich bin, vermögen Worte nicht zu sagen! ... Mit Leib und Seele vertraue ich mich dir an, leite du mich durchs Leben – forme mich so, wie du mich haben möchtest! ... tausend selige Grüße ...«[19]

Cosima Wagner pries Winifreds Vorzüge in den höchsten Tönen und schwärmte von der »strengen Sitte und Abgeschiedenheit« der Erziehung ihrer zukünftigen Schwiegertochter sowie der Schönheit und Anmut des 18-jährigen »Kindes«.[20] Unausgesprochen blieb, dass Winifred in idealer Weise alle Wünsche erfüllte: Sie war arm und konnte deshalb auch keine besonderen Ansprüche stellen. Sie hatte keinen einflussreichen Anhang, der in Bayreuth mitmischen wollte, und ihre Jugend ließ Unterordnung erwarten. Dazu kam, dass Siegfrieds Auserwählte eine »geradezu töchterliche Ähnlichkeit mit der Frau Meister«, nämlich Cosima, hatte. Siegfried Wagner, dessen Leben sich in seinem musikalischen Werk spiegelt, nahm vorübergehend Abschied von seiner Homosexualität und trat am 22. September 1915 mit dem Bewusstsein, Wahnfried und der Dynastie zu dienen, in die Ehe ein. Seine gemischten Gefühle brachte er in seinem Opus 12 mit dem bezeichnenden Titel »Das Liebesopfer« zum Ausdruck.[21]

So heiratete Winifred in Deutschlands berühmteste Künstlerdynastie ein, um die sich ein internationaler Kreis devoter Verehrer scharte. Die Art, in der die Wagners seit Jahrzehnten das Erbe des »Meisters« gleichsam als Monopol hüteten, rief allerdings auch strenge Kritik hervor: »Bayreuth ist das Wagnertheater der reichen Leute geworden ... hat nie nach dem Ruhm gelangt, die Werke anderer deutscher Meister ... zu zeigen ... keinen Musikerhort gestiftet ... keine Freivorstellung ... aus dem Werk, zu dem sie nicht im Geringsten mitwirken konnten, hatten die Erben Einkünfte, wie niemals und nirgends eines Künstlers Lebensleistung erbrachte ... freut euch des ansehlichen Familienunternehmens ... lasset endlich aber von dem Versuch ... es in die Hochburg, das himmelan ragende Heiligtum deutscher Volkheit umzufälschen, von dessen Zinne der Wille des Meisters spricht ...«[22] Tatsächlich waren die Gewinne aus der Verwertung des Erbes von Richard Wagner enorm. So betrugen allein die Einnahmen aus Tantiemen in den Jahren 1883 bis 1914 um die sechs Millionen Mark.[23] Das Barvermögen der Familie betrug 1914 sieben Millionen Mark.

Winifreds erste Ehejahre verliefen recht glücklich. Die junge Frau fügte sich problemlos in die Wahnfriedsche Hierarchie, erledigte voll Beflissenheit Cosimas Korrespondenz und übte sich als Vorleserin französischer Literatur, da »Schwiegermama den Standpunkt einnahm, dass ich beschäftigt werden müsse«.[24] Ihre politische Prägung erfuhr Winifred jedoch durch den Ehemann ihrer Schwägerin Eva, den erblindeten Geschichtsphilosophen und Schriftsteller Houston Stewart Chamberlain, dessen Werk »Die Grundlagen des 19. Jahrhunderts« man später in nationalsozialistischen Kreisen als Bibel verehren sollte. Siegfrieds junge Frau erwies sich als gelehrige, begeisterte Schülerin. Bald stieß auch sie zu dem reaktionären, alldeutschen und extrem rechts stehenden »Bayreuther Kreis«, dem sowohl Cosima als auch Chamberlain angehörten.

Am 5. Januar 1917 feierte man in Wahnfried die glückliche Geburt von Adolf Wieland Gottfried, dem lang ersehnten Stammhalter. »Das Winnilein hat mir der Himmel geschenkt«, jubelt der glückliche Vater[25] und arrangierte, dass Frau und Kind zu Hause mit musikalischen Darbietungen empfangen wurden. Drei weitere Kinder folgten im Jahresrhythmus: Friedelind (1918), Wolfgang (1919) sowie Verena (1920). Jedes stärkte Winifreds Position.

Von kriegsbedingten Engpässen blieb Deutschlands bekannteste Musik-Dynastie weitgehend verschont. Man baute zwar in Wahnfrieds Vorgarten Kartoffeln und Gemüse an, lebte aufgrund des Kohlenmangels zu neunt in Siegfrieds kleinem Junggesellenhäuschen und das Festspielhaus blieb geschlossen. Der Festspielfonds, die Kriegsanleihen und das Barvermögen entwerteten sich sukzessive, wirkliche Not litt man jedoch nicht.[26]

Am 6. Dezember 1917 begleitete Winifred ihren Mann zur Uraufführung seiner Oper »An allem war Hütchen schuld«. Sie fand im Beisein der Königin von Württemberg statt, die das Ehepaar anschließend zu einem üppigen Festessen lud. Trotz diesem Erfolg wurde Siegfried damals von Depressionen geplagt, sodass er zeitweise an Auswanderung dachte.[27] Für die seiner Meinung nach ungenügende künstlerische Anerkennung seiner Werke, aber auch für die drohende militärische Niederlage Deutschlands machte er die Juden verantwortlich. »Ich komme doch auf keinen grünen Zweig. Dafür sorgt der Juden Hass!«, heißt es in einem Brief. »Der deutsche Michel liegt am Boden. Jud und Pfaff teilen die Beute!« in einem anderen.[28] Winifred jedoch, die zusehends an Selbstvertrauen gewann, trat allmählich aus dem Schatten ihres Mannes. Sie galt – auch nach dem Verlust ihrer schlanken Silhouette – als attraktive Schönheit und sonnte sich im Kreis zahlreicher Verehrer.

Nach Kriegsende sah sich der Familienvater zu einer intensiven, ungeliebten Dirigententätigkeit gezwungen. Siegfrieds triste Gemütslage verbesserte sich dadurch nicht: »Dass ich zehn Monate des Jahres mich mit Konzerten herumrackere, um Geld zu verdienen, in den beschissenen Städten herumdirigiere ...«, schrieb er in sein Tagebuch.[29] Winifred blieb in Wahnfried, widmete sich der Erziehung ihrer Kinder und gab sich politischen Betrachtungen hin: »Nach dem unglückseligen Kriegsausgang 1918, der Deutschland nach außen hin zerschlagen hatte und im Innern eine Revolutionswelle nach der anderen brachte ... empfand jeder deutschfühlende Mensch mit blutendem Herzen die Schmach und Schande ... und es bestand nur eine Sehnsucht, dass ... aus dem Chaos ein neues Reich entstehe ...«[30] Sie setzte ihre Hoffnung auf die »Deutsche Arbeiterpartei«, die Vorläuferin der NSDAP, von der sie durch den Musikkritiker Josef Stolzing-Cerny erfahren hatte und in der ein begabter Redner namens Adolf Hitler als Propagandaobmann wirkte.[31]

Im November 1922 pflegten Winifred, aber auch Siegfried Wagner bereits enge Kontakte zur neu gegründeten Bayreuther Ortsgruppe der NSDAP[32] und nach dem ersten Münchner Reichsparteitag der NSDAP, dem 28. Januar 1923, gehörten die Wagners bereits zu den aktiven Förderern der jungen Partei. Am 30. September 1923 brachte der »Deutsche Tag« Tausende von Parteianhängern in die Wagnerstadt und am Vormittag des 1. Oktober 1923 erschien Hitler dann selbst in Wahnfried. Er sah sich das auf dem Grünen Hügel gelegene Festspielhaus an, ging überwältigt durch die Räume und lauschte sichtlich ergriffen den Erklärungen eines Führers: Die Neueröffnung des Hauses sei geplant, allein es mangle an Geld![33] Lange stand Hitler vor dem Grab Richard Wagners, um sich dann den lebenden Wagners zuzuwenden. Er versprach theatralisch, sobald er an die Macht käme, würde er »Parsifal«, wie es Richard Wagner gewünscht hatte, ausschließlich in Bayreuth aufführen lassen (ein Versprechen, das nicht eingehalten wurde). Die Nachkommen des Musikgenies hörten dies mit Freuden. Hitler beeindruckte auch den greisen Chamberlain zutiefst. Dieser meinte nach der Begegnung, dass er nach Jahren der Schlaflosigkeit zum ersten Mal wieder beruhigt hätte einschlafen können: Deutschlands Schicksal ruhe nun in guten Händen.

»Als ich dann Wahnfried zum ersten Mal betreten habe, ich war so bewegt!«, meinte Hitler selbst.[34] Ein anderes Mal sagt er: »Das Haus Wahnfried strahlt Licht aus und wirkt wie ein Magnet für Bayreuth.«[35] Er fühlte sich dort umso wohler, als sämtliche weibliche Mitglieder der Wagner-Familie seinem Charme verfielen. »In Bayreuth, wo insbesondere die weiblichen Mitglieder des Hauses Wahnfried einen ausgesprochenen Hitler-Kultus treiben ...«, heißt es z.B. in dem zeitgenössischen polizeilichen Observationsbericht.[36]

Hitler blieb das große Propagandapotenzial von Bayreuth nicht verborgen. Er gedachte es zu nutzen und führte sich mit einer viel erprobten Methode in Wahnfried ein. Wie bei den renommierten Familien Bechstein, Bruckmann, Hanfstaengl, Hoffmann und Buch spielte er auch bei den Wagners das einsame, aufstrebende mittellose Genie ohne Familie, mit Sehnsucht nach menschlicher Wärme und einem kultivierten Hort zur Entspannung von der rauen Politik. Er ließ sich verwöhnen und konsultierte die Gastgeber in Kleidungs- und Etikettefragen.[37] Er schmeichelte der Doyenne des Hauses: »Dabei hat die Cosima doch auch das Frauliche besessen, sie hat mit ihrem

Charme jeden bezaubert, der nach Wahnfried kam, auch noch dann, wie sie Witwe war ...«[38] Er umwarb Winifred. Wenig später reiste das Ehepaar Wagner zu einem Konzert nach München. Kurz bevor Siegfried Hitlers gescheiterten Griff nach der Macht erlebte, schrieb er einem Freund zuversichtlich: »Er [Hitler] muss es fertig bringen!«[39] Der Münchner Putschversuch der NSDAP vom 9. November 1923 schlug jedoch fehl und Hitler wurde verhaftet.

Viele Parteianhänger glaubten, dass die Schüsse auf dem Münchner Odeonsplatz die »Bewegung zu Boden geworfen« hätten, hielten die nationalsozialistische Sache für verloren und resignierten. Nicht so die 26-jährige Winifred Wagner. Nach ihrer Heimkehr stieg sie in dem Bayreuther Restaurant Lieb auf einen Tisch und gab den Gesinnungsgenossen einen leidenschaftlichen Bericht von den Münchner Ereignissen. Schon am 12. November 1923 meldete sie sich erneut zu Wort: »Ganz Bayreuth weiß, dass wir in freundschaftlichen Beziehungen zu Adolf Hitler stehen ... seit Jahren verfolgen wir mit größter innerer Teilnahme und Zustimmung die aufbauende Arbeit Adolf Hitlers, dieses deutschen Mannes, der, von heißer Liebe zu seinem Vaterland erfüllt, sein Leben seiner Idee eines geläuterten, einigen, nationalen Großdeutschlands zum Opfer bringt ... seine Persönlichkeit hat wie auf jeden ... auch auf uns einen tiefen, ergreifenden Eindruck gemacht und wir haben begriffen, wie ein solch schlichter, körperlich zarter Mann eine solche Macht auszuüben fähig ist. ... Ich gebe unumwunden zu, dass auch wir unter dem Bann dieser Persönlichkeit stehen, dass auch wir in den Tagen des Glücks zu ihm standen, nun auch in den Tagen der Not ihm die Treue halten.«[40]

Am 1. Dezember 1923 unterzeichnete Winifred Wagner ein Schreiben[41], das vehement die Freilassung Hitlers forderte und zu Weihnachten 1923 bekräftigte Siegfried Wagner die Haltung seiner Frau: »... Die Zustände in Bayern sind ja unerört ... Meineid und Verrat wird heilig gesprochen und Jude und Jesuit gehen Arm in Arm, um das Deutschtum auszurotten! – Aber vielleicht verrechnet sich der Satan diesmal. Sollte die deutsche Sache wirklich erliegen, dann glaube ich an Jehova, den Gott der Rache und des Hasses. Meine Frau kämpft wie eine Löwin für Hitler! Großartig ...«[42]

Hitler hat dies nie vergessen. »Nicht nur die anderen, auch Siegfried Wagner ist zu mir gestanden in der Zeit, wo es mir am schlechtesten gegangen ist. Chamberlains Brief kam während meiner Haft! Ich war auf du und du mit ihnen«.[43] Winifreds Lehrer und Mentor hatte dem Häftling in das Gefängnis von Landsberg einen Huldigungsbrief geschrieben, in dem es unter anderem hieß: »... dass Deutschland in seiner tiefsten Not einen Hitler gebiert, bezeugt seine Lebendigkeit.«[44] Wenig später gab Chamberlain die in Wahnfried herrschende Meinung wieder: »... dieser Mann hat gewirkt wie ein Gottessegen ... wir haben ihn bitter notwendig: Gott, der ihn uns geschenkt hat, möge ihn uns noch viele Jahre bewahren zum Segen für das deutsche Vaterland!«[45]

Die unerschütterliche Treue des Wagner-Clans war umso bemerkenswerter, als das Volksgericht München I Hitler zu einer fünfjährigen Festungshaft verurteilt hatte, die NSDAP am 23. November 1923 aufgelöst wurde und eine Rückkehr des Agitators auf die politische Bühne in weiter Ferne zu liegen schien.

Anfang Januar 1924 brach das Ehepaar Wagner nach Amerika auf. Zweck der Reise war die Beschaffung von Geld für die Wiedereröffnung der Bayreuther Festspiele – sechs bis zehn Millionen waren aufzubringen. Unter dem Motto »Bayreuth und Wahnfried muss geholfen werden!« reisten Winifred und Siegfried auf der Suche nach großzügigen Mäzenen durch die USA. Winifred hielt Vorträge über Bayreuth und Siegfried dirigierte eine Reihe sehr gut besuchter Konzerte, die den Amerikanern vor Augen führen sollten, welch hehre Kunst es zu fördern galt. Die im Hintergrund tobende Presseschlacht machte die Reise allerdings zu einem Fiasko. Die sentimentale Übertreibung der Bedürftigkeit der Wagners vonseiten der Bayreuth-Lobby rief den vehementen Widerspruch der liberalen Presse hervor. Das »Berliner Tagblatt« druckte antisemitische Äußerungen Siegfrieds ab und andere Zeitungen enthüllten das politische Engagement der Wagners für die NSDAP. Viele Kunstbegeisterte haben daraufhin von einer Unterstützung der Freunde Hitlers abgesehen und der Reinerlös der anstrengenden Tour blieb mit 8000 Dollar weit hinter den Erwartungen von 200 000 Dollar zurück. Die Heimreise im März 1924 erfolgte über Rom, wo das Ehepaar Mussolini kennen lernte und ihn mit Hitler verglich: »Alles Wille, Kraft, fast Brutalität. Fanatisches Auge, aber keine Liebeskraft wie bei Hitler und Ludendorff. Romane und Germane!«[46]

Nach Bayreuth zurückgekehrt wurden die Proben für den Neubeginn der Festspiele in Angriff genommen. Siegfried Wagner übernahm die komplette Inszenierung von 1911 und beschränkte sich darauf, den Bühnenapparat dem neuesten technischen Stand anzupassen.[47] Winifred arbeitete tatkräftigst mit, fand jedoch in der Liste der Mitarbeiter des Festspielführers keine Erwähnung. »Für die Öffentlichkeit habe ich während der 15-jährigen Ehe ... ganz im Hintergrund gestanden, nach außen hin war ich in erster Linie Hausfrau, Gattin und Mutter. Intern war ich jedoch ... Sekretärin ... er [Siegfried] übertrug mir die gesamte organisatorische und propagandistische Arbeit ... ich nahm an allen Reisen teil und war bei jeder Stimmprüfung zugegen ... und sämtlichen Proben im Festspielhaus ...«, erklärte sie später die Situation.[48]

Nach zehnjähriger Pause wurden die Festspiele am 22. Juli 1924 mit den Vorkriegsinszenierungen der »Meistersinger«, der vier »Ringwerke« und »Parsifal« eröffnet. Siegfried Wagner persönlich gab die Devise von den »Erlösungsfestspielen des deutschen Geistes« aus und ließ die schwarz-weiß-rote Reichsfahne aufziehen. Der zum völkischen Flügel der deutschen Rechten zählende General Ludendorff befand sich unter den Festgästen und die vorherrschende deutschnationale Gesinnung wurde von einer ebensolchen Pressekampagne begleitet. Die Demonstration gegen die »Judenrepublik« leitete in Bayreuth eine kulturpolitisch offensive Periode ein, die nahtlos in das Dritte Reich übergehen sollte.[49] Die liberale Presse empörte sich, dass Siegfried Wagner mit seinen Festspielen der illegalen NSDAP diene. Dieser sah jedoch keinen Grund einzuschreiten. Erst als die rechtsradikalen Kundgebungen den Spielbetrieb störten und am Schluss der Meistersinger das »Deutschlandlied« erklang, ließ er die Mitteilung »Hier gilt's der Kunst« an den Türen anschlagen.

Der in Landsberg inhaftierte Hitler nahm mit »großem Schmerz« zur Kenntnis, dass ein Besuch der Festspiele ein

»unerfüllbarer verträumter Wunsch« bleiben müsse.[50] Winifred pilgerte zwar nicht, wie viele Sympathisantinnen, zum »Führer« nach Landsberg, unterstützte aber die Familien der inhaftierten Parteigenossen, spendete Kleidung und Nahrung. Hitler jedoch versorgte sie mit jenem Schreibpapier, auf dem dann »Mein Kampf« entstehen sollte.

In Bayreuth, das zur Hochburg der illegalen NSDAP geworden war, freute man sich besonders, dass Hitler schon am 20. Dezember 1924 aus der Haft entlassen wurde.[51] Winifred eilte sofort nach München, um ihm einen Besuch abzustatten. Der Politiker gab sich damals als gemäßigter Demokrat, umwarb mit ständigen Legalitätsbeteuerungen das bürgerliche Lager und erreichte damit in kürzester Zeit die Wiedergründung der NSDAP. Parteifreunden gegenüber erklärte er: »Kampf der Teufelsmacht, die Deutschland in dieses Elend gestürzt hat, Kampf dem Marxismus sowie dem geistigen Träger dieser Weltpest und Seuche, dem Juden!«

Auf Einladung der Fabrikantenfamilie Bechstein kam Hitler dann zu den – nur mäßig erfolgreichen – Bayreuther Festspielen des Jahres 1925. Bei dieser Gelegenheit verkündete er den Genossen – öffentliche Reden waren ihm verboten –, dass »Wagners Werk alles in sich schlösse, was der Nationalsozialismus erstrebe«.[52]

Noch während des Krieges erinnerte er sich voll Nostalgie: »Ich kam in Bayreuth um elf Uhr abends an ... Am nächsten Tag früh kam die Frau Wagner und brachte mir ein paar Blumen! ... Ich war sechsunddreißig Jahre alt, kannte noch keine Sorgen und der Himmel hing voller Geigen! ...«[53]

Hitlers erster Festspielbesuch sollte für viele Jahre sein letzter sein. Nach Kriegsende gab Winifred Wagner den Grund dafür an: Jedes öffentliche Auftreten Hitlers wäre von großen, manchmal gewalttätigen Kundgebungen seiner Anhänger begleitet worden. Darum hätte sie ihn ersucht, Bayreuth fernzubleiben.[54] In Hitlers Version klingt es anders: »Dann habe ich den Ring gehört [1925] und die Meistersinger. Dass dieser Jude Schorr den Wotan gesungen hat, das hat mich so geärgert, für mich war das Rassenschande! ... Ich bin dann jahrelang nicht mehr hin, was mir an sich sehr Leid getan hat. Frau Wagner war ganz unglücklich, hat zwölfmal geschrieben, fünfundzwanzigmal telefoniert!«[55]

Tatsächlich blieb Hitler von 1925 bis zur Machtergreifung im Jahr 1933, den Festspielen fern, nicht jedoch Wahnfried und seinen Bewohnern.[56] Der Politiker und die junge Hausherrin boten einander das Du-Wort an. Hitler nahm am Familienleben der Wagners großen Anteil, spielte als »Onkel Wolf« mit den Kindern, brachte sie zu Bett und erzählte ihnen Geschichten. Es war die Zeit, in der Winifred mittels selbst erstelltem Dienstplan ein großes Arbeitspensum bewältigte und immer größeren Einfluss auf Planung und Organisation der Festspiele nahm. Als erste Frau in Bayreuth erwarb sie den Führerschein und kutschierte ihren Mann als seine »belle chauffeuse« zu Verhandlungen mit Künstlern und Konzertterminen. Sie unterstützte den »Bayreuther Bund der Deutschen Jugend« und bereitete die für 1926 angesetzten »Siegfried-Wagner-Festspielwoche« in Dresden vor.[57]

Winifred Wagners Loyalität gegenüber der Familie war beträchtlich, obwohl sie sich im Hinblick auf ihre Ehe keinen Illusionen mehr hingab. Schon längst hatte sie von dem unehelichen Sohn ihres Mannes erfahren und auch zur Kenntnis genommen, dass Siegfried weiterhin intime Männerfreundschaften hatte. Die greise Schwiegermutter erforderte aufopfernde Pflege und die Schwägerinnen Eva und Isolde ergriffen jede Gelegenheit, um Winifreds vier lebhafte – nach deren Meinung zu liberal erzogene – Kinder zu kritisieren. In dieser Situation bewährte sich »Wolf« als verständnisvoller Hausfreund, Tröster und »Winnis« Verbündeter, dessen Stimme im Haus Wahnfried Gewicht zukam. »Ich habe einmal eine Szene miterlebt ... einfach verrückt! Die junge Frau – Winifred Wagner – war den Schwestern recht, [für alles] da zu sein ... Dass die Frau ihrem Mann vier Kinder geboren hat, das hat man ihr gar nicht angerechnet, und wie hat sie dem Mann die Treue gehalten, das wollte schon etwas besagen! Man sieht es den Kindern an; wenn irgendwo Kinder ein Gesicht haben, dann ist es hier der Fall!«, gab Hitler einmal von sich.[58]

In ihrem großen Einsatz für das Werk Richard Wagners stimmten Siegfried und Winifred vollkommen überein. In der Politik jedoch gingen sie getrennte Wege, da Siegfried trotz aller Sympathie für Hitler und die NSDAP zu keinem aktiven Einsatz für die Sache bereit war. Er war nie Mitglied der NSDAP und blieb auch der »NS-Gesellschaft für Deutsche Kultur« fern. Dieser Mangel an Enthusiasmus kränkte Winifred. Sie selbst war mit ihrer Mitgliedsnummer 29349 eine geschätzte Altparteigenossin, die auch den Gründungsaufruf des von Alfred Rosenberg geleiteten »Kampfbundes für deutsche Kultur« unterzeichnete.[59] Hitler hat in Winifred eine treue und verlässliche Verbündete gefunden. Über ihren Mann jedoch sagte er:

»Siegfried – persönlich war er mit mir befreundet, politisch war er passiv!«[60]

Winifreds unermüdlicher Einsatz machte Wahnfried bereits 1926 zu einem Hort, in dem nicht nur Hitler, sondern auch viele hohe NS-Politiker freundliche Aufnahme fanden. So notierte Goebbels nach einem Besuch im Mai 1926: »Frau Wagner holt mich zum Essen herein ... so sollten sie alle sein. Und fanatisch auf unserer Seite. Herzige Kinder ... Sie klagt mir ihr Leid. Siegfried ist so schlapp. Pfui! Soll sich vor dem Meister schämen ... Seine Frau gefällt mir. Ich möchte sie als Freundin haben ... eine junge Frau weint, weil der Sohn nicht ist, wie der Meister war ...«[61] Später ergänzte er seine Beobachtungen: »Siegfried ist ein feiger Hund. Kriecht vor den Juden!«[62]

Anlass dafür war Siegfrieds beharrliche Weigerung, die für Bayreuth verpflichteten jüdischen Künstler zu entlassen. In diesem Sinn hatte der Festspielintendant auch dem Präsidenten des Alldeutschen Verbandes August Püringer, einem deutschnationalen Wagnerianer, geschrieben: »Sie wollen, dass wir all diesen Menschen unsere Türen verschließen, sie nur aus dem Grund zurückweisen, dass sie Juden sind. Ist das menschlich? Ist das christlich? Ist das deutsch? ... Wenn die Juden gewillt sind, uns zu helfen, so ist das doppelt verdienstlich, weil mein Vater sie in seinen Schriften angegriffen und beleidigt hat ...«[63] Siegfrieds nobler Brief steht allerdings in krassem Widerspruch zu seinen vielen antisemitischen Äußerungen. Wahrscheinlich nahm er diese zwiespältige Haltung nur aus Rücksicht auf das zahlreiche jüdische Publikum von Bayreuth ein.[64]

In der engen, jedoch platonischen Freundschaft zu Hitler fand Winifred Entschädigung für die als persönliche

Beleidigung empfundenen homosexuellen Neigungen ihres Mannes. Siegfried Wagner wiederum sah den politisierenden Hausgast, dem seine Frau eine ständige Bleibe in Wahnfried angeboten hatte und den sie fanatisch verehrte[65], mit Unbehagen. Es scheint sogar, dass er seine Bedenken in Musik umgesetzt hat. Gibt es doch in seinem Opus 17 »Walamund« die Episode vom zahmen Wolf, der eines Tages seine wahre Natur zeigt und ein Lamm reißt.[66]

1926 war das Ehepaar zur Erschließung neuer Geldquellen rastlos in ganz Deutschland unterwegs. Man fuhr im eigenen Presto-Kraftwagen und Siegfrieds Tagebuch füllte sich mit Klagen über Unfälle, Abschleppen und Reifenplatzer. Chauffeuse Winifred behob nicht nur kleinere Pannen, sondern war schon längst die treibende Kraft des Unternehmens. 1927 konnten sich die Wagners mit der Neuinszenierung von »Tristan und Isolde« einen lang gehegten Wunsch erfüllen.[67] Die Neubearbeitung des »Tannhäuser« blieb jedoch weiter ein Traum. Freund »Wolf«, dessen Partei auch 1927 noch verschwindend klein war, konnte nicht helfen, tröstete seine Freundin aber mit dem Hinweis auf die Zukunft: »... ich weiß nun wieder, dass mich das Schicksal dorthin führen wird, wohin ich schon vor vier Jahren zu kommen hoffte. Dann wird die Zeit kommen, in der der Stolz auf deinen Freund Dank sein soll für vieles, was ich dir heute gar nicht vergelten kann ...«[68]

Winifred glaubte weiter an den »Führer«. Als sie mit Siegfried nach Oberösterreich kam, besuchte sie nicht nur das Grab Anton Bruckners in St. Florian bei Linz, sondern machte auch einen Abstecher nach Braunau zu dem bereits 1928 zur NS-Kultstätte gewordenen Geburtshaus des »Führers«. Als Siegfried 1930 in Mailand den »Ring des Nibelungen« dirigierte, starb seine 92-jährige Mutter Cosima, die »Meisterin von Bayreuth«. Winifred und Siegfried wohnten dem Begräbnis bei, das dem einer regierenden Monarchin glich. Anschließend fuhren sie zur Erholung nach Meran. Bei der Durchreise in München ließ es sich Winifred trotz großer Erschöpfung nicht nehmen, Freund »Wolf« in seiner neuen, von Gönnern finanzierten Wohnung am Prinzregentenplatz aufzusuchen. Hitler ist damals bereits ein ständiges Reizthema im Hause Wagner und Siegfried machte seinem Ärger Luft, indem er an seiner Frau herumnörgelte. »Winni, friss nicht so viel«, ermahnte er die Korpulente auf sehr unfeine Art.[69]

Bald darauf erlitt Siegfried Wagner während der aufreibenden Regie-, Chor- und Orchesterproben in Bayreuth einen Herzanfall. Er verstarb am 4. August 1930, knapp 61-jährig. Siegfrieds Testament aus dem Jahr 1929 machte Winifred zur unbestrittenen Hüterin des Grals und zum Oberhaupt der Dynastie: »Winifred Wagner wird Vorerbin des gesamten Nachlasses ... als Nacherben werden bestimmt die gemeinsamen Abkömmlinge ...« Eine Ehe seiner Witwe mit Hitler hatte Siegfried im Bereich des Möglichen gesehen und daher verfügt : »... die Nachfolge tritt ein mit dem Tode oder der Wiederverheiratung der Frau Wagner.«[70]

Damit wurde die englische Winifred, nach Cosima, die zweite starke Frau auf dem Thron des Meisters. Die 32-jährige Intendantin ließ die Werke ihres Mannes der Vergessenheit anheim fallen, gestaltete sein Zimmer zu einer Richard-Wagner-Gedächtnisstätte um und widmete ihre ganze beträchtliche Energie den Bayreuther Festspielen. Ihr Motto war von lapidarer Kürze: »Es liegt mir einzig daran, dass man sie [die Opern] gibt, wie ich's meine!«

Bayreuth im Sommer 1931. Von links: Alexander Spring, Wilhelm Furtwängler, Heinz Tietjen, Winifred Wagner und Arturo Toscanini.

Winifreds Alleinherrschaft brachte große Umwälzungen. Ein kluger Schachzug war die Bestellung von Heinz Tietjen, Generalintendant der Preußischen Staatstheater (Berlin, Kassel, Wiesbaden) zum künstlerischen Leiter.[71] Von Tietjens Beziehungen – er war ein Protegé Görings – und seinen Ressourcen konnte der Saisonbetrieb in Bayreuth nur profitieren. Der sensible Dirigent Arturo Toscanini jedoch, der 1930 triumphale Erfolge gefeiert hatte, verließ 1931 aus »künstlerischer Desillusion« Bayreuth. Er wurde durch den Dirigenten Wilhelm Furtwängler ersetzt, der ebenfalls bald den Taktstock niederlegte, weil es ihm schwer fiel, die Autorität der Festspielchefin anzuerkennen – erst nach Winifred Wagners intensiver Werbung konnte er zur Rückkehr überredet werden.[72] Der Bühnenbildner Emil

Preetorius erwies sich als erstklassiger und problemloser Fachmann. Die Witwe schuf auch eine heftig kritisierte Propagandaabteilung und entmachtete ihre beiden Schwägerinnen, die Beschwerde führten, dass »wir auf das Schnödeste von einer materiellen Anteilnahme ... ausgeschlossen wurden«. Sie kündigte überdies dem unehelichen Sohn des Verstorbenen, der als Mitarbeiter beschäftigt war.

Die turbulenten Vorgänge in Bayreuth minderten das Ansehen der Festspiele, sodass sich der Kartenverkauf für 1933 schlecht anließ. Lieselotte Schmidt, Winifreds Privatsekretärin und Erzieherin ihrer vier Kinder, klagte damals: »... Hetze gegen Bayreuth – die letzten Endes nur jüdischen Ursprungs ist – scheut vor keiner Lüge und Gemeinheit zu rück ... wir stehen in eisiger Einsamkeit ...«[73]. In dieser Situation wandte sich »Winni« an »Wolf« und bald konnte Lieselotte Schmidt jubelnd berichten: »... er rief Frau Wagner nach Berlin, sie flog und innerhalb einer Viertelstunde war uns geholfen – und wie!«[74] Einem Wink des »Führers« gehorchend, kauften die oberste SA-Führung, die NS-Frauenschaft, der NS-Lehrerbund und andere blockweise Eintrittskarten und gaben sie an verdiente Genossen weiter. Für die Saison 1934 erwarb das Propagandaministerium allein Karten im Wert von 364000 RM, das heißt ein Drittel des Gesamtetats.[75] Zusätzlich förderte Hitler das während des NS-Regimes von jeglicher Steuer befreite Unternehmen aus seiner Privatschatulle mit jährlichen 50000 RM.[76]

Fünfzig Jahre später räsonierte Winifred Wagner über diese Zeit: »Ja Gott, in den Dreißigerjahren hat ja kein Mensch geahnt, wohin die ganze Sache führen könnte, und ich meine, vor allem wenn der Krieg nicht ausgebrochen wäre und die Sache sich so ganz allmählich beruhigt hätte, dann bin ich fest überzeugt, dass man sich schon dem Nationalsozialismus hätte im Allgemeinen anschließen können ...«[77]

Freund »Wolf« blieb dem Hause Wahnfried treu und galt bald als Ersatzvater der Wagnerkinder. Diese wurden dazu angehalten, dem »Onkel« regelmäßig zu schreiben. Tochter Friedelind klagte, dass die Mutter ihre Briefe, oft unter großem Gelächter der Zuhörenden, vorgelesen hätte. Wieland durfte den Onkel fotografieren und besserte mit dem Verkauf der signierten »Führerbilder« sein Taschengeld auf. Wolfgang hielt fest, dass der Onkel seiner Mutter sich verneigend die Hand küsste, jedes unbeherrschte Aufbrausen vermied und auch »keine Teppiche durch Bisse entstellte«.[78] Seine Schwester Friedelind sah dies ganz anders. Nach dem Krieg erinnerte sie sich an Hitler »in einem seiner blauen Dorfschullehreranzüge ... Die Fingernägel ... noch immer zu weit mit Haut bewachsen, und beim Reden kaute er dauernd daran; zuweilen unterbrach er diese Beschäftigung und betrachtete den einen oder anderen kritisch.«[79]

In Bayreuth jedoch sprach man bereits über eine bevorstehende Heirat der berühmten Witwe mit dem »Führer« und Friedelind, das »Enfant terrible« der Familie, bemerkte mit entwaffnender Ehrlichkeit: »Mei Mudder mecht scho, aber der Onkel Wolf mecht halt net.«[80] Winifred selbst tat in einem Verhör nach Kriegsende die Heiratsgerüchte als »leeres Zeitungsgeschwätz« ab.[81] Das Verhältnis Wolf – Winni blieb weiterhin platonisch und die »Herrin von Bayreuth« ging mit ihrem ersten Mitarbeiter Heinz Tietjen ein intimes Verhältnis ein. Dieser war eine schillernde Persönlichkeit, mochte Hitler nicht, wusste sich mit ihm aber gut zu arrangieren. Mit Tietjen, der zwischen Berlin und Bayreuth pendelte, kehrte in Wahnfried wieder eine Art Familienleben zurück, wobei die auf Harmonie bedachte Winifred zwischen dem Lebensgefährten und ihren Kindern als Vermittlerin auftrat.

1933 zog der »Führer« und Reichskanzler triumphierend bei den Festspielen ein. Danach kam er Jahr für Jahr wieder. Ihm folgte wie ein Kometenschweif die gesamte Parteiprominenz und das Diplomatische Corps. Seine Fahrten wurden als Triumphzug inszeniert. Tausende Menschen säumten seinen Weg und jubelten ihm zu. Winifred und ihr ältester Sohn Wieland empfingen und begrüßten ihn beim Königsportal des Festspielhauses. Im Theater musste man Kärtchen verteilen mit der Aufschrift: »Politische Ovationen gehören nicht ins Theater!« Als dies nichts nutzte, wurde man deutlicher: »Im Auftrag des Kanzlers! Der Führer bittet, am Schluss der Vorstellungen von dem Gesang des Deutschland- oder Horst-Wessel-Liedes und politischen Kundgebungen absehen zu wollen. Es gibt keine deutlichere Äußerung des deutschen Geistes als die unsterblichen Werke des Meisters selbst. Gruppenführer Brückner, Adjutant des Führers.«

Hitler bewohnte dann zehn Tage lang einen Nebentrakt von Wahnfried mit eigener Küche, die seine vegetarische Kost für ihn zubereitete.[82] Oft speiste er auch mit Mitgliedern der Familie Wagner.

Heinrich Hoffmann, Fotograf, enger Freund des »Führers« und regelmäßiger Besucher Bayreuths, berichtete: »Für Hitler waren die Festspiele Erholung – so glaubte er auch, seinem Gefolge etwas Gutes zu tun, wenn er sie für eine Woche oder länger nach Bayreuth einlud. Die Eintrittskarten zahlte er aus eigener Tasche. Aber nicht jedem bedeutete Hitlers Einladung ungetrübte Freude. Viele wären lieber in die Berge oder ans Meer gefahren, als täglich in der Backofenhitze des Zuschauerraums Wagner zu genießen. So kam es, dass Hitlers Gäste, die keine Wagner-Fanatiker waren, einen spielfreien Tag wesentlich erholsamer fanden als ›Parsifal‹ oder die ›Götterdämmerung‹. Wer pflichtschuldig mit Hitler – in Uniform oder Smoking – in der Wagnerschen Loge saß, dem konnte man es nicht verargen, wenn er bei der oft unerträglichen Hitze ein Nickerchen machte. Vorsichtshalber paßte einer auf den anderen auf, um durch Rippenstöße die ersten Schnarchtöne zu ersticken. Gewiss, die Eröffnungsvorstellungen waren feierlich und glanzvoll. Doch schon nach wenigen Tagen warteten ›Wagnermüde‹ darauf, gelegentlich einen oder zwei Tage eine Oper zu schwänzen ... Immer waren wir vor Schluss der Vorstellung wieder im Theater. Unsere Abwesenheit fiel nie auf. Nur abends im Künstlerlokal ›Die Eule‹ kamen wir manchmal in Verlegenheit. Als ich einmal einem der Sänger versicherte, wie sehr mich seine Leistung beeindruckt habe, wehrte er bescheiden ab – er hatte an diesem Tag gar nicht gesungen!«[83]

Im Dritten Reich nahm Wagners Musik eine dominierende Stellung ein, da sie sich hervorragend zur Einstimmung und Untermalung der Nazi-Mythologien eignete. Die Festspiele erfüllten die Funktion eines Rituals zur Selbstdarstellung der völkischen Schöpferkraft und der Visionen von deutscher Größe. Trotzdem hegten prominente Parteigenossen den Wunsch nach zeitgenössischer, »nationalsozialistischer« Musik. So versuchte Robert Ley (Leiter der Arbeitsfront, Organisationschef der Partei), Hitler im

Sommer 1938 davon zu überzeugen, dass zur feierlichen Einleitung der Reichsparteitage die Musik eines lebenden Komponisten verwendet werden sollte. Die NS-Weltanschauung müsse auch musikalisch zum Ausdruck gebracht werden, meinte Ley und vergab auf eigene Faust Kompositionsaufträge. Hitler, der das ästhetische Dekor seiner Veranstaltungen sehr ernst nahm, fuhr nach Nürnberg und ließ sich in der Luitpoldhalle zwei Stunden lang von einem Symphonieorchester die neuen Kompositionen vorspielen. Dann meinte er: »Ich habe den Wunsch, auch bei dieser Gelegenheit [Eröffnung der Parteitage] die Rienzi-Ouvertüre zu hören.«[84]

Festspiele in Bayreuth 1936 – Winifred Wagner mit Heinz Tietjen, Marie Müller sowie Max Lorenz und Gattin.

Bayreuth war »Chefsache« und fiel aus diesem Grund nicht in die Kompetenz der Reichskulturkammer. Wichtige künstlerische und organisatorische Entscheidungen traf, wie die erhaltenen Festspieldokumente zeigen, nur der »Führer« selbst. 1937 wirkte Wieland, den Hitler zum Erben von Bayreuth bestimmte, zum großen Stolz seiner Mutter, erstmals an der Gestaltung der Bühnenbilder (»Parsifal«) mit. Hitlers Begeisterung für Wagner ging so weit, dass er, auch als er bereits Reichskanzler war, in nächtelanger Arbeit kolorierte Bühnenentwürfe für alle Akte von »Tristan und Isolde« sowie für alle Szenen des »Rings des Nibelungen« zeichnete. Er verfügte über erstaunliche Bühnenkenntnisse, wusste den Durchmesser von Drehbühnen, Versenkungsmechanismen, kannte die Beleuchtungstechniken im Detail und fachsimpelte mit dem »Reichsbühnenbildner« Benno von Arent. Gerne hätte der »Führer« Emil Preetorius, den Ausstatter der Bayreuther Festspiele, entlassen und durch den pathetischen, auf Effekte bedachten Arent ersetzt. Winifred Wagner jedoch war dagegen und tat, als bemerke sie die Wünsche des »Führers« nicht.[85] Im Allgemeinen stimmten die Festspiel-Chefin und Hitler jedoch in ihren Ansichten überein. Beide waren in Bezug auf Bühnenideen konservativ, hielten sich genau an Richard Wagners Anweisungen und sahen schon in kaum sichtbaren Modernisierungen gefährliche Eingriffe. Es ist daher kein Zufall, dass Hitler seine Bayreuther Mitarbeiterin stets lobend erwähnte: »Vier Paradefrauen habe ich gehabt: Frau Troost [Architektin], Frau Wagner [Festspielleiterin], Frau Scholtz-Klink [NS-Politikerin] und Leni Riefenstahl [Regisseurin]«.[86]

Unangenehme Anordnungen übermittelte Hitler seiner »Paradefrau« nicht persönlich. So notierte sich Goebbels am 27. Juli 1937: »... über Paragraf 175 [Homosexualität] palavert. Führer ganz unerbittlich. Wir müssen auch die Theater davon säubern. Und zwar gründlich.« Schon am nächsten Tag redete der Propagandaminister mit Winifred Wagner: »Kammersänger Janssen in Paragraf 175 verwickelt. Vorläufig noch aufgeschoben. Aber Bayreuth hat schweres Pech. Hier muss man mit dem Staubsauger heran. Ich spreche mit Frau Wagner. Sie ist darüber sehr bestürzt. Aber sie sieht ein, dass das so nicht weitergeht!«, notierte sich Goebbels im Tagebuch.[87]

Im März 1938 plante Winifred ein Deutsches Institut zur Erforschung der Werke Richard Wagners. Im Vertrauen auf ihre ausgezeichneten politischen Beziehungen wandte sie sich dabei direkt an Reichsleiter Martin Bormann, Hitlers rechte Hand.[88] Schon am 22. Mai 1938, pünktlich zum 125. Geburtstag des »Meisters«, lag die Genehmigung des »Führers« vor und das Institut wurde mit seiner ersten wissenschaftlichen Aufgabe betraut. Sie bestand in dem Nachweis der rein arischen Abstammung Richard Wagners und nahm Jahre in Anspruch.[89] Mit der Errichtung der Forschungsstelle hat Winifred das kostbare Wagner-Archiv vor Zerstreuung bewahrt. Ihren Vorschlag, dem Institut das Zensurrecht über alle in Deutschland gedruckten Wagnerpublikationen einzuräumen, lehnte Propagandaminister Goebbels allerdings als kleinlich und radikal ab.[90]

1939 wurde Hitlers 50. Geburtstag in Deutschland mit großem Pomp gefeiert. In Bayreuth schmückte man zu diesem Zweck die Front des Festspielhauses mit einem

Familienbild 1938: Winifred Wagner mit ihren Kindern Wieland (in Uniform), Wolfgang, Friedelind (rechts) und Verena.

Die Herrin von Bayreuth empfängt in Begleitung ihrer Söhne Wieland und Wolfgang den »Führer« (Festspiele 1938).

überlebensgroßen, von Reisig umrahmten Hitlerporträt.[91] Führende Industrielle gratulierten dem Wagnerianer und überreichten eine große Kassette mit Originalpartituren des Bayreuther Meisters. Sie enthielt unter anderem die vierbändige »Rienzi«-Handschrift, die Partituren von »Rheingold« und »Walküre« sowie die Orchesterskizze zur »Götterdämmerung« und repräsentierte einen Wert von 1 Million RM.[92]

Gegen Kriegsende bemühte sich Winifred Wagner um die Verlagerung der wertvollen Manuskripte nach Bayreuth. Hitler erklärte ihr jedoch, dass er sie weit sicherer aufheben könne.[93] Wahrscheinlich wurden die Manuskripte wie auch sonst alle privaten oder Hitler betreffenden Gegenstände gegen Kriegsende von Berlin auf den Obersalzberg gebracht. Laut Henriette von Schirach dürften sie sich in jenen 24 Kisten befunden haben, die Gerda Bormann, die Frau des Leiters der Parteikanzlei, am 25. Mai 1945 auf ihrer Flucht nach Südtirol mit sich führte und die seither verschollen sind.[94]

Als Hitler mit dem Überfall auf Polen den Zweiten Weltkrieg auslöste, glaubten Winifred Wagner und Heinz Tietjen, dass der Festspielbetrieb auf unbestimmte Zeit eingestellt werden müsse. Doch Hitler verordnete so genannte »Kriegsfestspiele« und ab 1942, im Glauben an den baldigen Endsieg, »Friedensfestspiele«. In der Bevölkerung kursierten Berichte, wonach Hitler Frau Wagner das nahe Kriegsende angekündigt hätte.[95] Euphorisch meinte er: »Und jetzt, während des Krieges, habe ich das verwirklichen können, was Wagner sich gewünscht hat: Ausgesuchten Menschen aus dem Volk, Soldaten und Arbeitern den Besuch der Festspiele unentgeltlich zu ermöglichen!« Der allgemeine Kartenverkauf wurde eingestellt und die NS-Organisation »Kraft durch Freude« (KdF)[96] übernahm den Betrieb. KdF zahlte von 1940 bis 1944 1 Million RM, wovon 17 Prozent[97] als Reingewinn dem Hause Wagner zuflossen. Mangel an Künstlern herrschte auch im Krieg nicht. Gestützt auf einen Erlass des Oberkommandos der Wehrmacht konnte Winifred Wagner das benötigte Personal entweder UK (unabkömmlich) stellen oder, wenn gewünscht, auch von entlegenen Kriegsschauplätzen einfliegen lassen.[98] Auch die Kontrolle über das Familienunternehmen ging der Festspielchefin und ihrem Gefährten Tietjen nicht verloren. Sie behielten die künstlerische Leitung, obwohl sich Winifreds herangewachsene Söhne in immer größeren Ausmaß zu beteiligen suchten. Wieland war im Hinblick auf seine zukünftige Rolle vom Militärdienst freigestellt worden. Wolfgang machte den Polenfeldzug mit, wurde nach einer schweren Verwundung entlassen und lernte dann bei Tietjen an der Berliner Oper. Die Mitarbeit der Wagnerenkel ging nicht ohne Reibereien vonstatten. Häufig erbaten Wieland und Wolfgang die Intervention von »Onkel Wolf« und Tietjen drohte wiederholt mit dem Rücktritt. In dieser Situation erwies sich von Vorteil, dass Winifreds schöne Tochter Verena den für die Veranstaltung der Festspiele zuständigen KdF-Oberreichsleiter Bodo Lafferentz geheiratet hatte.[99] Winifreds älteste Tochter Friedelind hingegen brach mit der Familie und emigrierte 1940, wobei sie die Juwelen der Mutter ihres Exverlobten (Gottfried von Einem) mitnahm. In ihrem Buch »Heritage of Fire« (»Nacht über Bayreuth«) rechnete sie schonungslos mit der Mutter, Hitler und dem Dritten Reich ab.

Als der »Führer« 1940 vom Frankreichfeldzug zurückkehrte, ließ er seinen Sonderzug überraschend halten und wohnte einer Aufführung der »Götterdämmerung« bei. Dies war sein letzter Besuch in Bayreuth. Im weite-ren Verlauf des Krieges hat er weder Theater noch Opernhäuser besucht und auch die Wagner-Festspiele gemieden.[100] Doch wenn Goebbels in das Führerhauptquartier kam, musste er stets Bericht über das Befinden von Hitlers Lieblings-

Parteiprominenz in Bayreuth: Winifred Wagner im Gespräch mit dem Stellvertreter des »Führers« Rudolf Heß (Festspiele 1939).

sängern erstatten. Hitler wartete begierig auf Klatschgeschichten aus dem Theatermilieu und die Zerstörung eines Opernhauses schmerzte ihn mehr als die Zerbombung ganzer Wohnviertel.[101] So nahmen Hitler und die Familie Wagner nur ungern zur Kenntnis, dass der geplante riesige Ausbau des Bayreuther Festspielhauses nach dem Vorbild der Tempelanlage von Pergamon auf die Zeit nach dem Endsieg warten musste.[102]

Die Kontrolle über Bayreuth hat Hitler, wie ein Brief Winifred Wagners vom 12. Februar 1942 zeigt, nicht aufgegeben: »Mein hochverehrter, lieber Freund und Führer! Die Tatsache, dass auch in diesem Sommer das Festspielhaus auf deinen Befehl hin seine Pforten wieder öffnen darf, erfüllt uns mit Stolz und Dankbarkeit und wir hoffen, wiederum auf unsere Weise unsere Pflicht erfüllen zu können! Bei den Erwägungen über die Auswahl des aufzuführenden Werkes ... sind uns allerlei Vorschläge gekommen und wir möchten die endgültige Entscheidung in deine Hände legen ... Unserem jetzigen Publikum käme ein Werk wie die Meistersinger am Allermeisten entgegen ... wollten wir um dein Einverständnis bitten, dass wir in diesem Sommer die Meistersinger neu machen ... den Tristan könnten wir besetzungsmäßig auch wieder aufnehmen ... Dürfen wir bald auf deine Entscheidung hoffen, damit wir unsere Dispositionen treffen können? Mit den herzlichsten Grüßen von Wieland, Gertrud, Wolfgang, Verena und mir verbunden mit den innigsten Wünschen für dein Wohlergehen immer deine dankbar-getreue W. W.«[103]

Die letzten Spiele des Dritten Reichs fanden in Bayreuth am 9. August 1944 statt. Dann schloss das Haus am Grünen Hügel seine Pforten, obwohl Heinz Tietjen, un-

Vision für die Zukunft – der großartige Ausbau des Bayreuther Festspielhauses nach dem Endsieg. Plan von Emil Mewes.

berührt vom Zeitgeschehen, Pläne für 1945 wälzte: »Es wären dazu nicht mehr Führerbefehle nötig als bisher.«[104]

Bayreuth blieb lange von Angriffen verschont. Am 5. April 1945 jedoch ließ ein Bombentreffer den Gartentrakt von Wahnfried, in dem sich die Bibliothek und das Wohnzimmer Richard Wagners befanden, als Ruine zu rück. Winifred Wagner hielt ihrem Freund »Wolf« auch in den letzten Kriegstagen die Treue und schickte ihm noch am 20. April 1945 herzliche Geburtstagswünsche in den Bunker der Berliner Reichskanzlei. Heinz Tietjen, Winifred Wagners langjähriger Intendant und Liebhaber hingegen, verfasste mit Blick in die Zukunft ein Schriftstück, das er die »Wahrheit über Bayreuth« nannte. Darin betonte er, dass »niemand es je wagte, mir in irgendetwas hineinzureden«. Hitler hätte nie Wünsche geäußert: »Wir standen uns mehr als skeptisch gegenüber, ein ›Hitlerbayreuth‹ existierte nicht.« Abschließend stellte Winifreds Lebensgefährte seine Dienste dem neuen demokratischen Deutschland zur Verfügung.[105]

Als sich die 50-jährige »Herrin von Bayreuth« 1947 vor einem Spruchkammergericht verantworten musste, nahm sie in ihrer 64-seitigen Denkschrift eine ähnliche Haltung ein: »... man kann zwar behaupten, dass ich persönliche Beziehungen zu Hitler durch gelegentliche Treffen und einige Briefe ... aufrechterhalten habe ... keinesfalls kann man mir vorwerfen, eine aktive Anhängerin der Partei gewesen zu sein.«[106] Viele Zeugen und umfangreiches Dokumentenmaterial entlasteten die von der Spruchkammer II-Bayreuth als »Hauptschuldige und Nutznießerin des Dritten Reichs« angeklagte Winifred Wagner.[107] Sie habe zahlreichen Verfolgten des Regimes geholfen, jüdische Künstler beschäftigt, kirchliche Trauungen in Wahnfried erlaubt und in jüdischen Geschäften gekauft. Ihrer Intervention habe man es verdankt, dass auf der geschichtsträchtigen Wartburg statt der Hakenkreuzflagge ein Kreuz angebracht wurde.

Die Anklage hingegen beschuldigte Winifred Wagner, als Altparteigenossin dem Dritten Rreich fanatisch und treu gedient zu haben. Ab 1933 seien keine jüdischen Künstler, sondern höchstens »jüdisch versippte«, linientreue Sänger und Dirigenten beschäftigt worden.[108] Überdies habe damals jede Bühne einen so genannten »Renommierjuden« gehabt und jeder Bonze seinen Schützling. Winifred Wagners Hilfeleistung für Bedrohte sei erst nach reiflicher Überlegung über Zweck und Nutzen erfolgt. Die Anklage stützte sich dabei auch auf Friedelind Wagners Buch »Heritage of Fire«. Friedelinds Telegramm, das die

Verwendung diskriminierender Passagen untersagte, fand keine Beachtung.

Am 2. Juli 1947 erging das Urteil: Winifred Wagner wurde in die Gruppe II der vom Regime Belasteten eingestuft, die Einziehung ihres Vermögens angeordnet, Berufsverbot verfügt und sie selbst zu Sühnearbeit (450Tage) verurteilt. Sowohl der Ankläger als auch der Verteidiger (Dr. Fritz Mayer) beriefen. Am 5. Dezember 1948 schrieb Winifred: »Inzwischen habe ich nun am 1. und 2. Dezember die Spruchkammer über mich ergehen lassen müssen, die Anklage hat wieder auf Hauptschuldige plädiert (mir völlig unbegreiflich) ... Irgendwie wird auch das mit Würde und Anstand getragen werden müssen.«[109]

Entnazifizierung: Winifred Wagner als Angeklagte vor der Spruchkammer II in Bayreuth am 24. Juni 1947.

Die Spruchkammer Ansbach revidierte das Urteil am 8. Dezember 1948 und stufte die Angeklagte als »minderbelastet« ein, beließ jedoch das Berufsverbot. Winifred Wagners Bayreuther Anhängerschaft hat diese Entscheidung freudig begrüßt, während die Opfer des NS-Regimes ihre Bestürzung über diese rasche Entlassung aus der historischen Verantwortung nicht verhehlten. Im Januar 1949 leistete Winifred Wagner Verzicht auf jegliche Mitarbeit an den zukünftigen Festspielen. »... einer schon lange gehegten Absicht entsprechend werde ich meine Söhne Wolfgang und Wieland mit den bezeichneten Aufgaben betreuen ...«[110] Sie zog sich offiziell ins Privatleben zurück, verblieb jedoch im Besitz der Villa Wahnfried, des Festspielhauses und des Richard-Wagner-Archivs. Die sofort einsetzenden Kämpfe und Intrigen um die Ausschaltung der Wagnerenkel sowie um Fortführung und Kontrolle der Festspiele zog sich jahrelang hin, bis am 29. Juli 1951 in Bayreuth eine neue Ära anbrach. Wie bei der Grundsteinlegung des Festspielhauses im Jahre 1872 spielte man Beethovens 9. Symphonie. Dass, ganz wie zu Hitlers Zeiten, Wilhelm Furtwängler am Dirigentenpult stand, wurde teils mit Freude, teils mit Verbitterung registriert.

Inmitten treuer Verehrer hat die »Herrin von Bayreuth« die folgenden Jahre in ihrem Haus in Oberwarmensteinach, in Wahnfried oder bei ihrer Tochter Verena in Nußdorf am Bodensee verbracht. Als vielfache Großmutter betreute sie unermüdlich ihre zahlreichen Enkel. Den Kontakt zur Vergangenheit ließ sie jedoch nicht abreißen. So besuchte sie 1965 Lina Heydrich in Norddeutschland, machte mit Hanna Reitsch einen Helikopterflug[111] und empfing auch in Wahnfried liebe Freunde aus früheren

Zeiten. Dem NS-Künstler Arno Breker saß sie Modell für eine Bronzebüste. Großmütig hat sie ihrer Tochter Friedelind verziehen, deren Buch in seltener Einstimmigkeit von Sympathisanten und Gegnern des Nationalsozialismus abgelehnt wurde. Für das Kunstempfinden ihrer Söhne fehlte der alternden Winifred oft das Verständis. Sie begutachtete misstrauisch deren zunehmend asketischere Inszenierungen, enthielt sich jedoch aller öffentlichen Kommentare und warb nach Kräften für Bayreuth.

Erst für den Film von Hans-Jürgen Syberberg[112] fragte sich die fast 80-jährige Winifred Wagner: »Warum eigentlich nicht?« – und brach ihr 30-jähriges Schweigen.

Dann betrieb sie eine höchst individuelle Art der Vergangenheitsbewältigung. Sie spaltete Adolf Hitler, ganz in der Art von Stevensons Dr. Jekyll und Mr. Hyde, fein säuberlich in zwei Persönlichkeiten: den Hausfreund und den Politiker. Unter diesem Blickwinkel konnte sie die angenehme Freundschaft mit dem glühenden »Wagnerianer« als reine Freude empfinden und ihm über den Tod hinaus die Treue halten. »Mr. Hyde«, Hitlers sinistre Hälfte, wies die Altparteigenossin von sich – diese Seite des Diktators wäre ihr fremd geblieben. Über die Politik und die Judenfrage hätte sie als völlig unpolitischer Mensch nie mit Hitler diskutiert.[113]

Nachdem Winifred Wagner sich für diese Art einer Lösung entschieden hatte, stand sie auch 1976 treu zu Dr. Jekyll: »... verleugnen werde ich die Freundschaft zu ihm nie, das kann ich nicht ... ich bin imstande, ich meine, vielleicht versteht man das nicht, ich bin imstande, den ›Hitler‹ den ich kenne, vollkommen zu trennen von dem, was man heutzutage ihm alles zur Last legt ... ich meine, alles andere bedauere ich, aufs Tiefste, ich bedauere das. Aber für mich in meiner persönlichen Beziehung macht das keinen Unterschied. Der Teil von ihm, sagen wir mal, den ich kenne, den schätze ich auch heute noch, genauso wie früher. Und dieser ganze abzulehnende Hitler, der existiert innerlich eigentlich nicht, weil ich ihn so nicht kenne, ich meine, alles in meiner Beziehung zu ihm beruht absolut auf Persönlichem ...«[114] Enttäuscht stellte sie fest, dass sich »das große Interesse der Allgemeinheit immer auf unser Verhältnis zu Hitler konzentriert.« Sie erinnerte aber auch an die Verdienste des Dritten Reichs: »Also man hat die Wehrmacht wieder aufgebaut, die Selbstständigkeit den anderen Staaten gegenüber wieder bewahrt, und man hat doch immerhin die Verträge von Versailles im Großen abgebessert, man hat der Jugend wieder Ziele gegeben, man hat für die Gesundheit gesorgt. Also es waren doch auch eine ganze Reihe von positiven Dingen.«[115]

Am 5. März 1980 ist Winifred Wagner, die Leiterin der Bayreuther Festspiele von 1930 bis 1945, als Ehrenbürgerin der Stadt Bayreuth gestorben.[116]

Winifred Wagners Filmdebüt aber wirkte noch lange nach, rief verdrängte Erinnerungen wach und machte die jahrzehntelangen Bemühungen der Wagner-Nachkommen, die Festspiele aus dem Schatten des Dritten Reichs zu lösen, zunichte.[117] Wolfgang Wagner hatte seiner greisen Mutter sogar das Betreten des Festspielhauses verboten, als diese meinte: »Wenn Hitler plötzlich heute hier zur Tür reinkäme, ich wäre genauso fröhlich, so glücklich ihn hier zu haben, wie damals!«[118]

Karoline Rascher[1]

Kinder für den »Führer«

21. September 1893 – April 1945

Wer kennt die Täterin?«, lautete ein dringlicher Aufruf in allen Münchener Zeitungen.[2] »Am 20. 3. 1944 wurde am Münchner Hauptbahnhof ein Kind entführt ... die Frau konnte bisher nicht ergriffen werden ...« Ihre Personenbeschreibung: »Ca. 40–45 Jahre alt, ca. 1,60 cm groß, untersetzt, längliches Gesicht, hellblond gefärbte Haare. Sie sprach Schriftdeutsch und trug einen tigerartig gefärbten braunen Ledermantel, braunen Hut ... und Hornbrillen ... zur Tarnung trug sie einen bis zur Brust reichenden Trauerschleier. Sachdienliche Mitteilungen ... sind erbeten an die Krim. Pol. Leitstelle München 1.«

Die Suche nach der Kindesentführerin erregte großes Aufsehen. Sie interessierte auch Dr. Sigmund Rascher, einen Arzt, der wegen seiner Versuche an Dachauer Häftlingen in höchsten SS-Kreisen große Protektion genoss.[3] Der vierfache Familienvater zeigte den Artikel seiner Frau, die daheim ein neugeborenes Baby betreute, und meinte dazu nachdenklich: »Die Beschreibung der Täterin trifft wie die Faust aufs Auge auf dich zu.«[4]

Die verblüffende Ähnlichkeit der Gattin des Dr. Sigmund Rascher mit der wegen Kindsentführung gesuchten Frau blieb nicht lange verborgen und bald ordnete der General der Polizei SS-Obergruppenführer von Eberstein persönlich die Befragung von Karoline Rascher an. Die vorbildliche Mutter von vier Kleinkindern reagierte empört, wies auf die einflussreiche Position ihres Mannes hin und drohte mit einer Beschwerde beim Reichsführer SS Heinrich Himmler, einem alten Freund und Gönner der Familie. Karoline Rascher konnte dadurch die kriminalpolizeilichen Ermittlungen hinauszögern, jedoch nicht unterbinden. Bald enthüllte sich ein erschütterndes Drama, dessen Wurzeln sowohl in der Psyche der Frau wie auch in der Ideologie des NS-Staates begründet waren.

Karoline »Nini« Rascher wurde am 21. September 1893 in München geboren und stammte aus wohl geordneten kleinbürgerlichen Verhältnissen – ihre Eltern betrieben ein gut gehendes Geschäft für Drogeriewaren. Schon als 16-Jährige heiratete sie den Regisseur und Schriftsteller Ottokar Diehl, der sie zur Konzertsängerin ausbilden ließ. Die Ehe blieb kinderlos. Nach dem Tod ihres Mannes im Jahr 1929 beschäftigte sich Nini Diehl in München mit Hausverwaltung, stand aber auch häufig im Engagement und reiste sehr viel. Dabei wirkte die überzeugte und selbstbewusste Anhängerin der NSDAP gelegentlich als Spionin für Heinrich Himmler, dem sie – eigenen Aussagen nach – in der »Kampfzeit der Bewegung« Obdach geboten hatte und mit dessen Frau Margarete sie befreundet war.[5]

Im Auftrag des Reichsführers SS bespitzelte sie auf ihren Konzerttourneen Würdenträger der katholischen Kirche, wobei sie die von ihrem verstorbenen Mann herrührenden, guten Kontakte zum Vatikan weidlich zu nutzen verstand.[6] In München führte die Witwe ein unauffälliges, zurückgezogenes Leben, bis sie 1936 im Alter von 43 Jahren die Bekanntschaft des 27-jährigen Dr. Rascher machte. Dieser hatte erst kurz davor nach Ablegung des medizinischen Staatsexamens promoviert und übte als unbezahlter Assistent an der Münchener Universitätsklinik eine Tätigkeit aus, die ihn wenig befriedigte und seinen Forschungsambitionen in keiner Weise entsprach.[7]

Nach den Schilderungen von Kollegen war der brennend ehrgeizige Jungarzt ein höchst unangenehmer Zeitgenosse.[8] Gehemmt und schüchtern, aber geltungsbedürftig behandelte er Untergebene voll prahlerischer Arroganz, während er zu Vorgesetzten unterwürfig und servil war. Man kannte ihn als Querulanten und Denunzianten. Allgemein wurde ihm damals geringe Intelligenz, mangelndes Urteilsvermögen und wucherische Gesinnung bescheinigt. Wesentlich negativere Charaktereigenschaften sollten erst im Laufe seiner Karriere zutage treten.[9]

Für Karoline Diehl jedoch war der junge Arzt der Mann ihrer Träume, den sie um jeden Preis gewinnen wollte. Sie verschwieg ihm daher auch ihr wahres Alter, um sich dann sukzessive zu verjüngen – anfangs um zehn, später sogar um fünfzehn Jahre. Ein gemeinsamer Motorradausflug zum Chiemsee festigte die Freundschaft, in der Karoline die dominierende Rolle spielen sollte. »Dabei kam es zum ersten Verkehr«, erinnerte sich der Arzt, »und ich wusste damals, dass ich nicht mehr von dieser Frau loskommen werde.[10] Ich habe eine sehr harte Jugend gehabt. Meine Studienzeit habe ich unter Entbehrungen durchhalten müssen. Ich habe teilweise mein Geld durch Koffertragen verdient. Ich lernte dann später meine jetzige Frau kennen, mit der ich sowohl körperlich als auch seelisch ausgezeichnet harmonierte. Ich hatte dadurch das Gefühl der Geborgenheit und ihr Wort gilt für mich wie das Evangelium.«[11] Rascher wurde der charakterstarken älteren Frau, die er anbetete, aber auch wegen ihres herrischen Wesen fürchtete, hörig. Bedingungslos gehorchte er all ihren Anweisungen und trat – Parteimitglied war er bereits[12] – auch ohne Zögern der SA bei, als sie dies zur Förderung seiner Karriere wünschte.

Am 24. April 1939 wurde Dr. Rascher auf Betreiben seiner Geliebten dem Reichsführer SS vorgestellt, wobei er den Wunsch nach einer Tätigkeit in der medizinischen Forschung äußerte. Himmler, der über einen beträchtlichen Missionseifer auf pseudowissenschaftlichen Gebieten verfügte, war stets geneigt, Rassenbiologie, Okkultismus und Volksmedizin zu fördern, und nahm Dr. Rascher in seine »Lehr- und Forschungsgemeinschaft Ahnenerbe« auf. Der Arzt erhielt kleine Aufträge zur Frühdiagnose von Krebserkrankungen, die er auf dilettantische Weise in der Wohnung seiner Freundin ausführte. Nini sowie ihre stets hilfsbereite Cousine Julie »Lulu« Muschler unterstützten ihn dabei und holten täglich das benötigte Blut von Häftlingen aus dem Konzentrationslager Dachau.

Schon im Mai 1939 wandte sich Dr. Rascher, wieder auf Ninis Geheiß, erneut an Himmler, um die Aufnahme in die SS, den elitären nationalsozialistischen Totenkopforden, zu erbitten. Bei dieser Gelegenheit kam der Reichsführer SS auch auf die private Situation des Paares zu sprechen. Er drückte seine Wertschätzung für Frau Diehl aus, hatte aber schwere Bedenken, ob die Verbindung mit der älteren Frau dem »Geiste des Nationalsozialismus« gerecht werden könne. Kinder werde es wohl keine mehr geben!

Als Angehöriger der SS brauchte Dr. Sigmund Rascher, wie es der Verlobungs- und Heiratsbefehl der SS vorsah[13], Himmlers Erlaubnis für eine Eheschließung. Jahre danach gab er an: »Es ist richtig, dass mir der Reichsführer SS von einer Heirat wegen des Altersunterschiedes abgeraten hat ... und dabei zum Ausdruck brachte, dass ich mit einer so viel älteren Frau wohl keine Kinder bekommen könne. Ich erklärte dem Reichsführer, dass ich das beweisen würde ...«[14]

Himmlers negative Einstellung löste ungeahnte Reaktionen aus. Schon davor hatte die Geliebte des Arztes angesichts des NS-Mutterkults unter dem Makel gelitten, dem »Führer« keine Kinder schenken zu können. Dazu kam nun die Furcht, dass sich der junge und ehrgeizige Rascher im Interesse seiner Karriere von ihr trennen würde. Karoline Diehl suchte und fand eine kurzfristige Lösung aus diesem Dilemma: Sie erklärte schwanger zu sein. Dr. Rascher war stolz und erleichtert. In einer späteren Version gab Karoline an, das Kind verloren zu haben: »Da nun der Reichsführer bereits Kenntnis hatte, dass wir ein Kind erwarteten, kam mir erstmals der teuflische Gedanke, ihm den Abgang zu verheimlichen und zu trachten, ein fremdes Kind zu erhalten, auf das niemand Anspruch erhebt, und dieses Kind als ein von mir geborenes auszugeben. Ich teilte meiner Kusine [Lulu Muschler] mein Unglück brieflich mit ... Sie versprach mir zu helfen, da sie die besseren Nerven hätte und auch ohne Anhang wäre, wenn die Sache wirklich schief ginge. Wir kamen also überein, ein fremdes Kind zu besorgen.«[15]

Zwei Versuche schlugen fehl. In Villach benahm sich Karoline Diehl derart auffällig, dass die Freundin einer als Opfer ausersehenen Mutter Verdacht schöpfte und die Polizei rief. In Prag wiederum übernahm Nini unter falschem Namen einen Säugling zur Pflege, gab ihn aber hastig wieder zurück, da er ihr »rassisch minderwertig« zu sein schien. Verzweifelt verständigte sie daraufhin ihre Cousine, dass sie ohne Kind nach München zurückkommen würde. »Lulu« Muschler nahm darauf die Sache in die Hand, »trieb« – wie sich Karoline ausdrückte – »ein neues, entzückendes Kind auf« und holte mit ihm ihre höchst erfreute Verwandte vom Bahnhof ab. Der Säugling wurde Peter (tatsächlich Helmut Zitzelsberger, geb. 3. April 1941) genannt. Seine uneheliche Mutter glaubte ihn auf einen guten Pflegeplatz gegeben zu haben. Karoline täuschte mit Hilfe einer bestechlichen Hebamme eine Entbindung in Prag vor und ließ das Kind von einer ihr bekannten Ärztin untersuchen, die anstandslos einen Geburtsschein ausstellte. Dann erwartete sie glückstrahlend die Rückkehr ihres Bräutigams, der im Auftrag Himmlers eine längere Dienstreise unternommen hatte. Dr. Rascher war zwar über die angebliche Frühgeburt erstaunt, doch Nini erklärte ihm alles sehr plausibel und »Peter« wurde auf dem Standesamt unter dem Namen »Peter Diehl« als Kind des Paares registriert. Die frisch gebackene Mutter jedoch hegte – wie es die NS-Doktrin vorschrieb – den Wunsch nach vielen Kindern. Insgeheim suchte sie Kontakte zu allein stehenden schwangeren Frauen, die bereit waren, ihr Kind für kürzere oder längere Zeit in Pflege zu geben. Das Angebot kostenloser Kinderbetreuung fand angesichts der schweren Kriegszeiten großes Echo. Karoline führte eine rege Korrespondenz und war im Verein mit ihrer Cousine rastlos tätig. Mitten in der Planung einer neuen Schwangerschaft wären die Machenschaften des Teams Diehl – Muschler beinahe entdeckt worden. »Peters« Mutter, die den Kindesvater heiraten wollte, forderte nämlich die rasche Rückstellung ihres Sohnes. Die Pflegemutter geriet in Panik, »Lulu« Muschler wusste jedoch auch diesmal Rat. Sie fand »Peter II« (vermutlich Johann Schneider, geb. 10. Juni 1939), der »Peter I«, wie sie befriedigt feststellte, »ungeheuer ähnlich« sah, wartete eine Dienstreise Dr. Raschers ab und wechselte dann die Kinder aus. Der Arzt schien nichts zu merken und der Kinderaustausch wurde in der Folge im Hause Rascher zur Routine. Ganz nach Bedarf und Laune wurden Kinder aufgenommen, wieder zurückgegeben und gegen andere ausgewechselt. Selten bekam eine Mutter ihr eigenes Kind zurück.

Am 19. April 1941, einen Tag vor »Führers« Geburtstag, hielt Karoline Diehl den Zeitpunkt für gekommen, ihr zweites Kind in die Welt zu setzen. Sie brauchte dazu keine Hebamme und suchte auch kein Krankenhaus auf. Cousine »Lulu« erklärte, das Kind abgenabelt zu haben. Tatsächlich jedoch war »Volker« (vermutlich Franz Josef Malowetz, geb. 12. März 1941) das Kind einer ledigen Näherin, die für ihren Sohn einen guten Pflegeplatz gesucht hatte. Wie schon zuvor das »Brüderchen« untersuchte auch diesmal eine befreundete Ärztin das angeblich Neugeborene und gab Bestätigungen für das Standesamt und die Lebensmittelstelle. Sie stellte für »Volker« sogar ein Stillattest aus. Dr. Rascher, der die Entbindung, wie man ihm sagte, knapp verpasst hatte, fotografierte die stillende Mutter und prahlte Himmler gegenüber, dass er noch einen »Halbzug« [sechs Kinder] schaffen würde.

Nach der Geburt von zwei gesunden Söhnen gab der Reichsführer SS nunmehr gerne die Zustimmung zur Eheschließung, wobei Karoline ihr Künstlerpass mit dem Geburtsdatum 1903 zustatten kam. Himmler wohnte der Trauung im Juli 1941 höchstpersönlich bei und erfreute die Musterfamilie Rascher anschließend mit allerlei Liebesgaben wie Kaffee, Spirituosen und Schokolade, die im Lauf des Krieges allmählich rar geworden waren. Nini Rascher dankte mit Fotoalben ihrer – nach der Eheschließung legitimierten – Sprösslinge und benutzte die Gelegenheit, um zugunsten ihres Mannes zu intervenieren. Dieser wandte sich am 15. Mai 1941 an den Chef der SS und Herrn aller Konzentrationslager. In dem Brief des Arztes, der damals beim Luftgaukommando VII diente und einen ärztlichen Auswahlkurs besuchte, heißt es: »... wurde mit großem Bedauern erwähnt, dass leider noch keinerlei Versuche mit Menschenmaterial bei uns [über die Höhenflugforschung] angestellt werden. Ich stelle dazu ernsthaft die Frage: Besteht die Möglichkeit, dass zwei oder drei Berufsverbrecher von Ihnen zur Verfügung gestellt werden können? (es können auch Schwachsinnige Verwendung finden.)«[16]

Kurzfristig hatten bereits Tierversuche stattgefunden. Diese verstießen jedoch gegen die strengen NS-Tierschutzgesetze und mussten auf persönliche Intervention von Reichsmarschall Göring, dem »Obersten Reichsjägermeister«, eingestellt werden.[17] Damit war der Weg zu den Menschenversuchen frei und Dr. Rascher erprobte mit seinen Kollegen an 200 Dachauer Häftlingen – überwiegend Geistlichen, Polen und deutschen Juden – im gefürchteten »Himmelfahrtswagen« (Unterdruckkammer) die Lebensfähigkeit von Menschen beim raschen Auf- und Abstieg in und aus großen Höhen. Dabei gab es 70 Tote.[18] Die geheimen Dossiers, die Rascher an Himmler sandte, offenbaren skrupellose und sadistische Mordlust. In einem davon schreibt der Befürworter terminaler Humanversu-

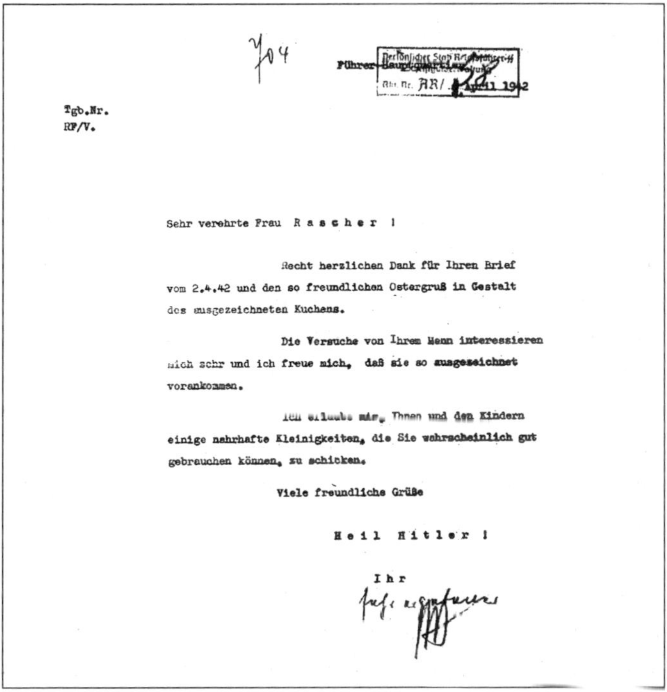

704

Führer-Hauptquartier, . April 1942

Tgb.Nr.
RF/V.

Sehr verehrte Frau R a s c h e r !

Recht herzlichen Dank für Ihren Brief vom 2.4.42 und den so freundlichen Ostergruß in Gestalt des ausgezeichneten Kuchens.

Die Versuche von Ihrem Mann interessieren mich sehr und ich freue mich, daß sie so ausgezeichnet vorankommen.

Ich erlaube mir, Ihnen und den Kindern einige nahrhafte Kleinigkeiten, die Sie wahrscheinlich gut gebrauchen können, zu schicken.

Viele freundliche Grüße

H e i l H i t l e r !

I h r

Schreiben des Reichsführers SS Heinrich Himmler an Karoline Rascher (9. April 1942).

che: »Es handelte sich um einen Dauerversuch ohne Sauerstoff in 12 km Höhe bei einem 37-jährigen Juden in gutem Allgemeinzustand. Bei 4 Minuten begann VP zu schwitzen, bei 5 Minuten traten Krämpfe auf ... bei 30 Minuten hörte die Atmung auf. In 5-minütlichen Abständen wurde EKG geschrieben. Anschließend, etwa eine halbe Stunde nach Aussetzen der Atmung, Beginn der Obduktion.«[19] Detailliert beschrieb Rascher die Obduktion, wobei ihn die noch lange anhaltende Herztätigkeit besonders faszinierte.

Himmler dankte für den Bericht, ließ die »liebe Frau Doktor« grüßen und fragte an, ob es nicht möglich sei, einige der Versuchspersonen zu reanimieren. Diese seien natürlich zu lebenslanger KZ-Haft zu begnadigen. Solche beinahe menschenfreundliche Regungen kamen Dr. Rascher ungelegen: »Die letzte VP, Wagner, ließ ich nach Atemstillstand wieder ins Leben kommen. Da die VP jedoch für einen terminalen Versuch bestimmt war ... setzte ich einen neuen Versuch an, den die VP nicht überstand ...«[20]

Karoline Rascher verfolgte die Arbeit ihres Mannes mit großem Interesse und erwirkte die Zuteilung von teuren Farbfilmen, damit dieser »seine Frischpräparate« (Frischsezierte) optimal dokumentieren könne.[21] Sie achtete darauf, dass Rascher sich auf Kosten der Häftlinge bereicherte. So unterschlug das Ehepaar jene Lebensmittel, die Himmler den – wider Erwarten – überlebenden Versuchsopfern gestiftet hatte. Rascher führte auch die Kältetestserie »Seenot« durch.[22] Es ging dabei um die »Wirkung der Unterkühlung auf den Warmblüter« sowie die Belebung Erstarrter, wobei der Arzt Dutzende Menschen langsam zu Tode quälte. Zu manchen Versuchen wurde der

Reichsführer SS persönlich gebeten und Nini gestaltete die Einladungen dazu. Besonders gern kam Himmler, wenn Häftlinge durch die Körperwärme und den Coitus mit nackten Frauen (aus dem KZ Ravensbrück) wiederbelebt werden sollten. Diese grausamen Erfrierungsexperimente mit nachfolgenden animalischen Erwärmungsversuchen waren eine spezielle Erfindung Raschers und boten Voyeurismus unter den widerlichsten Umständen.[23] Das Interesse und die Anwesenheit seines Chefs schmeichelten dem eitlen Arzt sehr. Sie trösteten ihn jedoch nicht über die Enttäuschung hinweg, dass diese »medizinischen Leckerbissen« geheim blieben, in keiner Fachzeitschrift veröffentlicht wurden und ihm daher nicht die ersehnte Professur einbrachten.

Als pflichtbewusste Gattin eines prominenten SS-Hauptsturmführers unternahm Karoline Rascher buchstäblich alles, um zu der vom NS-Regime geforderten großen Kinderschar zu kommen. Bereits 1942 täuschte sie eine neuerliche Schwangerschaft vor, während der sie – mit Hilfe der Cousine – nach geeigneten werdenden Müttern suchte. Sie entschied sich dann für den am 6. Oktober 1942 geborenen Sohn einer allein stehenden Näherin – Mädchen waren unerwünscht. Am 25. November arrangierte sie dann eine Entbindung und überraschte ihren Mann mit dem Kind, das den Behörden als Dieter Rascher (tatsächlich Uto Lamparsky) gemeldet wurde. Die mysteriösen Begleitumstände der wiederum in seiner Abwesenheit erfolgten Hausgeburt sowie das Aussehen des Neugeborenen – das Baby war schon acht Wochen alt – weckten in dem Arzt düstere Ahnungen bezüglich der Gebärfreudigkeit seiner Gattin. Er fühlte auch unheimliches

Gestohlene Idylle – drei der von Karoline Rascher entführten Kinder.

Grauen, weil seine Kinder – manchmal innerhalb kurzer Zeit – ihr Aussehen rapide veränderten. »Ich fand nicht den Mut, meine Zweifel in ernsthafter Weise auszuräumen und ich kann nur sagen, ich hatte Angst, mein Glück zu zerstören«, erläuterte der SS-Hauptsturmführer.[24] Mehr als eine sanfte Rüge wegen des Fehlens einer Hebamme wagte er nicht zu äußern.

Das Jahr 1944 begann für die Familie Rascher Erfolg versprechend. Der engagierte Arzt wurde für sein Wirken im KZ Dachau mit dem Kriegsverdienstkreuz mit zwei Schwertern ausgezeichnet, genoss die Gunst Himmlers und arbeitete eifrig an der Wirkung blutstillender Medikamente – wofür er Häftlingen Schussverletzungen zufügte. Und Karoline Rascher gab an, erneut Mutterfreuden entgegenzusehen. Am 20. März 1944 übernahm sie als dicht verschleierte »Frau Wörthmüller« den Knaben einer ausgebombten Mutter mit dem Versprechen, ihn auf dem Land sicher unterzubringen. Zu Hause angelangt ließ sie ihrem Mann in Dachau ausrichten, dass bei ihr überraschend Wehen eingesetzt hätten. Mit dem Kind »Rainer« (Raimund Theiß, geb. 13. Februar 1944, dann Wilhelm Baranjai) inszenierte sie dann eine dramatische Entbindung, die jeden Zweifel ausschloss. Als Dr. Rascher eintraf, fand er seine Frau in erschöpftem Zustand vor. Eine vermeintliche Blutspur (tatsächlich eine eisenhaltige, rotfärbende Flüssigkeit) zog sich durch die Wohnung und die Wöchnerin lag mit einem blutbeschmierten Säugling im Bett.[25] Die Planung und Durchführung dieser spektakulären Aktion war von Karoline Rascher in Alleinregie erfolgt, da ihr die treue Helferin Cousine Muschler nicht mehr zur Verfügung stand. Nach der Erklärung, dass sie »den Schwindel nicht länger mitmache«, war »Lulu« nämlich eines Tages spurlos verschwunden.[26] Wie sich Monate später herausstellte, hatte sie sich von der 70 Meter hohen Nordwand des Vorderen Kirchsteins (Benediktinerwand) gestürzt. Moralische Bedenken, Erschöpfung durch den enormen Arbeitsaufwand, das ohnmächtige Gefühl, bei all den komplizierten Machenschaften den Überblick zu verlieren, vor allem aber der sich rapide verwirrende Geisteszustand der Frau Rascher hatten die Komplizin dazu getrieben. Tatsächlich verhandelte Karoline Rascher vor der »Geburt« ihres vierten Kindes mit fünf Kindesmüttern und zwei Hebammen gleichzeitig. Ihr verrücktes Gehabe bei der Kindesübernahme auf dem Münchener Hauptbahnhof führte schließlich zur Anzeige und löste eine groß angelegte Fahndung aus, die Karoline in Panik versetzte. Sie gab »Rainer I« beim Pförtner eines Krankenhauses ab und besorgte sich »Rainer II«.

Nach ihrer Verhaftung leugnete die Frau des SS-Führers kurz, dann war sie geständig. Im Gespräch mit den Kriminalbeamten bedauerte sie nur, ihr Ziel – nämlich sechs Kinder – verfehlt zu haben. Der Fall schien geklärt, als Karoline Rascher die »Aneignung« der vier in ihrem Haushalt lebenden, gut gepflegten und genährten Knaben zugab. Es meldeten sich jedoch täglich weitere Mütter, die ihre Kinder – kurz- oder langfristig – der unter verschiedenen Namen agierenden Frau Rascher überlassen hatten. Als sich überdies noch herausstellte, dass die Eintragungen im Geburtsregister nicht auf die vier Rascherkinder passten, standen die Ermittler vor einem Rätsel, das nie mehr eindeutig geklärt werden konnte. So gab es mindestens Peter I und II, Volker I und II, Dieter I, II und III sowie Rainer I und II. »Es konnte festgestellt werden, dass außer den vier Kindern weitere fünf vorübergehend in Pflege genommen und alle oftmals untereinander ausgetauscht wurden«, steht im Bericht der Polizeileitstelle. »Frau Rascher übergab ihr [einer Mutter] aber nicht ihr eigenes, sondern ein fremdes Kind. Zu diesem Zweck übernahm sie von der Frau Bamberg deren Kind und händigte es der Lamparski aus. Ein anderes Mal erhielt Lamparski das Kind der Frau Mayr ...«, heißt es in einem Versuch, die Vorgänge zu entwirren. Karoline Rascher selbst konnte sich längst nicht mehr an alles erinnern, wusste aber, dass sie sich stets von den hässlichen Säuglingen trennte. Sämtliche Mütter und Kinder unterzogen sich einer Blutgruppenbestimmung. Dadurch konnten zwar manche Verwandtschaften ausgeschlossen, aber letztlich doch keine eindeutigen Identifikationen erzielt werden.

Ein Prozess gegen das von Himmler protegierte Ehepaar Rascher fand nicht statt. Auch die Presse berichtete nach dem ersten Aufruf nichts mehr über die Affäre.

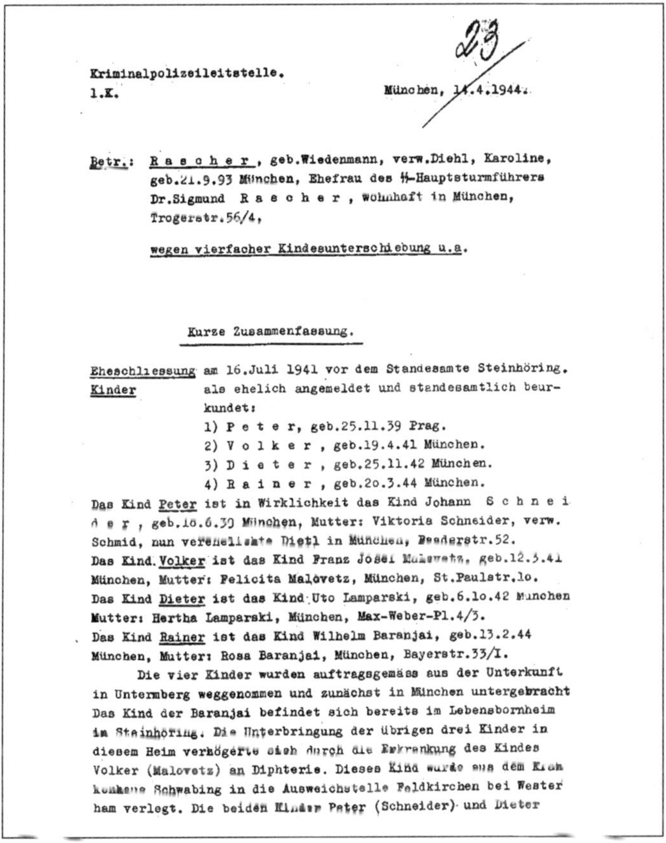

23

Kriminalpolizeileitstelle.
1.K.

München, 14.4.1944.

Betr.: R a s c h e r , geb.Wiedenmann, verw.Diehl, Karoline, geb.21.9.93 München, Ehefrau des SS-Hauptsturmführers Dr.Sigmund R a s c h e r , wohnhaft in München, Trogerstr.56/4,

wegen vierfacher Kindesunterschiebung u.a.

Kurze Zusammenfassung.

Eheschliessung am 16.Juli 1941 vor dem Standesamte Steinhöring.
Kinder als ehelich angemeldet und standesamtlich beurkundet:
1) P e t e r, geb.25.11.39 Prag.
2) V o l k e r , geb.19.4.41 München.
3) D i e t e r , geb.25.11.42 München.
4) R a i n e r , geb.2o.3.44 München.

Das Kind Peter ist in Wirklichkeit das Kind Johann S c h n e i d e r , geb.16.6.39 München, Mutter: Viktoria Schneider, verw. Schmid, nun verehelichte Dietl in München, Baaderstr.52.
Das Kind Volker ist das Kind Franz Josef Malovetz, geb.12.3.41 München, Mutter: Felicita Malovetz, München, St.Paulstr.1o.
Das Kind Dieter ist das Kind Uto Lamparski, geb.6.1o.42 München Mutter: Hertha Lamparski, München, Max-Weber-Pl.4/3.
Das Kind Rainer ist das Kind Wilhelm Baranjai, geb.13.2.44 München, Mutter: Rosa Baranjai, München, Bayerstr.33/I.

Die vier Kinder wurden auftragsgemäss aus der Unterkunft in Untermberg weggenommen und zunächst in München untergebracht Das Kind der Baranjai befindet sich bereits im Lebensbornheim im Steinhöring. Die Unterbringung der übrigen drei Kinder in diesem Heim verzögerte sich durch die Erkrankung des Kindes Volker (Malovetz) an Diphterie. Dieses Kind wurde aus dem Krankenhaus Schwabing in die Ausweichstelle Feldkirchen bei Westerham verlegt. Die beiden Kinder Peter (Schneider) und Dieter

Täglich neue Enthüllungen –
Protokoll der Münchener Kriminalpolizei zum Fall Rascher (April 1944).

Nach einem Fluchtversuch aus dem Münchener Polizeigefängnis, bei dem Karoline Rascher eine Wärterin überfallen hatte, wurde sie am 29. November 1944 in das Konzentrationslager Ravensbrück überstellt und in einer Einzelzelle untergebracht. Der Reichsführer SS persönlich ordnete die korrekte Behandlung der Frau Rascher samt der Gewährung von Sonderrechten an: Sie bekam das Haar nicht geschoren, brauchte keine Häftlingskleidung zu tragen, durfte lesen und sollte mit Näharbeiten beschäftigt werden. Vorsicht sei allerdings geboten: Der weibliche Häftling kenne von der Tätigkeit des Ehemannes her den Betrieb eines KZs genau, sei schlau und sehr gerissen.

KrimKommissar Schmid gegenüber: "Jch bitte, mich nicht mit meiner Frau allein zu lassen, denn ich fürchte mich vor dieser Frau."

Durch die gestrige Vernehmung des Dr.Rascher erfuhr auch der Verdacht, dass Frau Rascher auch die Kinder untereinander ausgetauscht hat, ein Verschärfung. Es ist anzunehmen, dass mindestens Frau Zitzeelsberger, deren Kind sich ebenfalls 1 1/2 Jahre lang in der Fam.Rascher befand, ein anderes Kind zurückbekam. Die Blutgruppenuntersuchung mit dem konkurrierenden Kind der Malovetz kann z.Zt. nicht durchgeführt werden, da dieses Kind (zweites Kind Volker) z.Zt. an Diphterie erkrankt ist.

Vom KZ.Dachau wurde mitgeteilt, dass der Jude Feix gestern von Schlachters aus in das Lager zurückgeführt wurde.

Die Vernehmung mit Dr.Rascher dürfte heute zu Ende kommen, wir werden morgen Freitag die notwendigen Vernehmungen im Lager Dachau durchführen.

Schmid

Kriminalkommissar.

»Ich fürchte mich« – die Vernehmung des KZ-Arztes Dr. Sigmund Rascher. Auszug aus dem Verhör-Protokoll (14. April 1944).

Karoline Rascher im Alter von ca. 35 Jahren.

Aus der Zelle schrieb Karoline ihrem Mann: »Geliebter Sigmund! Nun ist das Ende da. Du musst weiterleben! Bitte, hebe dir alles gut auf von den Sachen, lass nichts verkommen, es ist ja fast alles mit deinem verdienten Geld angeschafft. Ins Zimmer muss noch Mottenpulver und Mäusegift, sonst wird alles zerfressen.Ich gehe sehr schwer aus dem Leben, aus dem Leben mit dir, dem herrlichen. Kümmere dich um Peter und Volki.« In flehentlichen Briefen an Himmler und seinen Adjutanten Brandt leugnete sie die Mitwisserschaft ihres Mannes.

Bei einer Gegenüberstellung erklärte Dr. Sigmund Rascher weinerlich, der »Belogene und Betrogene« zu sein, gab dann aber zu, schon nach dem ersten Kind den Verdacht der Kindesentführung gehegt zu haben. Er fürchtete sich vor Karoline und bat, mit ihr nicht allein gelassen zu werden. Nach seinem Ausschluss aus der SS wurde der Arzt in das KZ Buchenwald eingewiesen. Als »Sonderhäftling« kehrte er letzten Endes an die Stätte seines Wirkens, das KZ Dachau, zurück. Am 26. April 1945, drei Tage vor dem Eintreffen der Alliierten, wurde der Geheimnisträger durch einen Genickschuss getötet.

Auch Karoline Rascher erlebte das Ende der NS-Herrschaft nicht. Nach einer Attacke auf eine KZ-Wärterin wurde sie in Ravensbrück gehenkt.

Anmerkungen

Gerda Bormann

1 Martin Bormann an Gerda am 21. 1. 1944 aus dem Führerhauptquartier. The Bormann letters. The private correspondence between Martin Bormann and his wife from January 1943 to April 1945. Ed. with an introduction and notes by H. R. Trevor-Roper. London 1954. Sowie Bormann Martin, Briefe an seine Frau, Bd. 1: 16. 1. 1943 – 31. 7. 1944. Bd. 2: 2. 8. 1944 – 2. 4. 1945. F 189/1, Institut f. Zeitgeschichte, München.

2 Biografisches zu Gerda Bormann: Martin Bormann, Leben gegen Schatten, Paderborn 1996, S. 12, sowie Jochen von Lang, Der Sekretär. Martin Bormann: Der Mann, der Hitler beherrschte, München 1987, S. 55 ff.

3 Aufzeichnungen Walter Darré 1945–48. ED 110/3, f. 204 ff. Institut f. Zeitgeschichte, München.

4 Gerda Bormann, Brief am 29. 8. 1944.

5 Ebenda.

6 Mitteilung von Martin Bormann jun.

7 Artikel von Walter Buch über die deutsche Ehre. In: »Deutsche Justiz« vom 21. 10. 1938.

8 Darré, Aufzeichnungen, S. 207.

9 Hans F. K. Günther, Kleine Rassenkunde des deutschen Volkes. München 1933.

10 Jochen von Lang, Der Sekretär, S. 55 f.

11 Das Freikorps Roßbach. In einem Fragebogen der NSDAP nannte sich Bormann später »Bereichsleiter der Org. Roßbach«.

12 Rudolf Höß, der Mann aus der Menge. In: Joachim C. Fest, Das Gesicht des Dritten Reiches, München 1980, S. 372 ff.

13 Roßbach und die Feme. In: Lang, Der Sekretar, S. 32 ff.

14 Mitglied der NSDAP seit 1. 4. 1929. Spruchkammerakten Gerda Bormann. Karton 176. AZ H/6731/50; Bayerisches Staatsarchiv, München.

15 »Die Kirschen blühen« – Porträt Martin Bormanns von Elisabeth Welzig, »Salzburger Nachrichten« vom 20. 3. 1999.
16 Martin Bormann, Leben gegen Schatten, S. 12.
17 Darré, Aufzeichnungen, S. 209 f.
18 Brief Gerda Bormanns vom 20. 6. 1933. Privatbesitz Martin Bormann jun.
19 Ebenda.
20 Brief Bormanns an seine Mutter vom 19. 2. 1943.
21 Brief Gerda Bormanns vom 28. 11. 1943.
22 Am 23. 11. 1935 flog Bormann mit Buch in der Angelegenheit Koch nach Nürnberg. Auszüge aus dem Notizbuch Bormanns. F 19/13, Institut f. Zeitgeschichte, München.
23 Darré, Erinnerungen, S. 211 ff.
24 Richtfest am 19. Juni 1936. Das Haus ist derzeit Sitz des Bundesnachrichtendienstes.
25 Eintragung im Notizbuch Bormanns zum 14. 9. 1938.
26 Verfahren gegen Ausschreitungen gegen Juden. NS 36/13. Bundesarchiv Berlin.
27 Darré, Erinnerungen, S. 211.
28 Ab Ende 1942 bedurfte jede Anklageerhebung der Unterschrift des Leiters der Parteikanzlei. Ebenso musste jedes Urteil von Bormann gegengezeichnet werden.
29 Lang, Der Sekretär, S. 252.
30 Erklärung Buchs vom 10. 12. 1935. NS 36/21. Bundesarchiv Berlin.
31 Geiß, Obersalzberg, Berchtesgaden 1951.
32 Laut Josef Geiß, der damals bei der Verwaltung am Obersalzberg dienstverpflichtet war.
33 Ebenda.
34 Martin Bormann jun. im Gespräch, Oktober 1999.
35 Ebenda.
36 Vorschläge Bormanns an Rosenberg vom 20. 3. 1939 bezüglich kirchlicher Befugnisse: Einschränkung des Religionsunterrichts und Verbot der Schulgebete. MA 54–1. 395–1399. Institut f. Zeitgeschichte, München.
37 Brief Gerda Bormanns an eine ehemalige Hausangestellte. Obersalzberg, 26. 10. 1940. Privatbesitz Martin Bormann jun.
38 Auskunft von Frau Irmgard Münchow, einer ehemaligen Bewohnerin des Obersalzbergs und Spielgefährtin der Bormann-Kinder.

39 Martin Bormann an seine Frau. September 1943. Orden und Ehrenabzeichen im deutschen Reich von Heirich Doelke (1939).
40 Mitteilung von Wilhelm Schneider, August 1999. Unterscharführer Schneider war Hitlers langjährige Ordonnanz und Mitglied des Führerbegleitkommandos.
41 Baldur von Schirach, Ich glaubte an Hitler, Hamburg 1967, S. 273.
42 Mitteilung von Wilhelm Schneider.
43 Mitteilung vonWilhelm Schneider, Juli 1999.
44 Ebenda.
45 Gerda Bormann, Obersalzberg am 21. 9. 1944.
46 Martin Bormann jun. am 25. 9. 1999.
47 Mitteilung von Prälat Theodor Schmitz, Oktober 1999.
48 Brief Gerda Bormanns vom 24. Januar 1944 auf dem Obersalzberg.
49 Martin Bormann am 18. 8. 1944.
50 Gerda Bormann am 24. 9. 1944.
51 Gerda Bormann am 10. 2. 1944.
52 Vom 29. 2. bis 10. 3. 1944. MA 340 – Institut f. Zeitgeschichte, München.
53 Gerda Bormann am 2. 2. 1944.
54 W. Lange, Der erbbiologische Wert der unehelichen Mütter mit drei und mehr unehelichen Kindern. In: Volk und Rasse, X (1937), S. 376. Sowie: Dorothee Schmitz-Köster, Deutsche Mutter, bist du bereit ..., Alltag im Lebensborn, Berlin 1997.
55 Brief Gerda Bormanns vom 24. 1. 1944.
56 Lisa Pine, Nazi family policy 1933–1945. Oxford/New York 1997, S. 132 ff.
57 The Bormann letters, London 1954.
58 Auskunft von Wilhelm Schneider, dem die Haushälterin des Berghofes davon berichtete. Juli 1999.
59 Brief Bormanns aus Berlin am 11. 8. 1944.
60 Brief Bormanns vom 15. 9. 1944 aus dem Führerhauptquartier.
61 Auskunft von Jochen von Lang. Schwester Restituta wurde 1998 von Papst Johannes Paul II. anlässlich seines Wien-Besuches selig gesprochen.
62 Spruchkammerakten Gerda Bormann, MSo, Durchführung des Verfahrens gegen Verstorbene. Akt 1346; Bayerisches Hauptstaatsarchiv, München.

63 Brief Bormanns vom 13. 8. 1944.
64 Ebenda.
65 Lang, Der Sekretär, S. 232.
66 Bormann am 30. 9. 1944.
67 Gerda Bormann, Obersalzberg, am 29. 9. 1944.
68 Brief Gerda Bormanns vom 29. 8. 1944.
69 Jochen von Lang, Der Sekretär, S. 260.
70 Hitler am 25. 10. 1941. Adolf Hitler, Monologe im Führerhauptquartier 1941–1944. Die Aufzeichnungen Heinrich Heims, hrsg. von Werner Jochmann, Hamburg 1980, S. 106.
71 Brief Gerda Bormanns am 8. 5. 1944.
72 Gerda Bormann am 12. 9. 1944.
73 Hitler. Monologe, Aufzeichnungen Heims.
74 Brief Bormanns vom 9. 9. 1943.
75 Brief Bormanns vom 26. 7. 1943.
76 Der jüdische Eigentümer hatte den Besitz 1939 an die Stadt Recklinghausen verkauft, die es 1943 an Frau Bormann weiterverkaufte. Bayerisches Landesamt f. Vermögensverwaltung G. IV-B1/7370/53. Erhebung vom 14. 9. 1953.
77 Brief vom 16. 9. 1943.
78 Brief Gerda Bormanns vom 30. 10. 1944.
79 Kalender »Neues Volk« 1944. Hrsg. vom Zentralverlag der NSDAP, Franz Eher Nachf., München.
80 Verzeichnis der Geburtstage der Bormann-Kinder in Martin Bormanns Notizkalender. Abschrift (F 105) im Institut f. Zeitgeschichte, München. Fa 21, »Satzung des Reichsbundes der Kinderreichen Deutschlands«.
81 Mitteilung von Wilhelm Schneider, Juli 1999.
82 Brief Gerda Bormanns vom 4. 2. 1944.
83 Gerda Bormann am 28. 8. 1944.
84 Brief Gerda Bormanns vom 8. 2. 1945.
85 Lang, Der Sekretär, S 286.
86 Brief Bormanns vom 2. 4. 1945.
87 Ebenda.
88 Joseph Geiß, Obersalzberg, S. 57 f.
89 Von Hummel weigerte sich auch in einem Gespräch mit Martin Bormann jun., den Inhalt des Funkspruchs zu enthüllen. – Mitteilung von Martin Bormann jun. im Oktober 1999.

90 Auskunft von Martin Bormann jr. und Prälat Theodor Schmitz, Oktober 1999, sowie Interview Henriette von Schirach 1986 ZS 2238, Institut f. Zeitgeschichte, München.

91 Angeblich beauftragte Gerda Bormann den Gauleiter von Tirol mit der Übergabe ihres Eigentums an Karl Wolff, den Chef des persönlichen Stabs von Heinrich Himmler. Über einen italienischen Zwischenhändler kam die Korrespondenz des Ehepaares Bormann an den Schweizer Francois Genoud, der sie 1953 veröffentlichte. Er erwarb das Copyright über Prälat Theodor Schmitz, den Vormund der Bormann-Kinder, der nur eine englische Ausgabe erlaubte.

92 Martin Bormann, Leben gegen Schatten, S. 45.

93 Undatierter Brief Gerda Bormanns. Privatbesitz Martin Bormann jun.

94 Undatierter Brief Gerda Bormanns. Privatbesitz Martin Bormann jun.

95 Martin Bormanns Notizkalender für das Jahr 1945. F 105, Institut f. Zeitgeschichte, München.

96 Lang, Der Sekretär, S. 11.

97 Brief von Prälat Theodor Schmitz vom 6. 3. 1948. Privatbesitz Martin Bormann jun., Abschrift (F 189 /2) im Institut f. Zeitgeschichte, München.

98 Undatierter Brief an Paula Pallhuber, vermutlich Anfang 1946. Privatbesitz Martin Bormann jun.

99 Auskunft von Prälat Theodor Schmitz. Berlin, Oktober 1999.

100 Theodor Schmitz stammt aus einer großbürgerlichen Familie. Er studierte 1935–1942 in Rom katholische Theologie. Nach der Priesterweihe widmete er sich als Geistlicher im Offiziersrang der Seelsorge.

101 Undatierter Brief Gerda Bormanns. Privatbesitz Martin Bormann jun.

102 Vom bischöflichen Ordinariat Berlin beglaubigte Abschrift der am 5. 2. 1946 im Ortslazarett von Meran abgegeben Erklärung.

103 Mitteilung von Prälat Theodor Schmitz, Oktober 1999.

104 Undatierter Brief Gerda Bormanns. Privatbesitz von Martin Bormann jun.

105 Laut Sterbeurkunde des Standesamtes I in Berlin.

106 Laut Auskunft von Prälat Theodor Schmitz, der Einsicht in das Obduktionsprotokoll bekam.

107 Schreiben des Municipio di Merano vom 5. 6. 1950; Spruchkammerakten Gerda Bormann, f. 23. Bayerisches Staatsarchiv, München.
108 Einzelgrab Nr. 610.
109 Laut Hitlers Sonderanordnung vom 30. 1. 1943.
110 Am 20. 3. 1951. Spruchkammerakten Gerda Bormann.
111 Am 11. 1. 1950 wurde Theodor Schmitz offizieller Vormund der Bormann-Kinder. Laut G. VII, 442/49; Bayerisches Landesamt f. Vermögensverwaltung.
112 »Die Welt« am 24. 11. 1964. »Süddeutsche Zeitung« vom 4. 10. 1965.
113 »Die Welt« am 15. 9. 1971.
114 Jochen von Lang, Wie ich Martin Bormann fand. In: Der Sekretär, S. 343 ff.

Lina Heydrich

1 Biografisches aus: Lina Heydrich, Leben mit einem Kriegsverbrecher. Mit Kommentaren von Werner Maser, Pfaffenhofen 1976 f. sowie Günther Deschner, Reinhard Heydrich, Statthalter der totalen Macht. Esslingen am Neckar, 1977, S. 36 ff.
2 L. Heydrich, Leben, S. 12. Laut Deschner, Heydrich, S. 36, stammte Lina Heydrich aus dänischem Beamtenadel.
3 Houston Stewart Chamberlain, Die Grundlagen des neunzehnten Jahrhunderts, München 1932. Die 1. Auflage erschien bereits 1899.
4 Meyers Konversationslexikon, 2. Bd. 1937.
5 Charakteristik Heydrichs bei: Walter Schellenberg, Aufzeichnungen. Die Memoiren des letzten Geheimdienstchefs unter Hitler, London 1956, S. 35 ff.
6 Lina Heydrich, Leben, S. 9.
7 Ebenda, S. 10.
8 Deschner, R. Heydrich, S. 17 ff. Ders.: Reinhard Heydrich – Technokrat der Sicherheit. In: Die Braune Elite I. Hrsg. von Ronald Smelser und Rainer Zitelmann. Darmstadt 1994, S. 98 ff.
9 Brief Heydrichs aus Kiel am 18. 12. 1930.
10 Gespräch mit Günther Deschner im März 1973. Deschner, R. Heydrich, S. 38.
11 Reinhard Heydrich am 3. 1. 1931.

12 Dienstleistungszeugnis. Ausgestellt am 30. 4. 1931 vom Kommando der Marinestation der Ostsee.
13 Lina Heydrich. Interview Deschner, R. Heydrich, S. 48.
14 Interview mit G. Deschner, R. Heydrich, S. 43.
15 Die SS umfasste 1929 nur 300 Mitglieder, 1932 bereits 50 000.
16 Friedrich Karl Freiherr von Eberstein war damals SS-»Gausturmführer«. Später wurde er Leiter des SS-Oberabschnitts Süd. »München – Hauptstadt der Bewegung«. Katalog der Ausstellung im Münchner Stadtmuseum, München 1993, S. 218.
17 Shlomo Aronsen, Reinhard Heydrich und die Frühgeschichte von Gestapo und SD. In: Studien zur Zeitgeschichte 2, Stuttgart 1971.
18 Polizeihauptmann a. D. Horninger, der als Spitzel für die Münchner Polizei arbeitete.
19 SS-Gruppenführer, Nr. 10. 120 laut Fragebogen vom 20. 8. 1937. Personalakte Heydrich, Bundesarchiv Berlin.
20 Die SS. In: München, Hauptstadt, S. 171.
21 Heinz Höhne, Der Orden unter dem Totenkopf. Die Geschichte der SS. Gütersloh 1967.
22 Brief Reinhard Heydrichs, München, 11. 8. 1931.
23 Brief Reinhard Heydrichs am 22. 8. 1931.
24 Wegen wiederholter Gewaltausschreitungen uniformierter Verbände wurde am 8. Dezember 1931 reichsweit ein Uniformverbot erlassen.
25 Lina Heydrich im Interview mit G. Deschner, R. Heydrich, S. 47.
26 Laut Meldezettel Lochhausen, Lochhausner Straße 55.
27 Mit der Mitgliedsnummer 1201380. Aufnahmeformular Lina Heydrich, Bundesarchiv Berlin.
28 Riemanns Musiker-Lexikon, Ausgabe 1916. Nachkriegsausgaben vermeiden den Zusatz »Süß«.
29 Braune Elite I, S. 100.
30 N.S. Auskunft. München, 22. 6. 1932. Personalakte Hei[y]drich Reinhard, Bundesarchiv Berlin.
31 »Wiener Illustrierte« am 25. 9. 1940.
32 Joachim C. Fest, Das Gesicht des Dritten Reichs, München 1980, S. 139 ff.
33 Gerald Reitlinger, Die SS, Wien/München 1957, S. 15.
34 Laut Meldezettel, München, Zuccalistraße 31.
35 Am 13. 4. 1932 wurden SS und SA verboten.
36 Lina Heydrich, Leben, S. 34.

37 Helmut Hanko, Die nationalsozialistische Machtübernahme im Münchner Rathaus. In: München – Hauptstadt der Bewegung. Katalog der Ausstellung, München 1993, S. 196 ff.
38 Brief Lina Heydrichs vom 13. März 1933.
39 Lina Heydrich im Interview. Deschner, Die Braune Elite I, S. 111.
40 Lina Heydrich im Interview. Deschner, R. Heydrich, S. 88. Ebenso Auskunft von Prof. Maser, April 2000.
41 Ebenda.
42 Laut Meldezettel Berlin-Schlachtensee, Augustenstraße 14.
43 Vgl. Heinz Höhne, Canaris. Patriot im Zwielicht, München 1978.
44 Andre Brissaud, Canaris,Frankfurt/Main 1976, S. 43.
45 Heinz Höhne, Geheimauftrag für Guillermo. In: Der Spiegel, Nr. 34/1976, S. 100.
46 Lina Heydrich, Leben, S. 63 f.
47 Höhne, Geheimauftrag, S. 101.
48 Hans Buchheim, Die SS – Das Herrschaftsinstrument. In: Anatomie des SS-Staates, Bd. 1, München 1967, S. 71 f.
49 Lina Heydrich, Leben, S. 82.
50 Friedrich Weissensteiner, Der ungeliebte Staat. Österreich zwischen 1918 und 1938. Wien 1990. S. 300 ff.(Finis Austriae).
51 Lina Heydrich, Leben, S. 82.
52 Ebenda, S. 90.
53 Akte Heydrich, O. 978, f. 174; Bundesarchiv Berlin.
54 Laut dem 1936 ergangenen Führererlass.
55 Ernst Röhm wurde im Zug des Röhmputsches erschossen.
56 Lina Heydrich, Leben, S. 69.
57 Ebenda.
58 IMT, Bd. XXXI, Dok. 3051-PS.
59 Berlin, Gisebrechtstraße 11. Peter Norden, Salon Kitty. In: »Der Spiegel«, Nr.14 /1976, S. 200 f.
60 1940 bezog Heydrich monatlich 1800 RM plus Aufwandsentschädigung. Bescheinigung des Chefs der Sicherheitspolizei und des SD vom 13. 2. 1941. Zeichen: I-HB. Nr. 5206/40. Bundesarchiv Berlin. Zum Vergleich: Ein Auto der Marke »Opel Kapitän« kostete 3000 RM, ein Herrenanzug zwischen 50 und 100 RM.
61 Lina Heydrich, Leben, S. 75.
62 Der Jurist Best schildert seinen Chef. Werner Best, Aufzeichnung über Reinhard Heydrich vom 1. 9. 1949, Kopenhagen.

63 Lina Heydrich, Leben, S. 78.
64 Brief Heydrichs vom 1. 9. 1939.
65 Der SS-Brigadeführer Walter Schellenberg war Chef des Amtes VI im Reichssicherheitshauptamt.
66 Heinrich Müller, Leiter des Amts IV der Geheimen Staatspolizei.
67 Harpprecht. In: Schellenberg, Aufzeichnungen, S. 14.
68 Edmonde Charles-Roux, Coco Chanel, Frankfurt/Main 2000, S. 404 und S. 418 ff.
69 Jürgen Runzheimer, Der Überfall im Jahre 1939. In: VJZG 1962, S. 408 ff.
70 Deschner, R. Heydrich, S. 149.
71 Brief Reinhard Heydrichs. Berlin, 1. 9. 1939.
72 Lina Heydrich im Gespräch mit Werner Maser, 1975. Mitteilung von Prof. Maser im März 2000.
73 1940 erhielt Heydrich als Jagdflieger die Bronzene Frontflugspange und das Eiserne Kreuz II. Klasse. Im Russlandfeldzug erhielt er die Silberne Frontflugspange (50 Einsätze) und das Eiserne Kreuz I. Klasse.
74 Lina Heydrich im Interview mit Deschner. Deschner, R. Heydrich, S. 209.
75 Karl Hermann Frank, Reinhard Heydrichs Werk für Böhmen und Mähren, Prag 1944, S. 26.
76 Das »obere« Schloss aus dem 18. Jahrhundert und das »untere« 1840 erbaute Schloss.
77 Deschner, R. Heydrich, S. 238.
78 Telegramm aus dem Reichssicherheitshauptamt. Prag, 5. 6. 1942. Akte Heydrich O. 978, f. 233. Bundesarchiv Berlin.
79 Zur Situation der Wiener Sammlungen: Wilhelm Deutschmann, Die Städtischen Sammlungen in der Zeit der nationalsozialistischen Sammlungen. In: Studien zur Wiener Geschichte. Jahrbuch des Vereins für Geschichte der Stadt Wien, Band 55. Wien 1999, S. 31 ff.
80 Schreiben der Staatspolizeileitstelle Wien vom 25. Juli 1942. Akte Heydrich O. 978, f. 243, Bundesarchiv Berlin.
81 Schreiben der Kommandatur SS-Tr. b. Pl. Beneschau vom 26. 6. 1942.
82 Lina Heydrich, Leben, S. 97. Reinhard Heydrich,Wandlungen unseres Kampfes, Berlin 1936, S. 5 ff.
83 Lina Heydrich, Leben, S. 107.
84 Schreiben Heydrichs vom 25. 1. 1942. Bundesarchiv Berlin.

85 Das vollständige Sitzungsprotokoll bei Lina Heydrich, Leben. Kommentare Masers, Nr. 16.

86 Lina Heydrich, Leben, S. 107.

87 Braune Elite I, S. 111.

88 D. Brandes, Die Tschechen unter deutschem Protektorat, Teil 1: Besatzungspolitik, Kollaboration und Widerstand im Protektorat Böhmen und Mähren bis Heydrichs Tod. 1939–1942, Oldenburg 1969.

89 Fest, Das Gesicht des Dritten Reichs, S. 152.

90 Laut Hitlers Dekret vom 24. 9. 1941.

91 Abschlussbericht: Attentat auf den SS-Obergruppenführer Heydrich am 27. 5. 1942 in Prag, Anl. D. Nr. 1982/57. Institut f. Zeitgeschichte, München.

92 Henry Picker, Hitlers Tischgespräche im Führerhauptquartier 1941–1942, Bonn 1951, S. 386.

93 Deutsches Kriminalpolizeiblatt-Sonderausgabe vom 28. Mai 1942.

94 Die Gedenkrede des Reichsführers SS. In Reinhard Heydrich, Ein Leben der Tat, Prag 1944, S 69.

95 Kontenfeststellung durch die Spruchkammer Berlin-Wilmersdorf. Lina Heydrich, Leben, Anhang Nr. 30.

96 Brief Lina Heydrichs vom 26. 2. 1943; Akte Heydrich, O. 978, f. 254. Schreiben Himmlers vom 23. 5. 1943. Persönlicher Stab Reichsführer SS, Schriftgutverwaltung Nr. 70; Bundesarchiv Berlin.

97 Schreiben Heinrich Himmlers vom 7. 8. 1943, Bundesarchiv Berlin.

98 Schriftverkehr in: Akte Heydrich, O. 978, f. 286–88; 293–96, Bundesarchiv Berlin.

99 Geheimes Schreiben Himmlers vom 30. 1. 1944, Bundesarchiv Berlin.

100 Schreiben Lina Heydrichs vom 11. 7. 1944. Akte Heydrich, O. 978 f. 303 f.

101 Telegramm vom 2. 1. 1945. Akte Heydrich, O. 978, f. 329.

102 Lina Heydrich, Leben, S. 124 f.

103 NS 18/19. Bundesarchiv Berlin.

104 Schreiben von Lina Heydrich am 25. Juli 1944 an das KZ Flossenbürg bei Weiden/ Oberpfalz. NS 19/18. Bundesarchiv Berlin.

105 Zum Vergleich: Im Berliner Lokal Aschinger kostete damals eine Erbsensuppe mit Brot 0,50 RM.

106 Schreiben betreffend die Abstellung von Bibelforschern nach Jungfern-Breschan vom 26. 8. 1944 und 1. 9. 1944. NS 19/18. Bundesarchiv Berlin.

107 Lina Heydrich, Leben. Kommentar Werner Maser. Anhang Nr. 25.
108 Telegramm gez. Frank. Akte Heydrich, O. 978 f. 270. Bundesarchiv Berlin.
109 Schwarze Korps vom 4. 11. 1943. Faksimile-Querschnitt durch das Schwarze Korps. Hrsg. von Helmut Heiber und Hildegard von Kotze. München 1968.
110 Lina Heydrich, Leben, S. 126.
111 Brief Heinrich Himmlers am 22. 1. 1945. Personalakte Lina Heydrich. Bundesarchiv Berlin.
112 Brief Lina Heydrichs vom 9. 1. 1945. Akte Heydrich, O. 987, f. 330–31. Bundesarchiv Berlin.
113 Brief Lina Heydrichs am 27. 1. 1945 aus Jungfern-Breschan; Personalakte Lina Heydrich, Bundesarchiv Berlin.
114 Ebenda, f. 336 a.
115 Lina Heydrich, Leben, S. 135.
116 Brief Heinrich Himmlers. Feld-Kommandostelle 7. 2. 1945. Personalakte Lina Heydrich, f. 335. Bundesarchiv Berlin.
117 Mitteilung von Prof. Werner Maser aufgrund eines Gesprächs mit Lina Heydrich.
118 Lina Heydrich, Leben, S. 144 f.
119 Die britische Militärverwaltung hat den Antrag noch 1947 mit dem Hinweis, dass kein Mordverdacht vorliege, abgelehnt. Lina Heydrich, Leben, Maser, Dokumente, Nr. 28.
120 »Der Spiegel«, Nr. 16/April 1956.
121 Auskunft von Prof. Werner Maser, März 2000. Ihre De-facto-Gleichstellung mit Kriegerwitwen sorgte noch lange für große Empörung (»Der Spiegel« Nr. 21/1979).
122 Lina Heydrich, Leben. Kommentar Werner Maser Nr.30.
123 »Der Spiegel«, Nr. 5/Januar 1964.
124 Auskunft von Prof. Werner Maser, März 2000.
125 Auskunft des Meldearchivs in Burg/Fehmarn.

Unity Valkyrie Mitford

1 Frau Hoffmann war Erna Hoffmann, die zweite Frau von Heinrich Hoffmann, dem »Führerfotografen«. Eintragung vom 10. 5. 1935. Das Tagebuch der Eva Braun. In: Werner Maser,

Adolf Hitler. Legende – Mythos – Wirklichkeit, München 1975, S. 357.

2 6/7. 5. 1939. Auszüge aus dem Notizbuch von Martin Bormann. F 19/13. Abschrift im Institut f. Zeitgeschichte, München.

3 Ernst Hanfstaengl, Zwischen Weißem und Braunem Haus. München 1970, S. 370.

4 Jessica Mitford, Hons and Rebels. London 1996, S. 10.

5 Jessica Mitford, Hons, S. 10 f.

6 Nancy Mitford porträtierte ihren Vater als »Uncle Matthew« in: Englische Liebschaften, Nördlingen 1988, S. 7 ff. Über die »child hunt« S. 16 f.

7 Necken und Ärgern. Harold Acton, Nancy Mitford; A Memoir, London 1975, S. 7 ff.

8 Jim Lees-Milne, ein Freund von Thomas Mitford. Acton, Nancy Mitford, S. 9.

9 »Daily Telegraph« vom 20. 1. 1932.

10 Jessica Mitford, Hons, S. 46.

11 Diana Mosley, A life of contrasts, London 1977, S. 55.

12 Jessica Mitford, Hons, S. 58.

13 Von seinem Vater hatte er 1928 den Titel »Baronet« sowie ein Barvermögen in der Höhe von 250 000 Pfund geerbt.

14 Das Originalzitat lautet: Of course I fell in love with him and decided to throw in my lot with him. In: Diana Mosley, A life, S. 98.

15 Lord Rothermere hatte 1922 sieben Zeitungen, darunter die »Times« und das Massenblatt »Daily Mail« geerbt.

16 »Vanguard«, Ausgabe vom Juli 1934.

17 Jessica Mitford, Hons, S. 61. Baldur von Schirach, Ich glaubte an Hitler, Hamburg 1967, S. 218.

18 Die Honourable Deborah Mitford heiratete am 19. 4. 1941 Andrew Cavendish. 1950 wurde er Duke of Devonshire.

19 Diana Mosley, A life, S. 106.

20 Fürst Otto von Bismarck, seit 1933 deutscher Botschaftsrat in London.

21 Ernst Hanfstaengl, Zwischen, S. 308.

22 David Pryce-Jones, Unity Mitford. A Quest, London 1977, S. 77.

23 William Joyce ging bei Kriegsausbruch nach Deutschland und wirkte von 1940 bis 1945 als Chefkommentator des englischen Dienstes der Reichsrundfunkgesellschaft. Er wurde 1946 in London als Hochverräter gehenkt.

24 »Evening Standard« vom 10. 9. 1933.
25 Brief von Lord Redesdale am 7. 9. 1933.
26 Pryce Jones, Unity, S. 104.
27 Friseursalon Prillinger in der Ismaninger Straße.
28 Wechselkurs 1935: 1 englisches Pfund = 20 RM.
29 Pryce-Jones, Unity, S. 92 ff.
30 Henriette von Schirach, Frauen um Hitler, München 1983, S. 84.
31 Brief Unity Mitfords an Diana Guinness vom 10. 2. 1935. Zit. nach Karlheinz Schädlich, Die Mitford-Sisters, Düsseldorf 1990, S. 132 f.
32 Schirach, Ich glaubte, S. 219.
33 Henry Picker, Hitlers Tischgespräche im Führerhauptquartier, Stuttgart 1965, S. 242, 244.
34 Adolf Hitler, Mein Kampf, München 1938, S. 696.
35 Josef Henke, England in Hitlers politischem Kalkül 1935–1939. Schriften des Bundesarchivs 20; Boppard a. Rhein 1973, S. 303.
36 Oswald Mosley, My Life, London 1968, S. 364.
37 Eva Braun hatte schon am 1. 11. 1932 versucht sich zu erschießen.
38 Pryce-Jones, Unity, S. 105.
39 Ebenda.
40 »Der Stürmer«, Ritualmord-Nummer vom Mai 1943.
41 Goebbels: »Dieser bloße Antisemitismus ist zu primitiv.« Jay W. Baird, Julius Streicher – Der Berufsantisemit. In: Die Braune Elite II, S. 237.
42 Veranstaltung vom 22. Juni 1935 auf dem Hesselberg bei Dinkelsbühl.
43 Jay W. Baird, Julius Streicher – Der Berufsantisemit. In: Die Braune Elite II, S. 231 ff.
44 Elmar Streicher im Interview mit David Pryce-Jones. Zit. in Unity, S. 122 f.
45 Wolfgang Malanowski, Das deutsch-englische Flottenabkommen vom 18. Juni 1935 als Ausgangspunkt für Hitlers doktrinäre Bündnispolitik. In: Wehrwissenschaftliche Rundschau 5 (1955), S. 408–420.
46 Erich Kordt, Nicht aus den Akten ... Die Wilhelmstraße in Frieden und Krieg. Erlebnisse, Begegnungen und Eindrücke 1928–1945, Stuttgart 1950, S. 109.
47 Österreichischer Dialektausdruck. Bei Diana Mosley als »mein Schako« wiedergegeben.

48 Diana Mosley, A life, S. 123 ff.
49 Sir Eric Phipps war bis 1937 britischer Botschafter in Berlin.
50 Josef Henke, England, S. 23. Ebenso: Anthony Eden, Angesichts der Diktatoren. Memoiren 1923–1938, Köln/Berlin 1962, S. 175. Die Public Schools dienten den Nationalsozialistischen Erziehungsanstalten (NAPOLA) als Vorbild.
51 Tagebücher von Joseph Goebbels, Eintragung vom 24. 10. 1935.
52 Diana Mosley, A life, S. 153.
53 Janos von Almasy (1894–1968). Auskunft der genealogisch-heraldischen Gesellschaft »Adler«, Wien.
54 Laszlo E. Almasy, Unbekannte Sahara, Budapest 1939. Neuauflage als: Schwimmer in der Wüste, Innsbruck 1997.
55 Pryce-Jones, Unity, S. 143.
56 »Sunday Pictorial« vom 24. 4. 1938.
57 Acton, Nancy Mitford, S. 78.
58 Albert Speer im Interview mit Pryce-Jones. Pryce-Jones, Unity, S. 96. ff.
59 Gerhard Engel im Interview mit Pryce-Jones. Zit. nach Schädlich, Die Mitford-Sisters, S. 139.
60 Diana Mosley, A life, S. 153 f.
61 Vom 6. zum 7. Mai 1939.
62 Wie es der Tischordnung entsprach. Fritz Wiedemann, Der Mann, der Feldherr werden wollte. Erlebnisse und Erfahrungen des Vorgesetzten Hitlers im Ersten Weltkrieg und seines späteren persönlichen Adjutanten, 1964, S. 79.
63 Hans Adolf Jacobsen, Nationalsozialistische Außenpolitik 1933–1938, Frankfurt a. Main, S. 365.
64 W. O. Jacobsen, Außenpolitik, S. 369 u. 373 f.
65 Exoberst Thomas C. Moore am 18. 2. 1934. Zit. nach Schädlich, Mitford-Sisters, S. 117.
66 Meldung des Deutschen Nachrichtenbüros (DNB) vom 21. 9. 1936. Bundesarchiv Koblenz R 43 II, England.
67 Marquess of Londonderry, England blickt auf Deutschland, Essen 1938, S. 101 ff.
68 Walter Schellenberg, Die Memoiren des letzten Geheimdienstchefs unter Hitler, London 1956, S. 109.
69 Viscount Rothermere, My fight to rearm Britain, London 1939, S. 80 ff. Winston Churchill, The Second World War. The gathering storm, London 1969, S. 62.

70 Goebbels, Tagebücher, Bd. 2, S. 694.

71 Diana Mosley, Life, S. 142.

72 Bericht von Sefton Delmer im »Sunday Express« vom 11. 10. 1936.

73 Diana Mosley, Life, S. 142

74 Hans-Adolf Jacobsen, Nationalsozialistische Außenpolitik 1933–1938, Frankfurt a. Main 1968, S. 336 f.

75 Goebbels, Tagebücher, Eintragung vom 25. 9. 1937.

76 Bericht von Carmencita Fürstin zu Solms-Braunsfeld. Pryce-Jones, Unity, S. 227 f.

77 Sebastian Haffner, Winston Churchill in Selbstzeugnissen und Bilddokumenten, Reinbek b. Hamburg 1967, S. 96.

78 Auch Nancy Mitford nahm an BUF-Kundgebungen teil. Schädlich, Mitford-Sisters, S. 99 f.

79 Jessica Mitford, Hons, S. 81.

80 Tagebuch von Unity Mitford. Eintragung vom 24. 2. 1937.

81 Abteilung III: Leitung Major Rudolf Bamler. Aufgaben: Bekämpfung von Spionage; Infiltration gegnerischer Nachrichtendienste.

82 Schädlich, Mitford-Sisters, S. 139.

83 Diana Mosley, A Life, S. 140.

84 Martin Gilbert, Winston Churchill. The Wilderness Years, London 1981, S. 217.

85 Albert Speer, Spandauer Tagebücher, Frankfurt a. M./Berlin/Wien 1975, S. 503.

86 Fritz Wiedemann, Der Mann, S. 152. Speer, Erinnerungen, S. 53.

87 Hanfstaengl, Zwischen, S. 370 ff.

88 David G. Marwell, Ernst Hanfstaengl – Des »Führers« Klavierspieler. In: Die braune Elite II, S. 137 ff.

89 Hitler am 16. 8. 1942. Hitler, Monologe, Die Aufzeichnungen Heims, S. 342.

90 Henke, England, S. 109 ff.

91 Alfred Rosenberg, Das politisches Tagebuch Alfred Rosenbergs aus den Jahren 1934/35 und 1932/44, Stuttgart 1956, S. 59.

92 Im so genannten »Hoßbach-Protokoll. Dazu auch Wolfgang Michalka, Joachim von Ribbentrop. Vom Spirituosenhändler zum Außenminister. In: Die Braune Elite I, S. 205 f.

93 »Evening Standard« vom 14. 3. 1938.

94 »Daily Express« vom 21. 3. 1938.

95 Interview von Unity Mitford. Wiedergegeben nach Schädlich, Mitford-Sisters, S. 244.

96 Ebenda, S. 245.

97 Diana Mosley, Life, S. 152.

98 Christoph Walther/Karl-Ulrich Gelberg, Nationalsozialistische Außenpolitik in München und das Münchener Abkommen. In: München, Hauptstadt, S. 378 ff.

99 Bericht der »Narodni Politika« vom 3. 6. 1938.

100 Goebbels, Tagebücher, Eintragung vom 3. 6. 1938.

101 Unter anderem in: »Fränkische Tageszeitung« vom 3. 6. 1938.

102 Goebbels, Tagebücher, Eintragung vom 3. 6. 1938.

103 Hans Günther Hockerts, Mythos, Kult und Feste. München im nationalsozialistischen Feierjahr. In: München – Hauptstadt, S. 331.

104 Schirach, Frauen, S. 87.

105 Martin Bormann, Auszüge aus seinem Terminkalender. F 18/19. Institut f. Zeitgeschichte, München.

106 Schädlich, Die Mitford-Sisters, S. 251.

107 Walther/Gelberg, Nationalsozialistische Außenpolitik, S. 382 f.

108 Martin Bormann, Auszüge aus seinem Terminkalender, S. 31.

109 »Daily Mirror« vom 18. 3. 1939.

110 Vor dem 23. 5. 1939. Briefdokument aus dem Besitz von Jonathan Guinness.

111 Brief von Unity Mitford. Zitiert nach Schädlich, Mitford-Sisters, S. 262.

112 Laut Meldearchiv der Stadt München: Agnesstraße 26/4.

113 Diana Mosley, A life, S. 160.

114 Um 12.20 Uhr folgte eine entsprechende französische Note.

115 Paul Schmidt, Statist auf diplomatischer Bühne, Bonn 1949.

116 Diana Mosley, Life, S. 160 f.

117 Auszug aus dem Terminkalender Martin Bormanns. F 18/19. Abschrift im Institut f. Zeitgeschichte, München.

118 Heinrich Hoffmann, Hitler, wie ich ihn sah, Berlin 1974, S. 142.

119 Parteikult. In: München – Hauptstadt der Bewegung, S. 349.

120 Darunter ihre Tagebücher. Sechs dicke Hefte mit genauen Eintragungen ihrer Treffen mit Hitler befinden sich nun im Besitz von Unitys Familie. Pryce-Jones, Unity, S. 242.

121 Bericht von Oberarzt Dr. Jaeger nach einem Interview von Pryce-Jones. Zit. nach Schädlich, Mitford-Sisters, S. 280 f.

122 Ebenda, S. 165.
123 Kimche, Kriegsende 1939? Der versäumte Angriff aus dem Westen, Stuttgart 1969.
124 Titel: Somewhere in England. We present this picture without comment.
125 Diana Mosley, Life, S. 164 f.
126 Rede Churchills vom 13. Mai 1940.
127 Der englische Wortlaut: Lady Mosley arrested at last.
128 Brief Nancy Mitfords. Zitiert nach Schädlich, Mitford-Sisters, S. 289.
129 Diana Mosley, Life, S. 171 ff. sowie S. 197 f.
130 Jessica Mitford, A fine old conflict, London 1978. Zit.nach Schädlich, Mitford-Sisters, S. 307 f.
131 Tom Mitford wurde am 30. 3. 1945 von japanischen Scharfschützen in Burma getötet.
132 Nancy Mitford am 8. 6. 1948. Acton, Nancy Mitford, S. 78.

Hanna Reitsch

1 Hanna Reitsch, Fliegen – mein Leben, München 1972, S. 323.
2 Hanna Reitsch, Das Unzerstörbare in meinem Leben, München/Berlin 1979, S. 49.
3 Robert Wistrich, Wer war wer im Dritten Reich, München 1983, S. 215.
4 Martin Broszat, 200 Jahre deutsche Polenpolitik, Frankfurt a. Main 1972, S. 154 ff.
5 U. a. in Hitler, Monologe, S. 242.
6 Hanna Reitsch, Fliegen, München 1972, S. 31.
7 David Irving, Die Tragödie der Deutschen Luftwaffe, Frankfurt a. Main 1970, S. 27 ff.
8 Paul Karlson, Segelflug durch Wind und Wolken, Berlin 1933, S. 6 ff.
9 Reitsch, Fliegen, S. 62 f.
10 Der Schauspieler Mathias Wiemann im März 1942 in der Berliner Zeitung »Am Mittag«.
11 Brief vom 19. Juni 1932 an Mathias Wiemann.
12 Irving, Luftwaffe, S. 64

13 Reitsch, Fliegen, S. 143.

14 Ebenda, S. 183 f.

15 Kunz, Der Segelflug im NS-Fliegerkorps. In: Der Segelflug im Wettbewerb der Völker. Hrsg. von Hubert Zuerl, Berlin 1941, S. 10 ff.

16 Karl-Heinz Völker, Die deutsche Luftwaffe 1933–1939, Stuttgart 1967, S. 158.

17 Reitsch, Fliegen, S. 200.

18 Irving, Tragödie, S. 99.

19 Elly Beinhorn und Hanna Reitsch hatten denselben Fluglehrer in Staaken. Elly Beinhorn startete 1932 zu einem Alleinflug um die Welt. Elly Beinhorn, Premieren am Himmel, München 1991.

20 Das Militärhistorische Archiv 3, S. 15.

21 Reitsch, Fliegen, S. 209.

22 Besprechung am 22. 8. 1939. Wiedergegeben in: Vierteljahreshefte f. Zeitgeschichte 2/1968, S. 148f.

23 Produktion und Stärke der deutschen Luftwaffe. In: Lusar, Die deutschen Waffen, München 1956, S. 79 f.

24 System der Entpolonisierung in den eingegliederten Ostgebieten. In: Brozat, 200 Jahre, S. 223.

25 Reitsch, Fliegen, S. 268.

26 Ebenda, S. 273.

27 »Der Völkische Beobachter« am 30. 3. 1941.

28 Verleihung am 27. 3. 1941. Das militärische Archiv 3, S. 17.

29 Reitsch, Fliegen, S. 281.

30 Ebenda, S. 289

31 Mädel eure Welt. Jahrbuch der deutschen Mädel, 5. Jahrgang, München 1944, S. 75 ff.

32 Lomax, Flying, S. 41, sowie Zeugenaussagen bei der Spruchkammerverhandlung 1947.

33 Reichsgesetzblatt I, S. 547.

34 Meldungen aus dem Reich. Auswahl aus den geheimen Lageberichten des Sicherheitsdienstes der SS 1939–1944, hrsg. von Heinz Boberach, München 1968, S. 181.

35 Schriftgutverwaltung Persönlicher Stab Reichsführer SS. Geh./309. Bundesarchiv Berlin.

36 Brief Hanna Reitschs am 27. 10. 1943. Personalakte Hanna Reitsch. Bundesarchiv Berlin.

37 Personalakt Hanna Reitsch, Bundesarchiv Berlin.

38 Akte Hanna Reitsch. Feld-Kommandostelle. Persönlicher Stab, Reichsführer SS; Akt. Nr. Geh./362. Bundesarchiv Berlin.
39 U. a. Proklamation Hitlers an die Heeresgruppe Süd am 19. 2. 1943. Domarus, Reden, Bd. 2, S. 1989.
40 Rudolf Lusar, Die deutschen Waffen und Geheimwaffen des 2. Weltkriegs und ihre Weiterentwicklung, München 1962, S. 89f.
41 Reitsch, Fliegen, S. 312.
42 Judy Lomax, Flying for the Fatherland, London 1991, S. 104 ff.
43 Bericht vom 1. 7. 1943. In: Meldungen aus dem Reich, S. 330.
44 Domarus, Hitler, Bd. 2, S. 2101. In 80 Tagen wurden 9300 V1 verschossen. Lusar, Waffen, S. 148 ff.
45 Reitsch, Fliegen, S. 331.
46 Brief Hanna Reitschs an ihren Bruder Kurt, Juni 1946.
47 Gerhardt Boldt, Hitler – Die letzten zehn Tage, Darmstadt 1973, S. 165 f.
48 Hanna Reitsch in einem Brief an ihren Bruder Kurt.
49 Hanna Reitsch, Fliegen, S. 338.
50 Hanna Reitsch im Interview mit Jochen von Lang am 20. 2. 1973.
51 Hanna Reitsch, Höhen und Tiefen 1945–1977, München 1977, S. 75.
52 Durch Abhören einer Reuter-Meldung von BBC, London.
53 Heinrich Himmler führte am 23. 4. 1945 Gespräche mit dem schwedischen Grafen Bernadotte.
54 Reitsch, Fliegen, S. 343.
55 Bericht von Kommerzialrat Heinz Schachermayer, ehemals Stuka-Pilot, am 2. 5. 2000.
56 Interrogation Summary: The last days in Hitler's air raid shelter, 8. 10. 1945. F 135/2. Institut f. Zeitgeschichte, München.
57 Reitsch, Fliegen, S. 344.
58 Nach Latimer bei London in ein Combined Services Detailed Interrogation Centre (CSDIC).
59 Reitsch, Höhen, S. 32.
60 Mitteilung von Col. Robert Work am 25. 5. 2000.
61 »She had no idea, that I was composing a formal report.« (Sie wusste nicht, dass ich einen offiziellen Bericht verfasste.) Col. Work, w. o.
62 Auskunft von Col. Robert Work am 19. 2. 1999.
63 Ebenso »News Chronicle« vom 28., 29. und 30. 12. 1945.

64 Die Erinnerungen des ehemaligen Präsidenten der Danziger Senatsregierung Rauschning. Hermann Rauschning, Gespräche mit Hitler, Zürich 1940.
65 H. R. Trevor-Roper, The last days of Hitler, London 1946.
66 Ebenda, S. 53.
67 Ebenda, S. 81 f.
68 Ebenda, S 139.
69 Trevor-Roper, Hitler, S. 143, 150.
70 Ebenda, S. 148
71 Hitler – Die letzten zehn Tage. Erna Flegel, F 35/2 S. 278 ff. Institut f. Zeitgeschichte
72 Reitsch, Fliegen, S. 8.
73 Angabe von Heinz Schachermayer.
74 Hitler's secret conversations,1941–44; The Bormann letters; Blitzkrieg to defeat: Hitler's war directives, 1939–1945.
75 »Stern«: Das ist eine ungeheure Geschichte. In: »Der Spiegel«, Heft 20/1983.
76 Lomax, Flying, S. 144.
77 Reitsch, Höhen und Tiefen, S. 106.
78 Ich fliege die V 1. In: Reitsch, Fliegen, S. 306 ff.
79 Nachruf »Der Spiegel«, Heft 36/1979.

Winifred Wagner

1 Theodor Herzl, Tagebücher 1895–1904. Bd.1 – Der Judensache erstes Buch, Berlin 1922, S. 3, Eintragung vom 5. 6. 1885.
2 Gespräch mit August Kubizek. In: Albert Speer, Spandauer Tagebücher. Frankfurt a. Main/Berlin/Wien 1975, S. 136.
3 Auch am »Tag von Potsdam« (22. 3. 1933) gab man in der Berliner Oper Unter den Linden die »Meistersinger«.
4 Spruchkammerakten Winifred Wagner. Karton 1894, Denkschrift Winifred Wagner 1947. Bayerisches Staatsarchiv, München.
5 Winfried Schüler, Der Bayreuther Kreis von seiner Entstehung bis zum Ausgang der Wilhelminischen Ära, Münster 1971, S. 85.
6 Hitler in der Nacht vom 28. 2. zum 1. 3. 1942 im Führerhauptquartier. Adolf Hitler, Monologe im Führerhauptquartier 1941–1944.

Die Aufzeichnungen Heinrich Heims, hrsg. von Werner Jochmann, Hamburg 1980, S. 308.

7 Nike Wagner, Wagner Theater, Frankfurt a. Main 1998, S. 291.

8 Winifred Wagner im Interview mit Hans-Jürgen Syberberg, April 1975. »Zeitmagazin« Heft 18/1975, S. 22.

9 Brief von Karl Klindworth an Eva Chamberlain. 1907. Zitiert nach Schertz-Parey, Winifred Wagner. Ein Leben für Bayreuth, Graz/Stuttgart 1999, S. 18.

10 Cosima Wagner an Malwida von Meysenburg. Zit. bei Peter P. Pachl, Siegfried Wagner. Genie im Schatten, München 1988, S. 169.

11 Ein Aquarell von R. Gilbert(Clement).

12 Winifred Wagner im Interview April 1975, »Zeitmagazin« Heft 18, S. 24.

13 »Der Bärenhäuter« in drei Akten, op. 1.

14 Diesbezügliche Klagen finden sich kontinuierlich in Briefen und auch in Siegfried Wagners Tagebuch.

15 Pachl, Siegfried, S. 389.

16 »An ... Wahnfried ... und am Bühnenfestspielhaus ... haben seine (Siegfrieds) Geschwister keinen Anteil.« Cosima Wagner, »Letzter Wille« vom 13. 8. 1913. In: Michael Karbaum, Studien zur Geschichte der Bayreuther Festspiele (1867–1976), Dokumente und Anmerkungen. Regensburg 1976. Dokument IX, 1, S. 59.

17 Walter Aign, geb. 9. 6. 1901, arbeitete 1924–1931, dann wieder 1951–1957 als musikalischer Assistent in Bayreuth. Er starb 1977. Pachl, Siegfried, S. 164, sowie Nike Wagner, Wagner Theater, S. 290.

18 Pachl, Wagner, S. 266, 281 und 417

19 Zit. nach Schertz-Parey, Winifred, S. 23.

20 Cosima Wagner in einem Brief an Ernst Fürst Hohenlohe-Langenburg vom Juli 1915.

21 »Das Liebesopfer« in vier Akten, op. 12.

22 Maximilian Harden am 27. 6. 1914 in: »Die Zukunft«, Berlin.

23 J. M. Jurinek, Über die Tantiemen-Einnahmen Wahnfrieds bis 1913. Dok. 25. In: Michael Karbaum, Studien, Dokumente VIII/25.

24 Winifred Wagner im Interview. April 1975. »Zeitmagazin« Heft 18, S. 26.

25 Brief an Franz Stassen vom 10. 1. 1917.

26 Stand von 1920. Karbaum, Festspielabrechnungen. Anhang, S. 151.

27 Pachl, Siegfried, S. 285.

28 Briefe an Franz Stassen. Oktober 1916 und Januar 1917.

29 Tagebucheintragung Siegfried Wagners. Pachl, S. 313.

30 Schertz-Parey, S. 39.

31 Spruchkammerakten Winifred Wagner. Denkschrift Winifred Wagners. Protokoll Winifred Wagner. Band 4, S. 30. Bayerisches Staatsarchiv München.

32 Herbert Conrad, Hans Grad, Bayreuth – Festliche Stadt, Bayreuth 1939.

33 Bericht bei Ernst Hanfstaengl, Zwischen Weißem und Braunem Haus, München 1970, S. 77 f. 1921 wurde die »Deutsche Festspielstiftung Bayreuth« gegründet.

34 Hitler, Monologe, S. 224.

35 Hitler, Monologe, S. 281. Persönliche Beziehungen der Familie Wagner zu Hitler und Kontakte zur nationalsozialistischen Bewegung. In: Annette Hein, Es ist viel »Hitler« in Wagner, Tübingen 1996, S. 175 ff.

36 Halbmonatsbericht des Regierungspräsidiums von Oberfranken für die Zeit vom 16. bis 31. 12. 1923. In: Der Hitler-Putsch. Bayerische Dokumente zum 8./9.November 1923. Hrsg.von Ernst Deuerlein, Stuttgart 1962, S. 561.

37 Schon Hitlers erster Quartiergeber in München, der in Garderobenfragen versierte Herrenschneider Josef Popp, attestierte ihm 1919 eine tadellose Garderobe und ebensolche Manieren. Werner Maser, Adolf Hitler. Legende – Mythos – Wirklichkeit, München 1975, S. 120.

38 Hitler, Monologe, S. 224.

39 Brief an Alexander Spring. Zit. Karbaum, S. 68.

40 Winifred Wagner, Offener Brief. Veröffentlicht am 14. 11.1923. In: Sonderbeilage der Bayerischen Ostmark, Nr.172.

41 Spruchkammerakten Winifred Wagner. Protokoll der öffentlichen Sitzungen der Spruchkammer II. Juni und Juli 1947. Bayerisches Staatsarchiv München.

42 Siegfried Wagner an Rosa Eidam. Weihnachten 1923. Zit. nach Karbaum, XI , Dok.2.

43 Hitler, Monologe, S. 225.

44 Brief vom 7. 10. 1923. Monologe, S. 443.

45 Flugblatt der »Großdeutschen Zeitung« vom 1. 1. 1924.

46 Zdenko von Kraft, Der Sohn, Graz /Stuttgart 1969, S. 247.

47 Kurt Söhnlein, Erinnerungen an Siegfried Wagner und Bayreuth. Schriftenreihe der internationalen Siegfried-Wagner-Gesellschaft, Band 1, Bayreuth 1980. S. 18: Erneuerungen 1924.

48 Denkschrift Winifred Wagners vor der Spruchkammer, 1946.

49 Franz W. Beidler am 20. 8. 1951. In: Das literarische Deutschland, Nr.16.

50 Hitlers Brief an Siegfried Wagner vom 5. 5. 1924. Karbaum, Dokumente XI, 3, S. 65.

51 Hans Conrad, Der Führer und Bayreuth. Die Jahre 1923–1925. In: Bayerische Ostmark, 25. 7. 1936.

52 H. Conrad, Der Führer und Bayreuth. Sonderbeilage der bayerischen Ostmark, Nr. 172 vom 25./26. 7. 1936. Zit. nach Karbaum, S. 70.

53 Hitler, Monologe, S. 259 und S. 307.

54 Denkschrift Winifred Wagners vor der Spruchkammer, 1946.

55 Hitler, Monologe, S. 307.

56 CIC-Akten; F 135/4, Eberstein: Women around Hitler, S. 695. Institut f. Zeitgeschichte, München.

57 Pachl, Siegfried, S. 362.

58 Hitler, Monologe, S. 315.

59 Im Januar 1929 zusammen mit Eva Chamberlain. Clemens Vollnhals, Der Aufstieg der NSDAP in München 1925 bis 1933: Förderer und Gegner.

60 Hitler, Monologe, S. 308.

61 Die Tagebücher von Joseph Goebbels. Sämtliche Fragmente. Hrsg. von Elke Fröhlich, Teil I, Aufzeichnungen 1924–1941, München/ New York/London/Paris 1987, Eintragung vom 9. 5. 1926.

62 Tagebucheintragung vom 28. 5. 1928.

63 Richard Wagners Schrift »Das Judentum in der Musik.« Über Wagner. Von Musikern, Dichtern und Liebhabern. Hrsg.von Nike Wagner, Stuttgart 1995, S. 265.

64 Gutachten des Bayerischen Staatsministers für Unterricht und Kultus vom 16. 3. 1947. Spruchkammern, Karton 1894, Bayerisches Staatsarchiv, München.

65 Hans Conrad, Der Führer und Bayreuth. Die Jahre 1923–25. In: Bayerische Ostmark, Sonderbeilage, 25./26. 7 1936.

66 »Walamund« in drei Akten, op. 17, 1928. Pachl, Siegfried Wagner, S. 396 f.

67 Söhnlein, Erinnerungen, S. 30f.

68 Brief Hitlers an Winifred Wagner vom 30. 12. 1927. Wagner-Archiv, Bayreuth. Zit. Karbaum, Bayreuth, Dokumente XI, 5, S. 67.

69 Nike Wagner, Wagner Theater, S. 297.

70 Der vollständige Wortlaut des Testaments bei Karbaum, Dokumente IX, 3.

71 Karbaum, Studien, Dokumente XIV, 6.

72 Wilhelm Furtwängler, Um die Zukunft von Bayreuth. »Hannoverscher Kurier« vom 29. 6. 1932.

73 Karbaum, Dokumente XIII, 3 und 4.

74 Karbaum, Dokumente XIII, 6.

75 Festspielabrechnungen, Richard-Wagner-Archiv. Zit. nach Karbaum, Studien, S. 152 ff.

76 Zitat von Minister Lammers. Spruchkammerakten Wagner, f. 91. Bayerisches Staatsarchiv, München. Hitlers Vermögen stammte aus seinen Einnahmen als Schriftsteller (»Mein Kampf«), den Tantiemen aus den »Hitler-Briefmarken« sowie den Beträgen aus der »Adolf-Hitler-Spende der Industrie«.

77 »Zeitmagazin« Heft 18/1976, S. 52.

78 Wolfgang Wagner, Lebensakte, München 1994, S. 74.

79 Friedelind Wagner, Nacht über Bayreuth, Berlin 1999, S. 121 f.

80 Friedelind Wagner, Nacht über Bayreuth (Originaltitel »Heritage of fire«), Köln 1997.

81 Bericht über die Vernehmung. CIC Detachment 970/65 vom 14. 9. 1946. Bayerisches Staatsarchiv, München.

82 Auskunft seiner Ordonnanz Wilhelm Schneider, Februar 2000.

83 Heinrich Hoffmann, Hitler, wie ich ihn sah, Berlin 1974, S. 139 ff.

84 Speer, Spandauer Tagebücher, S. 136.

85 Ebenda, S. 154 f.

86 Hitler, Monologe, S. 235.

87 Goebbels, Tagebücher, Eintragung zum 28. Juli 1937.

88 Bundesarchiv Berlin. Personalakte Bormann. Brief Winifred Wagners am 7. 3. 1938.

89 Karbaum, Studien, Dokumente XX-2, S. 90.

90 Schreiben von Goebbels am 19. 11. 1943.

91 Abbildung bei Nike Wagner, Wagner Theater, Abbildung 48.

92 Die vollständige Liste umfasste die Original-Partituren der »Feen«, des »Liebesverbots«, »Rienzi« (4 Bde), »Rheingold«, »Walküre«, die

Original-Zweitschrift von »Siegfried III«, die Abschrift der Orchesterskizze der »Götterdämmerung« und die Orchesterskizze des »Fliegenden Holländers«.

93 Laut einem Gespräch Albert Speers mit Winifred Wagner am 17. 9. 1973.

94 Henriette von Schirach im Interview am 28. 7. 1986. Sammlung Irving. Institut f. Zeitgeschichte, München. Speer, Spandauer Tagebücher, S. 157 f.

95 SD-Bericht zu Inlandsfragen vom 15. 1. 1940. In: Meldungen aus dem Reich. Hrsg. von Heinz Boberach, München 1968, S. 60.

96 Hitler, Monologe, S. 225. Bernd Wessling, Bayreuth im 3. Reich. Richard Wagners politische Erben, Basel 1983, S. 276.

97 5 Prozent nach Angaben der Verteidigung im Spruchkammerprozess.

98 Akten der Spruchkammer II, Bayreuth-Stadt, f. 89. Bayerisches Staatsarchiv, München.

99 Leiter des KdF-Bereichs »Reisen und Wandern«. Organisationsbuch der NSDAP, S. 214.

100 Speer, Spandauer Tagebuch, S. 156.

101 Ebenda.

102 Abbildung des Modells in: Über Wagner. Hrsg. Nike Wagner, S. 273.

103 Winifred Wagner an Adolf Hitler am 12. 2. 1942. Nike Wagner, Über Wagner, S. 278.

104 Brief Heinz Tietjens an Winifred Wagner vom 17. 12. 1944.

105 Heinz Tietjen. Manuskript mit dem Vermerk »unmittelbar nach dem Zusammenbruch«. Karbaum, Studien, S. 112.

106 Denkschrift Winifred Wagners, 1946.

107 Verhandlung 25. 6. – 2. 7. 1947.

108 Spruchkammerakten Winifred Wagner; Liste der jüdischen und jüdisch versippten Mitwirkenden der Festspiele, f. 80. Bayerisches Staatsarchiv, München.

109 Parey, Winifred Wagner, S. 192.

110 W. Seifert, Die Stunde Null von Neubayreuth. In: Neue Zeitschrift f. Musik. Heft 1, S. 11.

111 Judy Lomax, Flying for the Fatherland, London 1991, S. 202.

112 Winifred Wagner und die Geschichte des Hauses Wahnfried. Hans-Jürgen Syberberg: Syberbergs Filmbuch, München 1976.

113 Winifred Wagner im Interview mit Jürgen Syberberg. »Zeitmagazin« Heft 19/1976, S. 32.
114 Ebenda, S. 28 f.
115 Winifred Wagner im Interview mit Syberberg. »Zeitmagazin« Heft 18/1976, S. 52 f.
116 Abdruck der Parte im Amtsblatt der Stadt Bayreuth Nr.7/1980.
117 Richard Wagner und das neue Bayreuth. Hrsg.von Wieland Wagner, München 1962.
118 »Zeitmagazin« Heft 19/1976, S. 18.

Karoline Rascher

1 Die Anregung, Karoline Rascher in dieses Buch aufzunehmen, stammt von Archivrat Dr. M. Bachmann, Staatsarchiv München. Ebenso der Hinweis auf die Personalakte Nr. 17969 – Karoline Rascher – SS-Offiziersgattin. Pol. Präsid. München im Staatsarchiv München, der die Grundlage dieses Artikels bildet.
2 U. a. im »Völkischen Beobachter« vom 22. 3. 1944.
3 Daniela Claudia Angetter, Medizinische Versorgung und medizinische Verbrechen im KZ Dachau (Arbeitstitel) V. III Die Experimente des Dr. Sigmund Rascher. Habilitationsschrift am Institut f. Geschichte der Medizin, Wien. Für den Einblick in ihre im Entstehen begriffene Arbeit schulde ich Frau Dr. Angetter großen Dank.
4 Er wollte damit das Gegenteil ausdrücken, nämlich dass die Beschreibung sehr wohl passte.
5 Archiv der KZ-Gedenkstätte Dachau Nr. 30887. Zitiert nach Angetter, Medizinische Versorgung. Sowie: Sigmund Rascher und die Luftfahrtmedizin. In: Michael H. Kater, »Das Ahnenerbe« der SS 1935–1945. Ein Beitrag zur Kulturpolitik des Dritten Reiches. Stuttgart 1974, S. 101.
6 Nini Rascher an Himmler am 9. 4. 1940. Archiv der KZ-Gedenkstätte Dachau. Sie erhielt dafür 165 RM monatlich aus dem Sonderkonto R des Reichsführers SS. Personalakte Rascher, f. 66.
7 Personalakte Sigmund Rascher, Institut f. Zeitgeschichte, München.
8 Kater, Ahnenerbe, S. 231 ff.

9 Erlebnisbericht Walter Neff, Recht oder Unrecht. 1945. In: Wolfgang Benz, Dr. med. Sigmund Rascher. Eine Karriere. In: Dachauer Hefte 4 (1993). Benz, Rascher, S. 200.

10 Zeugenaussage Dr. Rascher am 18. 5. 1944.

11 Sigmund Rascher bei der Einvernahme am 2. 4. 1944.

12 Mitgliedsnummer 3092414. Beitritt im Frühjahr 1933.

13 SS-Befehl-A-Nr. 65 vom 31. 12. 1931. Film 3331, Bundesarchiv Berlin.

14 Einvernahme Dr. Rascher. München, 17. 5. 1944. Polizeiakt Rascher, f. 177.

15 Personalakte Rascher. Vernehmungsprotokoll vom 6. 4. 1944, f. 85.

16 Benz, Rascher, S. 190. Alexander Mitscherlich, Fred Mielke, Wissenschaft ohne Menschlichkeit. Medizinische und eugenische Irrwege unter Diktatur, Bürokratie und Krieg, Heidelberg 1949, S. 11 ff.

17 Archiv Dachau, Nr. 11683.

18 Eugen Kogon, Der SS-Staat. Das System der deutschen Konzentrationslager, München 1988, S. 199 ff.

19 Erster Zwischenbericht Raschers über die Unterdruckkammerversuche im KZ Dachau vom 5. 4. 1942.

20 Ebenda.

21 Brief von Karoline Rascher an Himmler vom 13. 4. 1942. Zitiert nach Angetter, Medizinische Versorgung.

22 Angetter, Kapitel »Unterkühlversuche«. In: Medizinische Versorgung.

23 Im November 1942 inspizierte Himmler Erfrierungsversuche. Eidesstattliche Erklärungen bei Benz, Dr. med. Sigmund Rascher, S. 207, Anm. 40. Kogon, Der SS-Staat, S. 202.

24 Vernehmung Dr. Rascher. München, 18. 5. 1944. f. 18[illegible] Polizeiakt Rascher. Benz, Dr. med. Rascher, S. 211.

25 Abschlussbericht der Kriminalpolizeileitstelle München vom 25. 6. 1944, Personalakt Rascher f. 261.

26 Dr. Rascher erstattete am 20. 12. 1943 beim Gend. Posten Lenggries Vermisstenanzeige. Abschlussbericht vom 25. 6. 1944, Personalakt Rascher, f. 74.

Ausgewählte Literatur

Harold Acton, Nancy Mitford. A memoir. London 1975.

Shlomo Aronsen, Reinhard Heydrich und die Frühgeschichte von Gestapo und SD. In: Studien zur Zeitgeschichte 2. Stuttgart 1971.

Der Aufstieg der NSDAP in Augenzeugenberichten. Hrsg. von Ernst Deuerlein. Düsseldorf 1968.

Lew Besymenski, Die letzten Notizen von Martin Bormann. Ein Dokument und sein Verfasser. Stuttgart 1974.

Ders., Der Tod des Adolf Hitler. Unbekannte Dokumente aus Moskauer Archiven. Eingeleitet von Karl-Heinz Janßen. Hamburg 1968.

Gerhard Boldt, Hitler – Die letzten zehn Tage. Frankfurt a. Main/Berlin 1973.

Martin Bormann, The Bormann letters. The private correspondance between Martin Bormann and his wife from January 1943 to April 1945. Edited with an introduction and notes by H. R. Trevor-Roper. London 1954.

Karl Dietrich Bracher, Wolfgang Sauer, Gerhard Schulz, Die nationalsozialistische Machtergreifung. Studien zur Errichtung des totalitären Herrschaftssystems in Deutschland 1933/34. Köln 1960.

Detlev Brandes, Die Tschechen unter deutschem Protektorat, Teil 1: Besatzungspolitik, Kollaboration und Widerstand im Protektorat Böhmen und Mähren bis Heydrichs Tod. 1939–1942. Oldenburg 1969.

Die Braune Elite I und II. Hrsg. von Ronald Smelser, Enrico Syring, Rainer Zittelmann. Darmstadt 1993.

Martin Broszat, 200 Jahre deutsche Polenpolitik. München 1963.

Houston Stewart Chamberlain, Die Grundlagen des neunzehnten Jahrhunderts, 2 Bde. 19. Auflage, München 1935.

Ders; Mein Weg nach Bayreuth. München 1919.

Arthur Chesterton, Mosley, Portrait of a leader. Leipzig 1937.

Chronik des Zweiten Weltkriegs. Zusammengestellt und bearbeitet von Brigitte Esser und Michael Venhoff. Augsburg 1997.

Jacques Delarue, Geschichte der Gestapo. Düsseldorf 1964.
Günther Deschner, Reinhard Heydrich. Statthalter der totalen Macht. Esslingen am Neckar 1977.
Karl Dönitz, Zehn Jahre und hundert Tage. Zürich 1958.
Dokumente deutscher Kriegsschäden. Evakuierte, Kriegssachgeschädigte ... Hrsg. vom Bundesminister für Vertriebene ... Bd. 1. Bonn 1958. Beiheft 1: Aus den Tagen des Luftkrieges ... 1960. Beiheft 2: Der Luftkrieg im Spiegel der neutralen Presse. 1962.
Max Domarus, Hitlers Reden und Proklamationen 1932–1945. Kommentiert von einem deutschen Zeitgenossen. München 1965.
Rosa Eidam, Bayreuther Erinnerungen. Ansbach 1930.
Philipp Walter Fabry, Mutmaßungen über Hitler. Urteile von Zeitgenossen. Düsseldorf 1969.
Facsimile-Querschnitt durch das Schwarze Korps. Hrsg. von Helmut Heiber und Hildegard von Kotze. München 1968.
Joachim C. Fest, Das Gesicht des Dritten Reiches. Profile einer totalitären Herrschaft. München 1964.
Josef Geiss, Obersalzberg. Berchtesgaden 1958.
Ursula von Gersdorf, Frauen im Kriegsdienst. Stuttgart 1969.
Joseph Goebbels, Die Tagebücher von Joseph Goebbels. Im Auftrag des Instituts für Zeitgeschichte und in Verbindung mit dem Bundesarchiv. Hrsg. von Elke Fröhlich. Teil I: Aufzeichnungen 1924–1941. Sämtliche Fragmente. 4 Bände, München 1987 ff.
Franz Halder, Kriegstagebuch. Tägliche Aufzeichnungen des Chefs des Generalstabes des Heeres 1939–1942. 3 Bde. Stuttgart 1962–1964.
Ernst Hanfstaengl, Zwischen Weißem und Braunem Haus. München 1970.
Annette Hein, Es ist viel »Hitler« in Wagner. Tübingen 1996.
Theodor Herzl, Tagebücher 1895–1904. Bd. 1. Berlin 1922.
Lina Heydrich, Leben mit einem Kriegsverbrecher. Mit Kommentaren von Werner Maser. Pfaffenhofen 1976.
Reinhard Heydrich, Ein Leben der Tat. Prag 1944.
Ders., Wandlungen unseres Kampfes. Berlin 1936.
Ders., Die Bekämpfung der Staatsfeinde. In: Die deutsche Rechtswissenschaft. Bd. 1, Heft 2, 1936.
Adolf Hitler, Mein Kampf. 37. Auflage. München 1933.

Ders., Monologe im Führerhauptquartier 1941–1944. Die Aufzeichnungen Heinrich Heims. Hrsg. von Werner Jochmann, Hamburg 1980.

Ders., Sämtliche Aufzeichnungen. 1905–1924. Hrsg.von Eberhard Jäckel. In: Quellen und Darstellungen zur Zeitgeschichte 21. Stuttgart 1980.

Heinz Höhne, Der Orden unter dem Totenkopf. Die Geschichte der SS. Gütersloh 1967.

Ders., Canaris. Patriot im Zwielicht. Gütersloh 1976.

Heinrich Hoffmann, Hitler, wie ich ihn sah. Berlin 1974.

Illustrierte Geschichte des Zweiten Weltkriegs. München 1963.

David Irving, Die Tragödie der deutschen Luftwaffe. Frankfurt a. Main/Berlin/Wien 1970.

Hans Adolf Jacobsen, 1939–1945. Der 2. Weltkrieg in Chronik und Dokumenten. Darmstadt 1961.

Michael Karbaum, Studien zur Geschichte Bayreuths. Regensburg 1976.

Der Kampf um Berlin in Augenzeugenberichten. Hrsg. von Peter Gosztony, Düsseldorf 1970.

Erich Kempka, Ich habe Adolf Hitler verbrannt. München 1950.

Robert Kempner, Das Dritte Reich im Kreuzverhör. Aus den unveröffentlichten Vernehmungsprotokollen des Anklägers. München 1964.

August Kubizek, Adolf Hitler – Mein Jugendfreund. Graz/Göttingen 1953.

Rudolf Lusar, Die deutschen Waffen und Geheimwaffen des 2. Weltkriegs und ihre Weiterentwicklung. München 1956.

Guido Knopp, Hitlers Helfer. München 1996.

Judy Lomax, Flying for the Fatherland. The century's greatest pilot. London 1988.

Werner Maser, Adolf Hitler. Legende – Mythos – Wirklichkeit. 6. Auflage. München 1974.

Diana Mosley, A life of contrasts. London 1977.

Nancy Mitford, Englische Liebschaften. Nördlingen 1988.

Jessica Mitford, Hons and Rebels. London 1960.

Dies., A fine old conflict. London 1978.

Der Prozeß gegen die Hauptkriegsverbrecher vor dem Internationalen Militärgerichtshof. Nürnberg 14. 11. 1945 – 1. 10. 1946. Amtlicher Text. Deutsche Ausgabe. Bd. 1–42. Nürnberg 1947–1949. Bd. 1, Bde. 25–42.

Peter P. Pachl, Siegfried Wagner. Genie im Schatten. München 1988.
David Pryce-Jones, Unity Mitford. A quest. London 1978.
Hermann Rauschnigg, Gespräche mit Hitler. Zürich/New York 1940.
Hanna Reitsch, Fliegen – mein Leben. München 1972.
Dies., Höhen und Tiefen. 1945 bis zur Gegenwart. München/Berlin 1978.
Dies., Das Unzerstörbare in meinem Leben. München/Berlin 1979.
Dies., Ich flog für Kwame Nkrumah. München 1968.
Karlheinz Schädlich, Die Mitford-Sisters, Düsseldorf 1990.
Schertz-Parey, Winifred Wagner. Ein Leben für Bayreuth. Graz/Stuttgart 1999.
Henriette von Schirach, Frauen um Hitler. München 1983.
Wilhelm Spengler, Reinhard Heydrich – Werk und Wesen. In: Böhmen und Mähren. 5/6, Prag 1943.
Hugh R. Trevor-Roper, Hitlers letzte Tage. 3. Auflage. Frankfurt a. Main 1965.
Inge Woerner Waetzmann, Vierzig Jahre danach – Tagebuchaufzeichnungen aus dem Schicksalsjahr 1945. Nürnberg 1987.
Walter Schellenberg, Memoiren. Braunschweig 1956.
Meldungen aus dem Reich. Auswahl aus den geheimen Lageberichten des Sicherheitsdienstes der SS 1939–1944. Hrsg. von Heinz Boberach. München 1968.
Albert Speer, Spandauer Tagebücher. Berlin 1975.
Ders., Erinnerungen. Frankfurt a. Main 1969.
Friedelind Wagner, Nacht über Bayreuth. Köln 1999.
Nike Wagner, Wagner Theater. Frankfurt a. Main/Leipzig 1998.
Wolf Siegfried Wagner, Die Geschichte unserer Familie in Bildern. Bayreuth 1876–1976, München 1976.
Friedrich Weissensteiner, Der ungeliebte Staat. Österreich zwischen 1918 und 1938. Wien 1990.

Bildnachweis

akg-images Berlin: 127, 135, 137, 161, 179, 181 oben, 187
Bayerische Staatsbibliothek München: 7, 13, 17 unten, 53, 75, 83, 92, 95, 109, 121, 143 oben u. unten
Bundesarchiv Berlin: 55, 71, 77, 145
Jessica Mitford, Hons and Rebels, London 1989: 89
Österreichisches Institut für Zeitgeschichte Wien: 181 unten, 183
Privatarchiv: 17 oben, 27, 35, 39, 41, 43
Hanna Reitsch, Fliegen mein Leben, München/Berlin 1979:139
Dies.: Höhen und Tiefen, Augsburg 1978: 157
Leopold Stocker Verlag Graz: 175
Frederic Spotts, Bayreuth, A History of the Wagner Festivals, New Haven/London 1994: 185
Ullstein Bilderdienst Berlin: 23
Bayerisches Staatsarchiv München: 191, 197, 199, 201, 202, 203

In jenen Fällen, in denen die Urheberrechte nicht geklärt werden konnten, bleiben berechtigte Ansprüche gewahrt.

Danksagung

Während meiner Arbeit haben mich zahlreiche Personen mit Rat und Tat unterstützt. Dafür möchte ich mich herzlich bedanken bei:
Mag. Dr. Claudia Angetter, Wien; Dr. M. A. Bachmann, Bayerisches Staatsarchiv, München; HR Dr. Friedrich Berg, Wien; Martin Bormann, Heidecke, BRD; Dr. Joseph Freudenthaler, Wien; Kom.-Rat E. Harrant, Wien; Rosalinde Idinger, Traunkirchen, Österreich; Monika Jagos, Österreichische Nationalbibliothek, Wien; Mag. Inge Janda, Wien/München; Rudolf John, Wien; Uni.-Prof. Dr. Walter Koch, Institut für historische Hilfswissenschaften, Ludwig-Maximilians-Universität München; Michael Kloft, Spiegel- TV, Hamburg; Jochen von Lang, Hamburg; Heidi Markl, Perchtoldsdorf, Österreich, Univ.-Prof. Dr. Werner Maser, Speyer, BRD; Dr. Anton Mayer, ORF, Wien; Dkfm. Walter Mika, Wien; Irmgard Münchow, Berchtesgaden, BRD; Dr. Hermann Rumschöttel, Generaldirektor der Staatlichen Archive Bayerns, München; Kom.-Rat Heinz Schachermayer, Linz; Wilhelm Schneider, Villach, Österreich; Prälat Theodor Schmitz, Berlin; Dr. Walter Schuster, Archiv der Stadt Linz; Werner Steindl, Edwin Tobias, Österreichische Nationalbibliothek, Wien; Dkfm. Katharina und Dr. Alfred Voigt, Wien; Col. Robert Work, Saragota, Kalifornien, USA,
Den Mitarbeitern des Instituts für Zeitgeschichte, München, den Mitarbeitern des Instituts für Zeitgeschichte der Universität Wien; den Mitarbeitern des Dokumentationsarchivs des österreichischen Widerstandes sowie den Mitarbeitern des Bundesarchivs Berlin, insbesondere Frau Gresens, Herrn Dr. Naasner und Herrn Möser.